Herausforderungen in der Qualitativen
Sozialforschung

Jeannine Wintzer
(Hrsg.)

Herausforderungen in der Qualitativen Sozialforschung

Forschungsstrategien von Studierenden für Studierende

Herausgeber
Jeannine Wintzer
Universität Bern Geographisches Institut
Bern

ISBN 978-3-662-47207-1   ISBN 978-3-662-47208-8 (eBook)
DOI 10.1007/978-3-662-47208-8

Die Deutsche Nationalbibliothek verzeichnet diese Publikation in der Deutschen Nationalbibliografie; detaillierte bibliografische Daten sind im Internet über http://dnb.d-nb.de abrufbar.

Springer Spektrum
© Springer-Verlag Berlin Heidelberg 2016
Das Werk einschließlich aller seiner Teile ist urheberrechtlich geschützt. Jede Verwertung, die nicht ausdrücklich vom Urheberrechtsgesetz zugelassen ist, bedarf der vorherigen Zustimmung des Verlags. Das gilt insbesondere für Vervielfältigungen, Bearbeitungen, Übersetzungen, Mikroverfilmungen und die Einspeicherung und Verarbeitung in elektronischen Systemen.
Die Wiedergabe von Gebrauchsnamen, Handelsnamen, Warenbezeichnungen usw. in diesem Werk berechtigt auch ohne besondere Kennzeichnung nicht zu der Annahme, dass solche Namen im Sinne der Warenzeichen- und Markenschutz-Gesetzgebung als frei zu betrachten wären und daher von jedermann benutzt werden dürften.
Der Verlag, die Autoren und die Herausgeber gehen davon aus, dass die Angaben und Informationen in diesem Werk zum Zeitpunkt der Veröffentlichung vollständig und korrekt sind. Weder der Verlag noch die Autoren oder die Herausgeber übernehmen, ausdrücklich oder implizit, Gewähr für den Inhalt des Werkes, etwaige Fehler oder Äußerungen.

Planung: Merlet Behncke-Braunbeck

Gedruckt auf säurefreiem und chlorfrei gebleichtem Papier

Springer Verlag GmbH Berlin Heidelberg ist Teil der Fachverlagsgruppe Springer Science+Business Media (www.springer.com)

Von Spuren inspirieren lassen: eine Einleitung

Spuren sind einerseits bestehende Abdrücke, denen man folgen kann, in der Hoffnung, nicht allzu weit auf Irrwege zu gelangen, da auch andere Personen scheinbar erfolgreich diesen Weg eingeschlagen haben. Andererseits sind Spuren auch Erinnerungen und Erfahrungen, die während eines Prozesses bei anderen und bei einem selbst Eindrücke hinterlassen haben. Wissenschaftliches Forschen erfolgt in ebendiesem Kontext. Forschende müssen sich vor und während eines Forschungsprozesses ein viel versprechendes theoretisches und methodisches Repertoire zur Planung, Durchführung und Reflektion ihres eigenen Handelns aneignen. Dies ist nötig, um den wissenschaftlichen Prinzipien Rechnung tragen zu können. Eine Forschung muss sowohl transparent und damit nachvollziehbar als auch repräsentativ und gültig sein. Daneben braucht es jedoch auch ein großes Maß an Kreativität und Mut, diesen Bestand an Theorien und Methoden den Bedingungen und Ansprüchen der eigenen Forschungsarbeit anzupassen. Denn ganz nach der Devise von Alice Kern in diesem Buch »Expect the Unexpected« lebt Forschung nicht von bilderbuchähnlichen linearen Forschungsprozessen, sondern vor allem von den Überraschungen und den damit initiierten theoretischen, methodischen und persönlichen Anpassungs-, Änderungs- und nicht zuletzt auch Lernprozessen.

Mit diesen Überraschungen fühlen sind viele Studierende, die wenig oder keine Erfahrungen mit wissenschaftlichem Forschen haben, jedoch stark herausgefordert. Wo anfangen und vor allem wo aufhören? Was ist eine gute Forschungsfrage und ist diese dann überhaupt erforschbar? Dies sind Fragen, die nicht selten in Besprechungssituationen zwischen Betreuenden und Studierenden auftreten und zur Verunsicherung führen. Weitere theoretische sowie methodische Literaturtipps sind hier oftmals nicht hilfreich, da dies die Studierenden meist noch mehr verwirrt. So ist die Idee zu diesem Buch entstanden. Nicht erfahrene Wissenschaftler und Wissenschaftlerinnen, sondern Studierende selbst sollen ihre Erfahrungen mit anderen Studierenden teilen können. In diesem Sinne beschreiben im vorliegenden Buch Studierende aus ganz unterschiedlichen Disziplinen ihre Erfahrungen mit dem Forschungsalltag, ihre ersten Schritte zu Forschungsthemen, die nicht selten tabuisiert und damit schwer erforschbar sind, ihren Zugang zu eher schwer erreichbaren Personenkreisen, ihre Anpassungsstrategien an unerwartete Ereignisse und ihren Umgang mit sensiblen Daten im Zuge des Anspruches an eine partizipative und ethische Forschung.

Die Beiträge des Buches sind alle von Bachelor- und Master-Studierenden verfasst, die in jüngster Vergangenheit ihre Abschlussarbeit erfolgreich beendet haben. Nicht wenige motivierte die Mitarbeit an dem Buch vor allem in der Feststellung, dass sie sich selbst bei Planung und Umsetzung ihrer qualitativ orientierten Forschungsarbeit ein solches Buch gewünscht hätten. So ist ein handliches Buch entstanden, das ganz unterschiedliche Tools für die Planung und Umsetzung qualitativer Forschungsprozesse versammelt und für Studierende anschaulich präsentiert. Definitionen vertiefen vorgestellte Begriffe und Konzepte, Merksätze fassen Ausführungen zusammen und Exkursboxen stellen konkrete empirische Kontexte vor. Nicht zuletzt fokussiert eine Vielzahl von Tipps auf die handlungsrelevanten Erkenntnisse – also auf das, was konkret beachtet werden soll, wenn man qualitativ forschen will. Von diesen vielseitigen Spuren sollen andere Studierende profitieren, die sich gerade in der Planung oder sogar schon Durchführung einer Forschungsarbeit befinden und dabei sicherlich schon an die eine oder andere Herausforderung gestoßen sind. Ziel des Buches ist es, erstens zu zeigen, dass dies ein ganz normaler Effekt von Forschung ist und nichts mit persönlichem Scheitern zu tun hat. Und damit soll das Buch zweitens Mut machen, sich diesen Herausforderungen zu stellen und durch die hier vorgeschlagenen Strategien zu meistern, sodass Forschen und Lernen den Studierenden vor allem Freude bereitet. Viel Spaß beim Lesen und Forschen!

Jeannine Wintzer

Einleitung zum Buch »Herausforderungen in der qualitativen Sozialforschung. Forschungsstrategien von Studierenden für Studierende«

Über die AutorInnen

Simone Beule hat im Sommer 2014 ihr Studium der Sozialen Arbeit an der Fachhochschule Köln mit der Masterthesis »Wir haben viele Leute mit vielen Problemen. Eine Untersuchung zur habituellen Praxis in der Schuldnerberatung« abgeschlossen. Daraufhin studierte sie im Master-Studiengang »Beratung und Vertretung im Sozialen Recht« ebenfalls an der FH Köln und startete ab März 2015 ihre Arbeit bei der Bahnhofsmission Köln.

Vera A. Danielsmeier ist Diplom-Psychologin und lebt in Bremen. Sie studierte von 2008 bis 2014 an der Universität Bremen (Schwerpunktfächer: Klinische-, Pädagogische- und Neuropsychologie). Der Titel ihrer Diplomarbeit lautet: »Das Musik- und Geräuscherleben von Menschen mit dem Williams-Beuren-Syndrom im Kontext psychischer und sozialer Bedingungsfaktoren. Eine ressourcenorientierte Studie«. Ihr Interesse gilt der ganzheitlichen und subjektorientierten Erforschung dieses seltenen, genetisch bedingten Syndroms mit dem Ziel, pädagogisch therapeutische Implikationen zu fundieren.

Sonja Viktoria Deuscher studiert seit dem Wintersemester 2011 Psychologie an der Sigmund-Freud-Universität in Wien. Ihren Bachelor-Abschluss absovierte sie im Juni 2014 zum Thema »Priester werden als Lebensentscheidung – eine qualitative Studie der Einflussfaktoren unter besonderer Berücksichtigung des zölibatären Lebensstils«. Derzeit ist sie Studentin des Master-Programms für Klinische Psychologie und Tutorin für Qualitative Methoden an der Sigmund-Freud-Universität, Wien.

Benedikt Geyer (Sozialarbeiter/Sozialpädagoge M. A.) studierte Soziale Arbeit an der katholischen Hochschule Mainz. Nach seinem Bachelor-Studium mit dem Titel »Pornografie – Ein Thema für die Soziale Arbeit im Kontext der Sexualpädagogik?«, spezialisierte er sich im Master-Studium auf die Fachgebiete »Steuerung und Beratung« und beendete den Master mit der Abschlussarbeit »Beratung 2.0– Chancen, Grenzen und Herausforderungen der Online-Beratung«. Seit dem Jahr 2014 ist er für einen Bildungsträger tätig und bereitet derzeit eine mögliche Promotion vor.

Doreen Herinek ist ausgebildete Physiotherapeutin und nahm nach zwei Jahren Berufstätigkeit das Studium der Gesundheitswissenschaften an der Charité – Universitätsmedizin Berlin – auf. Heute studiert sie dort im zweiten Semester den Master Health Professions Education.

Alice Kern hat Politikwissenschaft, Geographie und Volkswirtschaftslehre in Zürich und Paris studiert. Ihre Lizentiatsarbeit »The Violence of Marginality. Living through Political Conflict and Transition in Rural Nepal « wurde vom Schweizerischen Nationalfonds finanziert und von der Neuen Zürcher Zeitung (NZZ) mit dem Top Master Award 2013 ausgezeichnet. Aktuell promoviert sie in der Politischen Geographie an der Universität Zürich und plant ihren nächsten Forschungsaufenthalt in Sri Lanka.

Henriette Lier hat an der Universität Gießen Social Sciences (B.A.) und Soziologie (M.A.) an der Universität Göttingen studiert und im Oktober 2013 ihre Master-Arbeit »Stigma: Positiv – Lebensgeschichten homosexuellerMänner mit HIV/AIDS« beendet. Aktuell arbeitet sie am Methodenzentrum Sozialwissenschaften der Georg-August-Universität Göttingen.

Katharina Manz hat Soziale Arbeit an der HS Esslingen und der FH Vorarlberg studiert. Der Titel ihrer Masterthesis lautete: »Integration ist... Eine qualitative Analyse von Integrationskonzepten Jugendlicher mit Migrationshintergrund anhand sozialwissenschaftlicher Integrationstheorien – Bedeutungen für die Jugendberufshilfe.« Sie leitet den Dienst Jugendsozialarbeit bei der Caritas Ulm und hat Lehraufträge an verschiedenen Hochschulen.

David Rüger studierte Soziale Arbeit an der HAWK Holzminden und schloss dieses Studium mit seiner Master-Arbeit zum Thema »Existenzgründung in der Sozialen Arbeit« ab. Derzeit ist er freiberuflich in Forschung und Lehre mit den Arbeitsschwerpunkten »Kritische Soziale Arbeit« sowie »Politik Sozialer Arbeit« tätig.

Melina Rutishauser hat an der Universität Basel Social Anthropology und Soziologie studiert. Mit der Master-Arbeit »Reisende Migrantinnen. Mobilität und Migration in der Sexarbeit. Eine ethnographische Analyse« schloss sie ihr Studium ab. Seit September 2013 lebt Melina Rutishauser in Rio de Janeiro (Brasilien) und macht dort einen MAS in Fotografie und Bildanalyse am IUPERJ (Instituto Universitario de Pesquisa do Rio de Janeiro), der Universidade Cândido Mendes.

Eva Rutter hat nach einer Ausbildung zur staatlich anerkannten Logopädin (Medizinische Hochschule Hannover) und mehreren Jahren Praxistätigkeit das Studium der Berufspädagogik mit Nebenfach Soziologie am Karlsruher Institut für Technologie aufgenommen und 2014 mit ihrer Master-Arbeit zum Thema »Die Akademisierung der Gesundheitsfachberufe am Beispiel der Logopädie – Auswirkungen auf Arbeit und Lehre innerhalb des Akademisierungsprozesses« abgeschlossen. Seit Mai 2014 arbeitet Eva Rutter als Lehrlogopädin an der SRH Fachschule für Logopädie in Karlsruhe.

Miriam Schäfer hat Social Science und Religion in Europe (B. A.) an der Universität Siegen und Soziologie (M. A.) an der Georg-August-Universität Göttingen studiert. 2013 hat sie ihr Studium mit einer Arbeit über »Berufsbiographische Präsentationen als Re-Präsentation« abgeschlossen. Aktuell ist sie Promotionsstudentin und wissenschaftliche Mitarbeiterin bei Prof. Gabriele Rosenthal am Methodenzentrum Sozialwissenschaften der Georg-August-Universität Göttingen.

Carolin Sprenger hat Sozialwissenschaften mit dem Schwerpunkt Europastudien (B. A.) an der Universität Siegen und Lancaster studiert. Ihre Bachelor-Arbeit widmete sie dem Thema »Flucht als Migration – Perspektiven einer transnationalen Migrationsforschung«. Im Jahr 2013 hat sie ihr Studium der Sozialwissenschaften an der Universität Siegen mit dem Master fortgesetzt; derzeit arbeitet sie an ihrer Master-Arbeit unter dem Titel »Auf dem Weg zu einer »Willkommenskultur«? – eine raumsoziologische Studie zum Umgang mit Flüchtlingen im kommunalen Kontext«.

Über die AutorInnen

Johanna Ullmann studierte Soziologie, Gender Studies, Kommunikationswissenschaften und Arabistik an der Ludwig-Maximilians-Universität in München, der Birzeit University (Ramallah/Palästina) und der University of Damascus (Syrien). Ihre Forschungsschwerpunkte sind Geschlechterforschung, politische Bewegungen, Transformationen in der MENA-Region, Gender und Islam. Derzeit arbeitet sie an ihrem Promotionsprojekt zu weiblichem Jihadismus in Tunesien an der Johann Wolfgang Goethe-Universität in Frankfurt am Main«.

Svenja Weitzig ist staatlich anerkannte Diplom Sozialpädagogin/Diplom Sozialarbeiterin und hat einen Master of Arts in Social Services Administration. Sie ist wissenschaftliche Mitarbeiterin im Hochschulbereich Gesundheit und Soziales an der Hochschule für Ökonomie und Management (FOM) und Mitglied in der Netzwerkstatt vom Institut für Qualitative Forschung der Internationalen Akademie Berlin.

Janine Widmer hat am Geographischen Institut der Universität Bern Geographie studiert und ihre Master-Arbeit zum Thema »Agrotourismus im Emmental – Aktueller Stand, Voraussetzungen, Auswirkungen und Herausforderungen der Livelihood-Strategien von landwirtschaftlichen Familienbetrieben« geschrieben.

Georg Winterberger studierte von 2005 bis 2010 Ethnologie, Religionswissenschaft und Geschichte der Neuzeit an der Universität Zürich. In seiner sechsmonatigen Forschung in Kamerun (2008) führte er eine Untersuchung zur Nutzersicht bezüglich Qualität der Pflege im Südwesten von Kamerun durch und erstellte mittels der gesammelten empirischen Daten eine Ethnographie des Spitals Manyemen. Heute leitet und koordiniert Georg Winterberger als Geschäftsführer die lehrstuhlübergreifenden Angelegenheiten der Ethnologie an der Universität Zürich und forscht über die Transitionsphase des südostasiatischen Staates Myanmar.

Chantal Zimmermann studierte Gesellschaftswissenschaften an der Universität Fribourg, die sie mit der Bachelor-Arbeit »L'infirmière et la mort. Sur les ambivalences dans les soins des patients en fin de vie à l'hôpital« abschloss. Ihren Master absolvierte sie in African Studies an der Universität Basel. Zurzeit arbeitet Chantal Zimmermann als Projektmanagerin in der Stiftung für Patientensicherheit Schweiz und als Hilfswerksvertreterin für HEKS (Hilfswerk der evangelischen Kirchen Schweiz) bei Asylanhörungen.

Inhaltsverzeichnis

I	Sektion 1 Planung und Umsetzung von Forschungsprozessen	
1	Tools vom Start zum Ziel *Simone Beule*	3
2	Verunsicherung und Irritation als Motoren neuer Ideen *David Rüger*	13
3	Forschen als Reise begreifen *Janine Widmer*	19
4	Der Tod und das Pflegepersonal *Chantal Zimmermann*	27
5	Interviews planen *Katharina Manz*	35
6	Accept the Unexpected *Alice Kern*	43
7	Eine ethnographische Forschung planen *Georg Winterberger*	51
II	Sektion 2 Zugang zu sensiblen Feldern	
8	Schwierige Zugänge zum Feld *Melina Rutishauser*	63
9	Themen mit eigener Betroffenheit erforschen *Eva Rutter*	71
10	Stigma: Positiv *Henriette Lier*	81
11	»Ich werde Priester« *Sonja Viktoria Deuscher*	89
12	Forschen im interkulturellen Kontext *Johanna Ullmann*	97

III Sektion 3
Umgang mit erhobenen Daten

13 **Die Transkription** 111
    Benedikt Geyer

14 **Ethische Dilemmata in Forschungsprozessen** 121
    Melina Rutishauser und Chantal Zimmermann

15 **Soziale Wirklichkeit und Lebenswelten erforschen** 133
    Svenja Weitzig

16 **Struktur gibt innere Ruhe** 141
    Doreen Herinek

17 **Mittendrin oder nur dabei?** 151
    Carolin Sprenger

18 **Wenn die Daten nicht mitspielen** 159
    Miriam Schäfer

19 **Für den tiefen Überblick** 169
    Vera A. Danielsmeier

Serviceteil

Stichwortverzeichnis 180

AutorInnenverzeichnis

Simone Beule
Köln
Deutschland
E-Mail: simone.beule@web.de

Vera A. Danielsmeier
Bremen
Deutschland
E-Mail: vera.d@gmx.de

Sonja Viktoria Deuscher
Wien
Österreich
E-Mail: sonja_deuscher@web.de

Benedikt Geyer
Mainz
Deutschland
E-Mail: benediktgeyer@gmail.com

Doreen Herinek
Berlin
Deutschland
E-Mail: doreen.herinek@charite.de

Alice Kern
Zürich
Schweiz
E-Mail: alice.kern@geo.uzh.ch

Henriette Lier
Göttingen
Deutschland
E-Mail: henriette-lier@web.de

Katharina Manz
Ulm
Deutschland
E-Mail: katharina_manz@gmx.de

David Rüger
Göttingen
Deutschland
E-Mail: davrueg@gmail.com

Melina Rutishauser
Basel
Schweiz
E-Mail: melina.rutishauser@bluewin.ch

Eva Rutter
Karlsruhe
Deutschland
E-Mail: eva.rutter@gmx.de

Miriam Schäfer
Göttingen
Deutschland
E-Mail: mschaef2@gwdg.de

Carolin Sprenger
Siegen
Deutschland
E-Mail: carolin_sprenger@freenet.de

Johanna Ullmann
Frankfurt a. Main
Deutschland
E-Mail: ullmann_johanna@hotmail.com

Svenja Weitzig
Essen
Deutschland
E-Mail: svenja.weitzig@fom.de

Janine Widmer
Bern
Schweiz
E-Mail: janine.widmer@gmail.com

Georg Winterberger
Zürich
Schweiz
E-Mail: georg.winterberger@uzh.ch

Chantal Zimmermann
Bern
Schweiz
E-Mail: chantal.zimmermann@gmx.net

Sektion 1
Planung und Umsetzung von Forschungsprozessen

Kapitel 1 Tools vom Start zum Ziel – 3
Simone Beule

Kapitel 2 Verunsicherung und Irritation als Motoren neuer Ideen – 13
David Rüger

Kapitel 3 Forschen als Reise begreifen – 19
Janine Widmer

Kapitel 4 Der Tod und das Pflegepersonal – 27
Chantal Zimmermann

Kapitel 5 Interviews planen – 35
Katharina Manz

Kapitel 6 Accept the Unexpected – 43
Alice Kern

Kapitel 7 Eine ethnographische Forschung planen – 51
Georg Winterberger

Tools vom Start zum Ziel

Simone Beule

1.1	Das Brett vorm Kopf und die innere Landkarte – 4
1.2	Die fünf Fragezeichen – 5
1.3	Die Vermessung der (Forschungs)Welt – 6
	Literatur – 12

J. Wintzer (Hrsg.), *Herausforderungen in der Qualitativen Sozialforschung*,
DOI 10.1007/978-3-662-47208-8_1, © Springer-Verlag Berlin Heidelberg 2016

1.1 Das Brett vorm Kopf und die innere Landkarte

Du interessierst Dich für qualitative Sozialforschung? Sehr gut! Der folgende Artikel geht mit Dir den Weg von der Forschungsfrage bis hin zur fertigen Abschlussarbeit. Solltest Du ein Neuling auf diesem Gebiet sein, siehst Du vielleicht den Wald vor lauter Bäumen nicht und Dein Weg sieht eher aus wie ein kleiner Trampelpfad. Lass uns einfach zusammen losgehen und schauen, welche Tools für Deinen Rucksack passen! Soviel sei schon einmal verraten: Kompass, Fernrohr, Lupe, Taschenlampe, Landkarte, Hängematte und Verbandszeug gehören auf jeden Fall zur Standardausrüstung!

Idealerweise hat Dich im Studium etwas besonders interessiert. Ein Problem oder eine Fragestellung. Oder Du hast aus Deiner beruflichen Erfahrung heraus ein Phänomen beobachtet, dem Du auf den Grund gehen willst. Es kann aber auch sein, dass Dich die Ideen eines bestimmten Autors oder einer Autorin so faszinieren, dass Du Dich intensiver damit beschäftigen möchtest. Oder Du möchtest Dich, ganz pragmatisch, nicht langweilen, wenn Du schon monatelang an Deiner Arbeit schreibst. Aus der Fülle der Kenntnisse aus dem Studium heraus eine eingrenzbare Thematik und daraus resultierend eine Forschungsfrage zu konzipieren, ist ganz schön knifflig. Das allseits bekannte »Brett vorm Kopf« kann einem das Leben ganz schön schwer machen. Der Mischung aus Verunsicherung und überhöhten Erwartungen ist jedoch durch unterschiedliche Kreativitätstechniken beizukommen. Alles, was Du dazu benötigst, sind Papier und Stifte.

> **Tipp**
>
> Male zu Deiner Idee beispielsweise ein Mind Map! Mithilfe dieser assoziativen Technik kommen Deine grauen Zellen in Schwung, sowohl rationale als auch emotionale Aspekte Deines Themas dürfen hier Platz finden und sich nach Deinem Gusto auf dem Blatt anordnen. Falls Du Dich dazu vertieft einlesen möchtest, schau nach Büchern von Tony Buzan. Es gibt mittlerweile auch Mindmap-Vorlagen im Netz, die Du mit Deinen Inhalten füllen kannst wie z. B. mit dem kostenlosen Programm Freemind (◘ Abb. 1.1).

Eine weitere Möglichkeit, Deinem kreativen Potenzial auf die Spur zu kommen, ist das Schreiben von sogenannten »Morgenseiten«. Beim morgendlichen Kaffeetrinken setzt Du Dich an den Küchentisch und schreibst ein bis zwei DIN-A4-Seiten runter, was Dich beschäftigt. Lasse nichts aus, schreibe alles, auch wenn es Dir noch so banal vorkommt. Deine innere Kritikerin oder Kritiker hat Pause. Du schlägst zwei Fliegen mit einer Klappe. Einerseits schaffst Du Dir gedankliche Freiräume und andererseits gewinnst Du Routine im Schreiben. Diese Methode kannst Du auch gut nachlesen in *Der Weg des Künstlers* von Julia Cameron (2009).

Wenn Dir das zu esoterisch ist, bediene Dich der SMART-Formel. Sie stammt aus dem Managementbereich, eignet sich aber in vielen Bereichen. Auch zum Schreiben Deiner Abschlussarbeit. Überprüfe, ob Dein Ziel den SMART-Kriterien »spezifisch«, »messbar«, »akzeptiert«, »realistisch« und »terminiert« entspricht. Der kleine Ratgeber *Kreativitätstechniken* von Karsten Noack (Cornelsen 2005) hat alle vorgestellten Methoden zum Nachlesen und Ausprobieren.

Projiziere Deine innere Landkarte. Die innere Landkarte ist das, was Du an Vorstellungen über die Welt und die Wirklichkeit in Dir trägst. Diese Vorstellungen sind meist nicht explizit,

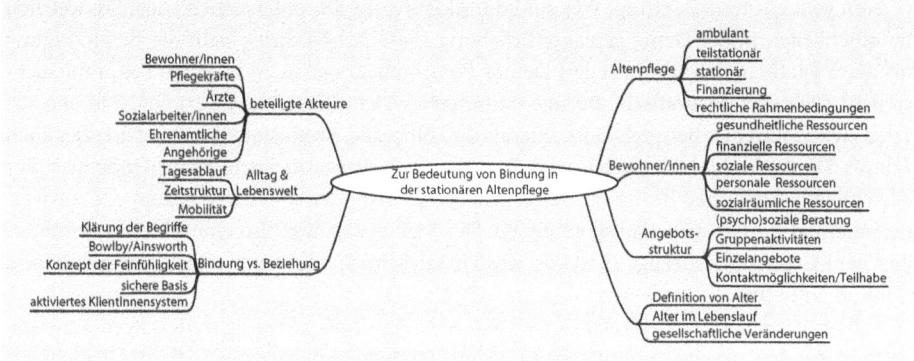

Abb. 1.1 Beispiel einer Mind Map mit Freemind

sondern durchziehen Dein Denken und Handeln unbewusst. Mach Dir Deine innere Landkarte in Bezug auf Dein Forschungsvorhaben zugänglich! Hilfreich dabei können folgende Fragen sein: Welche Ressourcen und Kompetenzen hast Du bisher erlangt, die für die Bewältigung einer Abschlussarbeit wichtig sein könnten? In welchem Rahmen möchtest Du Dein Ziel erreicht haben? Mit welchen Menschen möchtest Du dieses Ziel erreichen? Woran erkennst Du, dass Du bereits Teilziele erreicht hast? Welche Einwände oder Befürchtungen gibt es bezüglich der Zielerreichung?

1.2 Die fünf Fragezeichen

Hast Du die erste Hürde genommen und ein spannendes Thema für Dich formuliert? Dann geht es nun darum, es so konkret wie möglich in eine spezifische Forschungsfrage münden zu lassen. Die Forschungsfrage ist das, was Du untersuchen möchtest. Sie beinhaltet zuerst den Forschungsanlass. Beim Forschungsanlass fragst Du Dich: Was hat mich bewogen, genau dies zu untersuchen? Wie bin ich mit der Thematik in Berührung gekommen? Als Nächstes beschreibst Du das Forschungsfeld. Zum Forschungsfeld gehören zum Beispiel die Organisation, das Arbeitsfeld, die Berufsgruppe, die gesetzlichen Grundlagen, die Finanzierung, der aktuelle wissenschaftliche Diskurs oder auch die Klärung grundlegender Begrifflichkeiten (Pryzborski und Wohlrab-Sahr 2014, S. 29 ff.). Daraufhin stellst Du die gegenstandstheoretischen Bezüge her, die für Deine Forschungsfrage relevant sind. Als Gegenstand wird das betrachtet, was zum grundlegenden Verständnis Deiner Wissenschaft in Bezug auf Dein Forschungsfeld gewusst werden muss. Wenn Du Dich beispielsweise mit dem Thema Jugendhilfe und Hilfeplan beschäftigst, würdest Du Begriffe wie »Kindeswohlgefährdung« oder »Partizipation« einführen. Wenn Du Dich etwa für einen Sachverhalt aus der Schuldnerberatung interessierst, führt Deine Darstellung vom allgemeinen Beratungsbegriff zur spezifischen Definition, was Schuldnerberatung konkret ist. Falls Du noch nicht sicher bist, welcher Gegenstand relevant ist, empfehle ich Dir die Lektüre eines klassischen Handbuchs. Jede Wissenschaft verfügt über mindestens ein Standardhandbuch, in dem alle wichtigen und aktuellen gegenstandstheoretischen Begriffe dargestellt werden. In der Regel mit ausführlichem Literaturverzeichnis, so dass Du dort noch vertiefend einsteigen kannst.

Nun geht es um das Setting: Wer sind die Akteure, die Du untersuchen willst? In welchen Räumlichkeiten findet Deine geplante Erhebung statt? Als Nächstes steht die Beschäftigung mit den metatheoretischen Bezügen Deiner Forschungsfrage an. Was genau soll untersucht werden? Viele metatheoretische Bezüge stammen aus dem Bereich der Soziologie. In den Sozialen Arbeit sind dies beispielsweise Interaktion, Biografie, professionelles Handeln oder auch Habitus. Die Auswahl richtet sich je nachdem, was Du später tatsächlich erheben möchtest. Für jeden metatheoretischen Bezug existieren Erhebungsmethoden und daran gekoppelte Auswertungsmethoden, die passgenau sein müssen. Der Metabezug liegt also eine Abstraktionsebene über dem Gegenstandsbezug. Er ist das, was Du tatsächlich erforschen willst (Przyborski und Wohlrab-Sahr 2014, S. 29 ff).

Falls es Dir noch nicht aufgefallen ist, Du hast Dich bereits tatkräftig mittels Recherche von Literatur auf den Weg gemacht! Pack nun Deine Taschenlampe aus, um Dich im Dickicht aus Büchern und Begriffen besser fokussieren zu können.

1. Frage *Forschungsanlass*: Wie bist Du auf die Forschungsfrage gekommen? Welche Berührungspunkte hattest Du mit der Thematik? Was hast Du beobachtet?
2. Frage *Forschungsfeld*: In welchem Arbeitsfeld führst Du die geplante Forschung durch?
3. Frage *gegenstandstheoretische Aspekte*: Welche Begrifflichkeiten, rechtlichen oder finanziellen Grundlagen sind für Deine Forschungsfrage relevant? Was muss man unbedingt wissen, um die Fragestellung zu verstehen?
4. Frage *Setting*: Wer sind die Personen, die Du untersuchst? Sind es beispielsweise Kinder, Menschen mit Migrationshintergrund oder Expertinnen und Experten? Welche Besonderheiten müssen bei der Erhebung berücksichtigt werden? Wo findet die geplante Erhebung statt?
5. Frage *metatheoretische Aspekte*: Was genau möchtest Du untersuchen und wie lässt sich das auf abstrakterer, wissenschaftlicher Ebene verorten? Welche zentralen Konzepte oder Theorien stehen Pate für Deine Idee? Und welche Auswirkungen hat dies auf die Auswahl Deiner Erhebungs- und Auswertungsmethoden?

1.3 Die Vermessung der (Forschungs)Welt

Von elementarer Bedeutung ist, dass Methode und metatheoretischer Bezug stimmig sind. Die Frage, die dahinter steht lautet: Kann meine Methode wirklich das »messen«, was ich wissen will? Und wie verhält es sich mit der Auswertungsmethode? Anbei einige Beispiele für eine gute Passung von Metatheorie, Methode und Auswertungsverfahren: Habitus – Gruppendiskussion – dokumentarische Methode, Interaktion – teilnehmende Beobachtung – objektive Hermeneutik oder Biografie – narratives Interview – Narrationsanalyse. Diese Liste kann beliebig erweitert werden. In diesem Handbuch wirst Du eine Fülle gelungener Beispiele für eine gelungene Passung zwischen Frage, Erhebungs- und Auswertungsinstrumentarium finden. Lass Dich einfach davon inspirieren!

Die Fragen nach der richtigen Methode und ob diese auch das messen, was sie messen sollen und ob die Methode das, was sie misst, auch zuverlässig misst, werden in der Forschung mit Blick auf die Gütekriterien erfasst (z. B. Hauptgütekriterien: Validität, Objektivität, Reliabilität). Im *Handbuch Methoden der empirischen Sozialforschung* von Nina Baur und Jörg

1.3 · Die Vermessung der (Forschungs)Welt

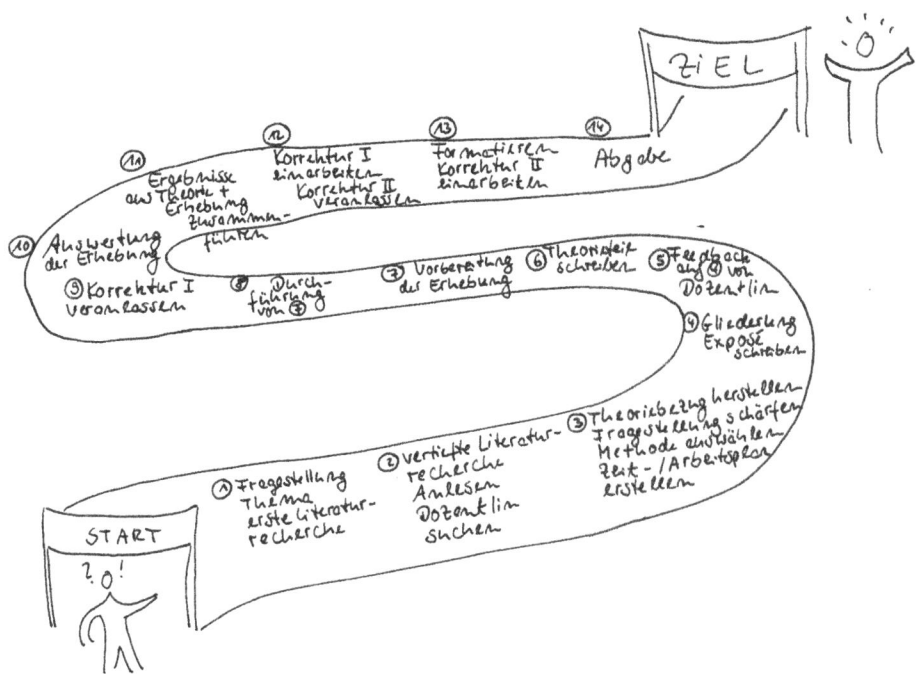

■ Abb. 1.2 Vom Start zum Ziel

Blasius (2014) gibt es von Uwe Flick (2014) ein sehr gutes Kapitel zum Thema Gütekriterien in der qualitativen Sozialforschung.

- **Der Zeitaufwand**

Bedenke, dass sowohl die Auswahl der Instrumentarien als auch die Durchführung der Erhebung, die Transkription sowie die Auswertung und Verschriftlichung sehr zeitintensiv sind. Gerade und vor allem, wenn man das eigene Wissen bislang vornehmlich aus Lehrbüchern bezogen und praktisch (noch) nicht angewendet hat. Es bietet sich von daher an, Deine Arbeit über einen Zeitraum von 4 bis 6 Monaten vor dem Abgabedatum zu planen. Falls es Dir möglich ist, schließe Dich einer Gruppe oder einem Seminar an, die als Forschungswerkstatt oder Projektseminar konzipiert ist. Du hast dann die Chance im Austausch mit anderen Studierenden und Fachleuten an Deiner Untersuchung konstruktiv zu arbeiten.

- **Gehe jeden Schritt und komme so vom Start zum Ziel**

Besonders oft berichten Studierende davon, dass sie keine Ahnung haben, welche Schritte sie genau beim Schreiben einer Bachelorthesis gehen müssen. Die Kombination von wissenschaftlichem Schreiben unter Zeitdruck und qualitativer Sozialforschung erfordert ein hohes Maß an zeitlicher Strukturierung. Beispielhaft zeige ich Dir nur ein Schaubild mit wichtigen Stationen (■ Abb. 1.2). Einen sehr guten Einblick ins wissenschaftliche Schreiben bietet Valentin Groebner in seinem Buch *Wissenschaftssprache: Eine Gebrauchsanweisung* (2012).

Besonders herausfordernd sind die Lebenssituationen, in denen Du auf mehreren Hochzeiten tanzt. Job, Familie, Universität und Abschlussarbeit. Das kann einen echt schlauchen.

Umso wichtiger ist es, dass Du Dir frühzeitig verdeutlichst, was Du wann tun wirst und auch, welche Tage Du als Puffer einplanst. Ob Du diese für Deine Regeneration nutzt oder um weiter an Deiner Thesis zu schreiben, entscheidest Du selbst. Beobachte, zu welcher Uhrzeit Du gut am Schreibtisch sitzen kannst. Nutze diese Zeit intensiv, um gut konzentriert zu arbeiten. Sollte Deine Aufmerksamkeit nachlassen, mach etwas anderes. Manchmal reicht es, dann zu »stupideren« Aufgaben wie Transkription, Rechtschreibprüfung oder Formatierung überzugehen. Wenn dies auch nicht mehr geht, geh an die frische Luft und fokussiere Dich auf etwas anderes. Leg Dich eine Runde in die Hängematte!

> **Tipp**
>
> Jede Person hat eine andere Arbeitsweise. Finde Deinen Weg heraus und verfolge diesen strukturiert!

- **Wo bitte geht's denn hier zum Feld?**

Du bist jetzt an dem Punkt angelangt, an dem Du endlich loslegen und hinaus in die Praxis willst. Wie nun am besten Kontakt mit potenziellen Beforschten aufnehmen? Solltest Du Dich für eine telefonische Kontaktaufnahme entscheiden, hast Du den Vorteil, dass Du meist eine schnelle Resonanz auf Dein Forschungsvorhaben bekommst. Mit ein bisschen Glück erreichst Du die richtigen Ansprechpersonen und Du kannst mögliche Rückfragen direkt klären. Möchtest Du lieber eine Anfrage per Mail schicken, bietest Du zuerst einmal eine schriftliche Grundlage für ein mögliches Telefonat. Die angeschriebene Person kann sich in der Beantwortung Zeit lassen, um Dein Anliegen zu überdenken. Unter Umständen musst Du auf eine verbindliche Antwort etwas länger warten als bei einem Anruf. Für welchen Weg Du Dich auch immer entscheidest, wichtig ist, Dein Forschungsvorhaben inklusive aller, für die Gesprächspersonen relevanten Details (zeitlicher Rahmen, Veröffentlichung, Vertraulichkeit und Anonymisierung) darzustellen.

> **Tipp**
>
> Anfragen immer formell und professionell formulieren! Und gib den potenziellen Gesprächspersonen genug Zeit, sich mit Dir und Deinem Projekt auseinanderzusetzen!

- **Wer bin ich und wenn ja wie viele?**

Der Rollenwechsel vom Studieren zum Forschen erscheint Dir zu Beginn vielleicht ungewohnt. Es fühlt sich an, wie ein neues Kleidungsstück, das noch zwickt und zwackt und noch nicht recht passen will. Doch keine Panik! Das ist ganz normal. Vor allem, wenn Du Dich zum ersten Mal in diese Situation begibst. Was macht einen guten Forscher, eine gute Forscherin aus? Offenheit und Neugierde, Neues zu lernen und Akteure zu verstehen, stehen an erster Stelle. Vielleicht hilft es Dir auch, Dir vorzustellen, dass Du als *tabula rasa* in die Forschungssituation kommst. Und dort auf echte Expertinnnen und Experten triffst. Dabei kann es um die Expertise des Alltags oder die Expertise von Professionellen gehen. Jede und Jeder hat Expertise in einem Bereich. Auch Du wirst nach einiger Zeit Expertin oder Experte Deines Forschungsvorhabens sein. Jedoch ist es zentral, die Expertise abfragen und verstehen zu können: Die Hoheit für die Inhalte und deren Weitergabe haben alleine die Akteure. Um einen kommunikativen

Prozess anzustoßen, kann es hilfreich sein, sich offen, neugierig und flexibel zu zeigen und auf die Fragen und Anregungen der Teilnehmenden einzugehen. Allerdings gilt es zu bedenken, dass jede Art des Eingreifens durch Dich als forschende Person bereits eine Intervention in den Forschungsprozess darstellt. Zurückhaltung und laufen lassen, Pausen aushalten und abwarten gehören zum unbedingten Rüstzeug für eine gelungene Erhebungssituation.

> **Tipp**
>
> Bei einem qualitativen Forschungsprozess ist man als Forschende/r immer eingebunden, aber man muss diese Rolle immer reflektieren.

- **Sind Sie damit einverstanden?**

Weiterhin solltest Du bedenken, dass oftmals Mitarbeiter und -innen der Teamleitung oder Organisationsleitung als Befragte zur Verfügung gestellt werden. Diese haben erfahrungsgemäß nicht alle Informationen über die Erhebung wie der Chef oder die Chefin. Von daher ist es ratsam, zu Beginn der Untersuchung nochmals alle Informationen zu geben und das Einverständnis, auch zur Aufnahme, einzuholen. Mach dies, bis alle Fragen geklärt sind, da sonst nur schwerlich eine vertrauensvolle Situation entstehen kann. Zur Dokumentation und zur Anreicherung Deiner Reflexion des Forschungsprozesses bietet es sich an, von Anfang an ein Forschungsprotokoll zu führen. Wichtige Informationen wie Ort, Zeit, Räumlichkeiten, Teilnehmende, eigene Rolle und erste Eindrücke können hier festgehalten werden. Es empfiehlt sich, möglichst direkt nach der Erhebung zu dokumentieren, um die Eindrücke möglichst frisch zu halten. Dies sollte jedoch nicht in Anwesenheit der beforschten Personen geschehen.

> **Tipp**
>
> Qualitative Forschung basiert auf Vertrauen, daher ist Transparenz gegenüber den Befragten ganz wichtig.

- **Die Zielgruppe**

Wen befrage oder beobachte ich nun? Es leuchtet Dir sofort ein, dass je nach Zielgruppe und Gesprächsperson, unterschiedliche Herausforderungen in puncto Gesprächsführung auf Dich zukommen. Wenn Du beispielsweise eine Gruppendiskussion in einem multikulturellen Jugendzentrum durchführen möchtest, wie kannst Du Dich dann auf die Regeln, Sitten und Sprachgebräuche der Jugendlichen einstellen? In welchem Setting kannst Du die Erhebung durchführen? Welche Fragen formulierst Du wie? Wie kannst Du gut mit den Kids in Kontakt treten? Solltest Du hingegen ein Experten- oder Expertinneninterview mit einer Teamleitung durchführen wollen, wirst Du Deine Fragen und Umgangsweisen automatisch an die jeweilige Situation anpassen. Besonders herausfordernd sind Gespräche oder Beobachtungen, in denen Kinder die Beforschten sind. In einer teilnehmenden Beobachtung in einem Kindergarten kann es passieren, dass die Kinder auf Dich zukommen, Dich etwas fragen oder mit Dir spielen wollen. Natürlich »unterbricht« diese Unvorhersehbarkeit der Situation eine lupenreine Erhebungssituation. Dies kann jedoch für Deine Auswertung reflektiert und genutzt werden. Bleib ganz entspannt! Empfehlenswert als Lektüre ist hier das Buch *Interview mit Kindern* von Thomas Trautmann (2010). Falls Du Experteninterviews durchführen willst, schau Dir das

Buch *Qualitative Experteninterviews* von Robert Kaiser (2014) an. Es ist speziell für Studierende geschrieben!

> **Tipp**
>
> Passe Deine Sprache auf natürliche Weise den befragten Personen an, um Nähe und Verständnis herzustellen!

- **Die liebe Technik**

Bitte plane ein, dass alle möglichen technischen oder menschlichen Pannen im Verlauf Deiner Untersuchung eintreten können. Vom Ausfall des Aufnahmegerätes, über die Absage oder Verschiebung von zugesagten Terminen oder eine geringere Teilnehmendenzahl kann alles passieren. Vielleicht bekommt Dein Rechner auch einen Virus und sämtliche Daten sind erst mal futsch. Hier ist es ratsam, sich auf solche Eventualitäten einzustellen und sie in die Organisation mit einzubeziehen. Sichere alle Daten auf mindestens zwei Datenträgern. Nimm Ersatzbatterien und Kabel für das Aufnahmegerät mit, mach Dich vertraut mit den wichtigsten technischen Funktionen. Plane die nachgelagerten Auswertungsschritte. Mit welchem Programm transkribiere ich das Gesagte? Oft gibt es kostengünstige Transkriptionsprogramme im Internet zum Download.

> **Tipp**
>
> Bereite dich auf Eventualitäten vor! Nimm unbedingt Ersatzbatterien für das Aufnahmegerät mit!

Während der eigentlichen Erhebung kann es sein, dass Dir das Gesagte als zu dürftig oder belanglos erscheint. Vielleicht sind die Gesprächspersonen nicht so auskunftsfreudig, wie Du es Dir erhofft hattest. Manchmal gibt es auch Störungen durch andere Kollegen und Kolleginnen. Möglicherweise beschäftigst Du Dich mit tabuisierten Themen wie zum Beispiel freiheitsentziehenden Maßnahmen oder sexuellem Missbrauch. Oder es werden Themen bei den Befragten angetriggert, die unangenehm sind. Oft regeln die Beforschten selbst, wann sie ein Thema beenden wollen. Du kannst Dich innerlich entspannt zurücklehnen, und Dich darüber freuen, dass Du sehr wahrscheinlich eine Menge an Datenmaterial zur Verfügung gestellt bekommst.

- **Der Transkribierienexpress**

Selber abtippen kann sehr mühselig sein. Vielleicht kennst Du jemanden, der Dir die Arbeit abnehmen kann? Aus meiner Erfahrung heraus, ist es jedoch sehr erhellend, eigenständig zu transkribieren. Durch die intensive Beschäftigung mit dem Material gewinnst Du schon während des Schreibens einen vertieften Einblick ins Material. Allerdings solltest Du nicht prinzipiell erst einmal alles Verschriftlichen. In Absprache mit Deiner Dozentin oder Deinem Dozenten kannst Du Dich auf bestimmte Passagen, die für Deine Forschungsfrage relevant sind, beschränken. Dieser Punkt ist besonders wichtig hinsichtlich Deines Zeitmanagements! Nach erfolgter Auswahl der Passagen, durchlaufe diese verschiedenen Interpretationsschritte. Es ist ein bisschen so wie beim Sieben von Sand. Am Anfang hast Du noch große und kleine Steinchen in Deinem Sieb, und je feiner Du siebst, desto mehr kommt die Essenz des Materials zu Tage. Unter uns: Das ist eine wirkliche Plackerei und viel Fleißarbeit. Aber ich kann Dir versichern: Die Mühe lohnt sich! Vor allem, wenn Dein Gehirn mal so richtig auf Trapp kommt und Du den Alltag mal hinter Dir lässt, kann es wirklich auch Spaß machen! Übe Dich in Geduld und Langmut, und wenn das nicht mehr zieht, geh Holz hacken oder joggen!

» Es muss nicht alles transkribiert werden, aber Eingangspassagen – also die Frage und die erste Antwort darauf – sind besonders wichtig. Überlege Dir also vorher, welche Passagen Du transkribieren willst, um Deine Fragen zu beantworten! Sprich das auch mit Deiner Betreuungsperson ab!

- **Eine runde Sache**

Du hast alles durchgesiebt, hin und her gewendet, abstrahiert und wieder konkretisiert, und hast dabei Deine Forschungsfrage stets klar vor Augen gehabt? Du hast Dich fokussiert, interessante Blümelein am Wegesrand zurückgelassen? Dann herzlichen Glückwunsch, Du hast es bald geschafft! Das Ende ist nah! Nun fehlt nur noch der Erkenntnisgewinn. Was hat Deine Forschung ergeben? Welche Typen oder Kategorien spielen eine Rolle? Welche überraschenden und neuen Aspekte sind sichtbar geworden? Wie verhalten sich Deine Ergebnisse gegenüber dem aktuellen Forschungsstand? Welche Relevanz haben Deine Ergebnisse möglicherweise für die Wissenschaft oder die Praxis selber? Am Ende Deines langen Prozesses spinnst Du den roten Faden Deines Erkenntnisinteresses zu Ende. Du hast jetzt wirklich etwas Tolles vollbracht! Ein echtes Unikum! Natürlich stehen jetzt noch wichtige formale Stationen an: Zitation prüfen, Rechtschreibprüfung, Korrekturlesen, Formatieren, Literaturverzeichnis anlegen etc. Für diese Schritte solltest Du Dir am Ende noch genügend Zeit einplanen, das erledigt sich nicht an einem Tag und auch nicht in einer Woche.

> **Tipp**
>
> Plane genug Zeit ein, um Deiner Arbeit auch formell einen wissenschaftlichen Anspruch zu geben!

Auch wenn es anfangs vielleicht nervt, Du solltest Dir von Beginn an eine richtige und einheitliche Zitation sowie Formatierung zulegen. Die meisten Fakultäten haben für ihre Fachbereiche Skripte erstellt, in denen Du alle Informationen zum wissenschaftlichen Schreiben nachlesen kannst. An der Fachhochschule Köln im Fachbereich »Soziale Arbeit« ist von »Soziale Arbeit plus« ein sehr gutes Skript veröffentlicht worden (siehe Internetquellen). Für die Verwaltung Deiner Literatur empfehle ich Dir das kostenlose Programm »Citavi« (www.citavi.com). Hiermit kannst Du alle Titel einpflegen, die Du gelesen hast und benutzen möchtest. Du kannst Deine Zitate verwalten und am Ende eine Literaturliste erstellen (siehe Internetquellen).

> **Tipp**
>
> Frage Dich vor der Schreibphase: Wie will ich zitieren! Das spart viel Arbeit.

- **Applaus Applaus!**

Du hast es geschafft. Nun kannst Du wirklich stolz auf Dich sein! Du bist den steinigen Weg von der ersten Idee zur fertigen Arbeit gegangen und hast alle Stolpersteine mit Bravour gemeistert. Ich hoffe, dass dieser Artikel Dir dabei geholfen hat, Dich für Deine Reise in die qualitative Sozialforschung vorzubereiten.

Literatur

Cameron, J. (2009). *Der Weg des Künstlers. Ein spiritueller Pfad zur Aktivierung unserer Kreativität*. München:Knaur Mensa.
Flick, U. (2014). Gütekriterien qualitativer Sozialforschung. In N. Baur & J. Blasius (Hrsg.), *Handbuch Methoden der empirischen Sozialforschung* (S. 411–424). Wiesbaden: Springer.
Groebner, V. (2012). *Wissenschaftssprache: Eine Gebrauchsanweisung*. Konstanz: Konstanz University Press.
Kaiser, R. (2014). *Qualitative Experteninterviews. Konzeptionelle Grundlagen und praktische Durchführung*. Wiesbaden: Springer.
Noack, K. (2008). *Kreativitätstechniken. Schöpferisches Potenzial erkennen und nutzen*. Berlin: Cornelsen.
Przyborski, A., & Wohlrab-Sahr, M. (2014). *Qualitative Sozialforschung. Ein Arbeitsbuch*. München: Oldenbourg.
Trautmann, T. (2010). *Interviews mit Kindern. Grundlagen, Techniken, Besonderheiten, Beispiele*. Wiesbaden: VS Verlag für Sozialwissenschaften.
▶ https://www.citavi.com/.

Verunsicherung und Irritation als Motoren neuer Ideen

David Rüger

2.1 Nasse Lunten und zündende Ideen – 14

2.2 Verunsicherung gehört dazu – 14

2.3 Umwege erhöhen die Ortskenntnis – 15

2.4 Lesen – Reden – Improvisieren – 15

2.5 Drei Merksätze – 17

Literatur – 17

2.1 Nasse Lunten und zündende Ideen

Nahezu alle Forscherinnen und Forscher kennen das Gefühl, endlich eine zündende Lösungsidee für ein bereits länger währendes Problem zu verspüren. Ebenso ist vielen die unglücklichere Variante bekannt, in der trotz zahlreicher Gedankenspiele kein Weiterkommen in Sicht ist. Beide Beispiele zeigen: Ideen beeinflussen den Forschungsprozess. Während sie im ersten Fall das Vorhaben stärken und zum Gelingen beitragen, droht im zweiten das Gegenteil. Wiederkehrende, unter Umständen gar erfolglose, Re-Strukturierungsversuche drohen die Neugier und Motivation zu schmälern und verursachen Irritation und Verunsicherung. Entstanden während der Literaturrecherche Missverständnisse? Haben sich im Auswertungsprozess methodische Fehler eingeschlichen? Sollten bestimmte Erkenntnisse analytisch vertieft werden? Anstatt das Forschungsvorhaben angesichts solch (selbst-)zweifelnder Fragen resigniert einzustellen, knüpfen die folgenden Überlegungen an das Konzept der Salutogenese[1] an und stellen den Versuch dar, Verunsicherung und Irritation als Initiatorinnen neuer Ideen statt als Belastung zu begreifen. Zunächst wird deshalb erklärt, warum studentische Forschungsprozesse zwangsläufig Verunsicherung erzeugen (1). Danach wird eine sinnstiftende Interpretation von Verunsicherung und Irritation präsentiert, die beide als Ausgangspunkt neuer Ideen deutet (2). Abschließend wird sowohl auf konservative als auch auf innovative Methoden verwiesen, mit deren Hilfe systematisch neue Ideen erzeugt werden können (3).

2.2 Verunsicherung gehört dazu

Studentische Forschungsvorhaben verfolgen in erster Linie nicht das Ziel, methodisch oder inhaltlich relevante Neuentdeckungen zu generieren. Vielmehr sollen Studierende unterschiedliche Forschungsansätze und -methoden kennenlernen, deren erkenntniserzeugende Möglichkeiten und Grenzen reflektieren sowie anhand eines eigenen Forschungsprojektes die praktische Anwendung einer spezifischen Methode erproben (vgl. Schäuble und Schametat-Penke 2013, S. 6 ff.). Was in Hinblick auf studentische Vorhaben jedoch zunächst nach geringerem Erwartungsdruck klingt, führt schnell zu einer subjektiv empfundenen Doppelbelastung: Gerade in Bachelor-Studiengängen ist nicht gewährleistet, dass forschende Studierende bereits über themenspezifisches Wissen verfügen. Neben der Herausforderung, einen methodisch fundierten Forschungsprozess zu gestalten, müssen sie daher unter Umständen auch den inhaltlichen Verständnisprozess vorantreiben. Durch die nicht immer im Gleichklang stattfindende Vertiefung des methodischen und inhaltlichen Wissensstandes sowie begrenzte zeitliche Ressourcen gehören uneindeutige und vorschnelle (Fehl-)Schlüsse jedoch zum Forschungsalltag. Sowohl die alles anzweifelnde Frage »Was tue ich hier überhaupt?« als auch spezifische Fragen, beispielsweise ob eine analytische Kategorie beziehungsweise eine

---

1 Die Salutogenese bildet den Gegenpol zur üblicherweise praktizierten Pathogenese und fragt nach den Gründen, warum Menschen trotz großer psychischer Belastungen gesund bleiben. Ihr Vordenker, Aaron Antonovsky, identifiziert hierfür das sogenannte Kohärenzgefühl, welches aus den Dimensionen »Verstehbarkeit, Sinnhaftigkeit und Handhabbarkeit« entsteht. Gelingt es Menschen, die Entstehung von Herausforderungen sachlich nachzuvollziehen, einen tieferen Sinn darin zu erkennen und ihnen dank erfolgreicher Bewältigungsstrategien Herrin oder Herr zu werden, so ist die Wahrscheinlichkeit groß, den Belastungen standzuhalten (vgl. Lorenz 2005).

2.4 · Lesen – Reden – Improvisieren

Codierung noch präzisiert werden sollte, werden so zu bekannten Wegbegleitern und zwingen zu kontinuierlicher Reflexion und Lösung immer neuer Fragestellungen.

Dass diese Antworten nicht immer wie gewünscht ausfallen und den Forschungsprozess unter Umständen ausbremsen bzw. in eine bisher unbedachte Richtung lenken, ist die Konsequenz. Wer jedoch glaubt, dass ausschließlich Studierende solchen Unsicherheiten ausgesetzt sind, der irrt: Auch erfahrenere Wissenschaftlerinnen und Wissenschaftler sind nicht davor gefeit. Auf sehr anschauliche Art und Weise beschreibt Norbert Schröer, heute Professor an der Hochschule Fulda, die eigene Irritation und Not während seiner Zeit als Doktorand (vgl. Schröer 2011, S. 90 ff.): Trotz sorgfältiger Analysen und unentwegter Grübelei gelang es ihm lange Zeit nicht, eine neue Erkenntnis aus seinem Datenmaterial zu gewinnen. Die Folge waren Selbstzweifel bis hin zu psychosomatischen Symptomen sowie die existenzielle Frage, wie er im Wissenschaftsbetrieb überleben könne, wenn es ihm nicht gelänge, den fachlichen Diskurs zu bereichern. Erst nach langem Nachdenken gelangte er in einem ruhigen Moment endlich zu dem entscheidenden Gedanken, aus dem er schließlich ein bisher nicht erkanntes Phänomen entwickelte. Die allgemein gehaltene Darstellung studentischer Forschungswirklichkeit sowie das personalisierte Beispiel legen nahe, dass Verunsicherung nicht ungewöhnlich ist. Tatsächlich stellt sich Wissenschaft immer wieder selbst infrage und revidiert gegebenenfalls auch bereits für sicher befundene Erkenntnisse (vgl. Kotthaus 2014, S. 15 f.). Gewissheit wäre in diesem Sinne – pointiert formuliert – gar unseriös. Hinzu kommt, dass qualitative Sozialforschung aufgrund ihres explorativen Charakters zu Beginn stets nur »grob« (Kromrey 2014, S. 201), »ungenau« (ebd.) und »vorläufig begrenzt« (ebd.) sein kann. Intellektuelle Irrwege und Sackgassen stellen deshalb keine Merkmale persönlicher Uneignung dar, sondern gehören zwangsläufig zum Forschungsalltag.

2.3 Umwege erhöhen die Ortskenntnis

Verunsicherung und Irritation als forschungsimmanent anzuerkennen, ist der erste Schritt zu ihrer Bewältigung. Der zweite ist, das ihnen inneliegende Entwicklungspotenzial für den weiteren Forschungsprozess zu erkennen und ihnen auf diese Weise einen Sinn zu verleihen. Hierzu schlägt Jörg Strübing folgende Perspektive vor: Er empfiehlt, aus Irritation entstandene Lösungen nicht als »Verbesserung fehlerhafter Codierungen« (Strübing 2008, S. 22), sondern als »Neujustierung der analytischen Perspektive« (ebd.) zu deuten. Verunsicherung und Irritation gelten nach dieser Lesart nicht als Vorbotinnen persönlichen Scheiterns, sondern können als Frühwarnsystem verstanden werden, Beschreibungen, Analysen und Interpretationen des Datenmaterials auf ihre Gültigkeit zu überprüfen und gegebenenfalls neu zu ordnen. Beide verlieren so ihre negative Konnotation und werden stattdessen zu Motoren für die – entwicklungsorientierte – Schärfung der inneren Logik des Forschungsvorhabens. Damit etwaige Uneindeutigkeiten und Widersprüche hinreichend bereinigt werden können, sind jedoch entsprechende (Lösungs-)Ideen erforderlich.

2.4 Lesen – Reden – Improvisieren

Ideen können sowohl auf gewöhnliche Art und Weise als auch durch ungewöhnliche Verfahren generiert werden. Beide Ansätze bedürfen jedoch gleicher Voraussetzungen: Anerkennung ihrer Notwendigkeit, Kraft und Energie sowie ausreichend Zeit. Als althergebrachte Strategie zur inhaltlichen wie methodischen Überarbeitung respektive Vertiefung eignet sich zunächst die (gemeinsame) Lektüre von Fachliteratur. Sobald hierbei Verständnisfragen aufkommen, keine neuen Ideen entstehen oder schlichtweg weitere Perspektiven gewonnen werden sollen, kommen dialogische Formen ins Spiel. Neben Kommilitoninnen und Kommilitonen sind Lehrende die ersten Personen, die weiterhelfen können. Ob der Austausch mit ihnen vereinzelt stattfindet oder in Form von regelmäßigen Forschungswerkstätten möglicherweise gar institutionalisiert wird, hängt von den Bedürfnissen und zeitlichen Kapazitäten der Beteiligten ab.

Das Gleiche gilt für die Frage, ob der Austausch von Angesicht zu Angesicht geschieht oder in virtuelle Netzwerke des Web 2.0 verlagert wird. Grundsätzlich gilt, dass Studierende durchaus mutig Unterstützung von der Hochschule einfordern dürfen, sei es durch bereitgestellte Räumlichkeiten oder unterstützendes Personal. Über die Grenzen der Hochschule hinaus kommen im Falle von anwendungsorientierter Forschung außerdem erfahrene Kolleginnen und Kollegen aus der Praxis als Ansprechpartnerinnen und Ansprechpartner infrage. Weiterhin finden in der Bundesrepublik Deutschland, Österreich und der Schweiz regelmäßig (deutschsprachige) Methoden-Workshops statt, bei denen erfahrende Forscherinnen und Forscher jenseits des eigenen Netzwerkes kennengelernt und neue Perspektiven auf das eigene Datenmaterial entwickelt werden können. Nun gehören beide Ansätze – Literaturrecherche und Gespräche mit Dritten – jedoch zu den Grundlagen wissenschaftlicher Arbeitstechniken und sollten von Studierenden höherer Fachsemester bereits habitualisiert worden sein. Aus diesem Grund wird im Folgenden ein Blick über den Tellerrand gewagt und einer Kreativitätstechnik nachgespürt, die dann eingesetzt werden kann, wenn der Einsatz traditioneller Methoden zu keinen neuen Einfällen führt.

Ein geeignetes Verfahren, um spielerisch und unverbindlich neue Perspektiven auf eine Fragestellung zu erzeugen, ist die Improvisation. Sie hilft, »sich in fremde Perspektiven zu versetzen, zwischen sozialen Rollen zu wechseln und hypothetisch andere Identitäten anzunehmen« (Kurt 2011, S. 73). Und weiter: »Indem man sich und seine Mitspieler spontan (re-)agieren lässt, führt das gemeinsame Improvisieren fast zwangsläufig zur Entdeckung von Neuem« (ebd., S. 74). Ein Beispiel: Im Dortmunder Tatort rekonstruiert Hauptkommissar Faber den Tathergang stets mithilfe improvisationstheatralischer Techniken. Während seine Kollegin in die Rolle des Opfers schlüpft, begibt er sich in die Rolle der Täterinnen oder Täter und reinszeniert das Tatgeschehen, indem er deren (imaginierte) Gedanken in der Ich-Form laut ausspricht und sie mit entsprechenden Handlungen auch gestikularisch Wirklichkeit werden lässt. Sobald eine spontan im gemeinsamen Spiel entwickelte Hypothese zum Tathergang genauso eilig falsifiziert wird, durchspielen sie einfach die nächste, im Sinne Strübings neujustierte, Hypothese des Geschehens. Irritierende Annahmen führen also nicht zum Spielabbruch, sondern optimieren die weitere Fallrekonstruktion und führen schließlich – typisch Tatort – zur Täterin beziehungsweise zum Täter.

Damit Forscherinnen und Forscher ähnlich erfolgreich wie Kommissar Faber improvisieren können, benötigen sie die Fähigkeit, sich in andere Menschen einzufühlen und aus unterschiedlichen Perspektiven auf einen Sachverhalt zu blicken: Unter dem Einfluss welcher psychologischer, sozialer, kultureller, wirtschaftlicher usw. Rahmenbedingungen steht das Forschungsobjekt? Wie würde meine beste Freundin den Sachverhalt interpretieren? Welches Argument würde mein Sportkamerad hervorbringen? Hilfreich ist außerdem, sich von äußeren Einflüssen inspirieren zu lassen. Während die Kommissare Faber und Bönisch die jeweiligen Tatorte aufsuchen, können Forscherinnen und Forscher ganz bewusst den Arbeitsort wechseln und sich beispielsweise von Gerüchen, Geräuschen oder der sie umgebenden (Innen-)Architektur anregen lassen. Zuletzt muss darauf hingewiesen werden, jede Improvisation als eben solche und nicht vorschnell als endgültige Wahrheit zu verstehen. Erst wenn diese Potenzialität umfassend berücksichtigt wird, ist der Weg für zahlreiche neue Ideen geebnet. Damit die soeben vorgestellten Verfahren zur Ideengewinnung Früchte tragen, sind die eingangs genannten Vorbedingungen zu erfüllen. Zunächst bedarf es eines Bewusstseins für etwaige Schwächen der eigenen Arbeit sowie einer ausgeprägten »Ambiguitäts- und Frustrationstoleranz« (Flick et al. 2014, S. 248), um verunsichernde und irritierende Situationen auszuhalten. In Anlehnung an Reichertz verweist Schröer weiterhin auf die »ernsthafte Bereitschaft« (Schröer 2011, S. 88) der Forscherinnen und Forscher, eine Herausforderung zu bewältigen: »Ausschlaggebend [für den Erfolg, D. R.] ist – so meine These – der Wille, sich unbedingt zu einem neuen Ergebnis durchzuringen« (ebd., S. 95). Ist sowohl die Erkenntnis als auch die Veränderungsbereitschaft gegeben, benötigen Forscherinnen und Forscher zuletzt Zeit, um zu recherchieren, sich auszutauschen und zu improvisieren. Der erste, durchaus elementare Schritt, Verunsicherung und Irritation zu vermeiden, ist daher eine gelingende Zeitplanung und Arbeitsorganisation. Hierzu existieren zahlreiche Leitfäden, die an dieser Stelle jedoch nicht weiter vertieft werden sollen (vgl. Kotthaus 2014, S. 60 ff.).

2.5 Drei Merksätze

Qualitative Sozialforschung verläuft niemals statisch und vorhersehbar. Stattdessen handelt es sich um einen kontinuierlichen Prozess von vorwärts- und manchmal auch rückwärtsgewandten Schritten, um einen Kreislauf aus neu- und weiterentwickelten sowie überarbeiteten Forschungsdesigns, Hypothesen, analytischen Kategorien und dergleichen. Gerade studentische Forscherinnen und Forscher, die teilweise zum ersten Mal in ihrem Leben methodisch fundiert forschen, drohen deshalb wiederkehrend verunsichert und irritiert zu werden und sind auf geeignete Lösungsideen angewiesen. Das Ziel des Textes ist es, diese Herausforderungen gewissermaßen zu normalisieren und Forschungsnovizinnen und -novizen durch die positive Umdeutung der Herausforderungen zu entlasten. Die folgenden drei Merksätze dienen deshalb dazu, die Prozesskontrolle zurückzuerobern und entmutigende Hindernisse zu bewältigen: 1) Verunsicherung tritt zwangsläufig auf! 2) Irritationen schärfen das Vorhaben! 3) Lest, sprecht, improvisiert!

Kritische Leserinnen und Leser mögen anmerken, dass die hier präsentierte Sichtweise auf Verunsicherungen und Irritationen nur solange gelten kann, bis ein Forschungsprojekt tatsächlich scheitert. Doch selbst diese »ultimative Irritation« kann – trotz großer Frustration und Selbstzweifel – langfristig positiv gedeutet werden. Schließlich hilft eine sorgfältige und ehrliche Analyse, Fehlerquellen zu identifizieren und sie beim nächsten Versuch von Beginn an auszuschließen beziehungsweise zu minimieren. Als Vorbild jenseits der Sozialforschung fungiert Max Levchin. Erst nach fünf, teilweise in einem Fiasko geendeten Anläufen gelang ihm durch die (Mit-)Gründung des weltweit bekannten Online-Bezahlsystems *PayPal* der große Wurf (vgl. Lotter 2014).

Literatur

Flick, U., Hartung, S., Mader, C., Mey, G., Mruck, K., & Weidemann, A. (2014). Lehr-/Lernbarkeit Qualitativer Forschung. In G. Mey & K. Mruck (Hrsg.), *Qualitative Forschung. Analysen und Diskussionen – 10 Jahre Berliner Methodentreffen* (S. 233–259). Wiesbaden: Springer.

Kotthaus, J. (2014). *FAQ Wissenschaftliches Arbeiten. Für Studierende der Sozialen Arbeit*. Opladen: Budrich.
Kromrey, H. (2014). »Qualitativ« versus »quantitativ« – Ideologie oder Realität? In G. Mey & K. Mruck (Hrsg.), *Qualitative Forschung. Analysen und Diskussionen – 10 Jahre Berliner Methodentreffen* (S. 197–202). Wiesbaden: Springer.
Kurt, R. (2011). Improvisation als Methode der empirischen Sozialforschung. In N. Schröer & O. Bidlo (Hrsg.), *Die Entdeckung des Neuen. Qualitative Sozialforschung als Hermeneutische Wissenssoziologie* (S. 69–83). Wiesbaden: Springer.
Lorenz, R. (2005). *Salutogenese. Grundwissen für Psychologen, Mediziner, Gesundheits- und Pflegewissenschaftler*. München: Reinhardt.
Lotter, W. (2014). Wird schon schiefgehen. ▶ http://www.brandeins.de/uploads/tx_b4/034_b1_11_14_Einleitung.pdf. Zugegriffen: 8. Jan. 2015.
Schäuble, B., & Schametat-Penke, S. (2013). Theoriebildung als Handwerk und Expedition – Erfahrungen aus der Forschungsdidaktik. In B. Schäuble & S. Schametat-Penke (Hrsg.) *Forschungslernen als Expedition* (S. 3–21). Berlin: Mensch und Buch.
Schröer, N. (2011). Not macht erfinderisch. Zur sozialen Praxis ‚instinktiver Abduktionen' in Qualitativer Sozialforschung. In N. Schröer & O. Bidlo (Hrsg.) *Die Entdeckung des Neuen. Qualitative Sozialforschung als Hermeneutische Wissenssoziologie*, (S. 85–98). Wiesbaden: Springer.
Strübing, J. (2008). *Grounded Theory. Zur sozialtheoretischen und epistemologischen Fundierung des Verfahrens der empirisch begründeten Theoriebildung*. Wiesbaden: VS Verlag für Sozialwissenschaften.

Forschen als Reise begreifen

Janine Widmer

3.1 Vom vagen Interesse zu konkreten Forschungsfragen: Eine Reise beginnt – 20

3.2 Wie alles begann: Von regionalen Innovationssystemen zu Agrotourismus – 20

3.3 Einbettung in wissenschaftliche Konzepte und Theorien – 21

3.4 Forschungsfragen eindeutig formulieren – 22

3.5 Lesen und Schreiben als zirkulärer Prozess – 22

3.6 Das Feld eingrenzen und doch interessiert bleiben – 24

3.7 Fazit: Weitergehen – 25

Literatur – 25

3.1 Vom vagen Interesse zu konkreten Forschungsfragen: Eine Reise beginnt

Ein langer Weg nimmt seinen Anfang. Dies gilt im Speziellen, wenn man sich entscheidet, kein ausgeschriebenes Thema mit schon bestehenden Forschungsfragen und Rahmenbedingungen zu behandeln, sondern dem eigenen Interesse zu folgen. Eine Abschlussarbeit bietet die Möglichkeit, sich in ein bestimmtes Gebiet einmal so richtig vertiefen zu können, sodass man Expertin oder Experte darin wird. Unter Umständen ist das gewählte Thema sogar wegweisend für die spätere Berufspraxis. Das Gewicht, das auf der Entscheidung zur Themenwahl liegt, ist deshalb recht groß und hat mich zu Beginn der Master-Arbeit ziemlich gestresst. Ideen und Interessen hatte ich viele. Und doch hatte ich keine Ahnung, wie man aus dem eigenen Interesse zu einer wissenschaftlichen Arbeit kommt. Diese Distanz zwischen den Ideen und einer den Gütekriterien des Wissenschaftsbetriebs genügenden Forschungsleistung schien zunächst unüberwindbar. Dieses Kapitel zeigt meine Reise von der großen Ideenwelt zur kleinen Forschungsfrage auf und geht anschließend auf wichtige Etappen näher ein. Es enthält einige praktische Tipps zur nötigen Ausrüstung und Vorbereitung für alle, welche die Reise einer Abschlussarbeit antreten. Ich stütze mich dabei auf meine Erfahrungen mit der Master-Arbeit, Gelerntes aus Methodikvorlesungen sowie auf das empfehlenswerte Motivations- und Arbeitsbuch von Judith Wolfsberger (2010) *Frei geschrieben – Mut, Freiheit und Strategie für wissenschaftliche Abschlussarbeiten*.

3.2 Wie alles begann: Von regionalen Innovationssystemen zu Agrotourismus

Das Ziel einer wissenschaftlichen Abschlussarbeit ist es, ein aus einer Problematik entstandenes Interesse mit geeigneten Theorien zu verknüpfen, daraus eine Forschungsfrage abzuleiten und diese mit adäquaten Methoden zu bearbeiten. Bei meiner Master-Arbeit in Geographie bestand eine große Herausforderung darin, alle diese Aspekte schlüssig aufeinander abzustimmen. Ich interessiere mich schon lange für das Thema »nachhaltiger Konsum« oder »nachhaltige Lebensstile«. Fairer Handel, Bio-Produkte, regionale Produkte, Food Waste, Suffizienzbewegung und vieles mehr bewegen mich seit Längerem. Doch damit kann man keine Arbeit beginnen, denn dies ist ja eine Unmenge an unterschiedlichen Themen. Es ergab sich dann die Gelegenheit, die Master-Arbeit zu einem Projekt zu regionalen Innovationssystemen im ländlichen Raum zu schreiben. Da regionale Produktion nicht zuletzt auch mit der Landwirtschaft zu tun hat, würde ich in diesem Sektor untersuchen, ob gewisse Innovationssysteme bestehen, und wenn ja, in welcher Form.

Je mehr Literatur ich aber dazu las, desto weniger konnte ich mich dafür begeistern. Denn ich konnte mich mit dem impliziten normativen Verständnis dieses Themas und den damit verbundenen Theorien nicht identifizieren. Für mich steht nicht Wirtschaftswachstum im Zentrum. Mich begeistern viel eher die Ideen, welche Unternehmer, oder im Speziellen eben Landwirte und Landwirtinnen, entwickeln und umsetzen, um ihren Betrieb aufrecht- und lebenswert zu erhalten, dabei auf die aufkommenden Bedürfnisse eines nachhaltigen Konsums reagieren und gleichzeitig die natürlichen Ressourcen schonen. Ein wissenschaftlicher Artikel hat mich dabei inspiriert und ermutigt, meinem Interesse zu folgen. In dem Beitrag von Alistair Anderson (2000) geht es um Unternehmer im ländlichen Raum und die Feststellung, dass durch den (globalen) Wertewandel Werte wie Lebensqualität, Tradition und Naturnähe wieder zunehmend wichtiger werden. Gewisse Unternehmer und Unternehmerinnen auf dem Land nutzen diesen Wertewandel und generieren damit neues Kapital. So zum Beispiel wird das Schaufeln von Kohle auf einem alten Dampfer als Dienstleistung kostenpflichtig angeboten, was früher einer harten Lohnarbeit entsprach, oder ein altes, heruntergekommenes Schloss auf dem Land wird aufgepeppt und für gesellschaftliche Anlässe wie zum Beispiel Hochzeiten vermietet (Anderson 2000). Diese Beispiele zeigen, dass der ländliche Raum nicht mehr als langweilig und öde wahrgenommen wird, sondern für Ursprünglichkeit, Ruhe und Erholung, Einfachheit, Natur und Tradition steht, wofür gewisse Leute bereit sind, etwas zu zahlen.

Könnten nicht gerade auch landwirtschaftliche Betriebe die zunehmende Bedeutung dieser Werte nutzen, um ihren Betrieb langfristig zu erhalten? Denn der Druck auf die bäuerliche Produktion ist groß und die Preise für landwirtschaftliche Erzeugnisse sinken. So bin ich auf den Begriff »Agrotourismus« gestoßen; also touristische Angebote wie Übernachtung, Verpflegung und Freizeitangebote auf Bauernhöfen. Somit haben meine Interessen aber nicht mehr in das ursprüngliche Projekt gepasst. An diesem Punkt stellte sich die entscheidende Frage: Orientiere ich mich an den vorherrschenden Paradigmen der Forschungsgruppe oder bleibe ich meinen Interessen treu? Ich entschied mich für Letzteres. Denn ein Bezug zu mir und meinen Überzeugungen erschien mir wichtig für die Motivation, mich ein Jahr lang mit einem Thema zu beschäftigen. Daraus zog ich die Konsequenz, dass ich die Forschungsgruppe und somit auch die Betreuung wechselte.

3.3 Einbettung in wissenschaftliche Konzepte und Theorien

Ich hatte mein Forschungsthema nun also definitiv festgelegt. Nun ging es an die weitere Eingrenzung und die Suche nach konkreten Forschungsfragen. Dazu war wieder ein ausgedehntes Literaturstudium notwendig. Denn nur anhand von wissenschaftlichen Artikeln findet man heraus, was denn schon zu einem bestimmten Thema geforscht und herausgefunden wurde und welche Perspektiven, Theorien und Methoden bei ähnlichen Forschungsfragen einbezogen wurden. Dies kurz zusammenzufassen hat mir geholfen, den Überblick über die relevante Literatur zu behalten und die Forschungslücken zu identifizieren und auch zu benennen. So habe ich festgestellt, dass zum Thema »Agrotourismus« bisher meistens quantitativ geforscht wurde. Das Verständnis für die konkrete Lebenswelt von agrotouristischen Betrieben fehlt jedoch. Zudem war schon viel bekannt über die Charakteristik von solchen Betrieben, weshalb ich mich nicht darauf fokussieren wollte.

Im Verlaufe meines Studiums hatte ich immer wieder vom Sustainable-Livelihood-Konzept gehört. Hauptsächlich angewandt im Entwicklungskontext, geht es dabei um Strategien von Akteuren, wie sie ihren Lebensunterhalt bestreiten (= Livelihoods). Die Strategien basieren nebst Einflüssen des Umfeldes auf ihren verschiedenen Kapitalien (Humankapital, Sozialkapital, Finanzkapital etc.) (DFID 2001). Mir schien dieses Konzept auf die Situation von landwirtschaftlichen Familienbetrieben zu passen, was sich auch in den ersten Testinterviews bestätigte. Ein Konzept ist eine vereinfachte Darstellung der Wirklichkeit, eine Art von System. In diesem System gibt es Elemente und Verbindungen, respektive Wirkungsgefüge. Ein Konzept bietet also eine gute Grundlage um Forschungsfragen herauszufiltern. Einerseits kann man einzelne Elemente untersuchen, zum Beispiel welche Strategien die Landwirtschaftsbetriebe wählen, um ihren Lebensunterhalt zu bestreiten. Andererseits sind auch die Beziehungen zwischen den Elementen ein idealer Untersuchungsgegenstand, zum Beispiel welchen Einfluss die vorhandenen Kapitalien auf die gewählte Strategie haben. Theorien und Konzepte versuchen die Welt zu erklären. Nebst den großen, ausgereiften Theorien gibt es aber eine Unmenge von Erklärungen in der Literatur, welche nicht zu einer konkreten Theorie zählen. Dies beginnt schon mit den Definitionen. Was genau versteht man unter Agrotourismus? Was sind Livelihoods? Es ist wichtig, dies genau zu klären und sich bewusst zu machen, auf welchen Annahmen diese Erklärungen beruhen. Denn Theorien gehen von einem bestimmten Weltverständnis aus, welches meist nicht normativ neutral, sondern mit Wertvorstellungen verbunden ist. Diese Wertvorstellungen müssen für eine logische Einbettung der Theorie in die Arbeit erkannt werden. Dies gibt zudem einen viel klareren Blick auf die Arbeit und die Forschungsfragen.

3.4 Forschungsfragen eindeutig formulieren

Irgendwann müssen konkrete Forschungsfragen formuliert werden. Beim Lesen kommen oft interessante Fragen auf. Diese müssen unbedingt aufgeschrieben werden, damit sie nicht in Vergessenheit geraten. Ich habe mir ein Heft zugelegt, in dem ich alle meine Gedanken, mögliche Fragen, Notizen von Besprechungen mit den Betreuenden, wichtige Aussagen aus Artikeln etc. festhalte. Hat man Forschungsfragen aufgeschrieben, ist es hilfreich, sich folgende Überlegungen zu machen: Sind sie interessant und relevant (gesellschaftlich und im Fachkontext)? Erkennt man, wer oder was untersucht wird? Sind sie präzise formuliert? Weiß ich, wie ich die Fragen angehen kann? Sind diese Fragen in der zur Verfügung stehenden Zeit beantwortbar? (vgl. Wolfsberger 2010). Damit meine Forschungsfrage konkret wurde, mussten der Raum und die Untersuchungseinheit festgelegt werden. Ich entschied mich fürs Emmental (Schweiz), weil hier noch keine mir bekannten Studien zu Agrotourismus durchgeführt wurden. Zudem fokussierte ich mich auf landwirtschaftliche Familienbetriebe. Denn Agrotourismus wird hauptsächlich auf solchen Betrieben durchgeführt und sie sind in der Landwirtschaft von den ökonomischen Unsicherheiten am stärksten betroffen. Meine Forschungsfrage lautete dann folgendermaßen: Wie sehen die Livelihood-Strategien von landwirtschaftlichen Familienbetrieben im Emmental, die Agrotourismus betreiben, aus und auf was basieren sie?

Diese Frage unterteilte ich weiter in Unterfragen nach der Motivation, den Voraussetzungen, Auswirkungen und Herausforderungen der gewählten Strategie. Dies bildete den zweiten Block meiner Arbeit. Da es wie oben schon erwähnt bislang keine bekannten Studien zu Agrotourismus im Emmental gab, wollte ich mir im ersten Teil über die Betriebe und ihr Angebot einen Überblick verschaffen. Ich erstellte anhand von Internetrecherchen ein Inventar der Landwirtschaftsbetriebe, welche ich später auf einer Karte darstellte. Dieser erste Block war geleitet von folgender Forschungsfrage: Wie sieht die heutige Situation des Angebotes von Agrotourismus im Emmental aus? Dies diente mir zudem zur Identifizierung meiner Interviewpartnerinnen und Interviewpartner. Denn ich interessierte mich immer noch sehr für die Betriebe selbst, wie sie mit den Unsicherheiten umgehen und neue Ideen entwickeln. Deshalb erschien mir ein qualitativer Ansatz gut geeignet. Zudem fand ich es sehr spannend, mit den Leuten persönlich zu sprechen und etwas über ihre Lebenswelt zu erfahren.

3.5 Lesen und Schreiben als zirkulärer Prozess

Die Literatur ist die Eingangspforte zur gewählten Themenwelt. Doch es gibt sie wie Sand am Meer. Die große Herausforderung besteht darin, die relevanten Artikel und Bücher herauszufiltern. Ich habe mich dabei hauptsächlich auf ▶ www.sciencedirect.com und

3.5 · Lesen und Schreiben als zirkulärer Prozess

▶ www.scholar.google.ch sowie das Literaturverzeichnis der Universitätsbibliotheken gestützt und dabei gute Erfahrungen gemacht. Aber nach was denn genau suchen? Hier ist Kreativität gefragt: Probieren geht über studieren. Je spezifischer die Vorstellung über das Forschungsthema wird, desto mehr Suchbegriffe fallen einem ein. Man kommt nicht drum herum, Stunden mit Literatursuche zu verbringen. Ob sich ein Artikel eignet, kann man oft bereits der Zusammenfassung entnehmen. Man muss nicht jeden Artikel ganz lesen! Und doch kann man sich in der Literatursuche leicht verlieren. Literatur ermöglicht einen ersten Zugang zum Forschungsthema. Ideen konkretisieren sich jedoch meistens erst durch das Schreiben.

> **Tipp**
>
> Literatur ermöglicht einen ersten Zugang zum Forschungsthema. Ideen konkretisieren sich meistens erst durch das Schreiben.

Ich habe während meiner Master-Arbeit die Freewriting-Methode kennengelernt. Hierbei geht es darum, für zehn bis zwanzig Minuten einfach mal drauflos zu schreiben. Ich habe diese Methode verwendet, um näher an das heranzukommen, was ich wirklich wollte. Hier floss zusammen, was ich gelesen und gehört habe und welche Aspekte mir wirklich wichtig waren. Die entstandenen Texte gaben mir Inputs, nach was ich weiter suchen sollte oder in welche Richtung ich mich bewegen könnte. Das Wagnis, Rohtexte zu schreiben, lohnt sich. Diese sind nicht im Entferntesten perfekt. Sie können dann später überarbeitet, strukturiert und ergänzt werden. Aber sie dienen in erster Linie der Bewusstmachung dessen, auf was man hinaus will.

Freewriting-Methode

» Die Methode »Freewriting« geht auf Peter Elbow zurück; sie ist eine hilfreiche Methode, Gedanken, Gefühle und Wissen vom Kopf aufs Papier zu bringen. Schreibblockaden können so überwunden werden und man lernt, zwischen Texte schreiben und Texte überarbeiten zu unterscheiden. Ziel des Freewriting ist nicht das Resultat, sondern der Prozess.
Und so funktioniert es: Ein Begriff oder Thema wählen und den Wecker auf 10–20 min einstellen. Während dieser Zeit nicht aufhören zu schreiben. Notfalls den letzten Satz wiederholen, bis einem wieder etwas in den Sinn kommt. Nichts löschen oder korrigieren. Rechtschreibung, Grammatik oder gute Formulierungen spielen keine Rolle. Es geht nur um Gedanken und Inhalte. Während dem Schreiben nicht lesen, was schon steht. Es gibt nichts, was nicht geschrieben werden darf. Gut und schlecht, falsch und richtig gibt es in dieser Zeit nicht. Auch jeglicher Blödsinn ist erlaubt. Beurteile das Geschriebene nicht und genieße die Freiheit des Schreibens (Goldberg 2005; Elbow 1998; Wolfsberger 2010). Im Folgenden ein Beispiel einer meiner Freewriting Sessions während der Konzeptphase:
Ich finde es interessant, wie Menschen sich in wirtschaftlich herausfordernden Situationen mit innovativen Ideen helfen. Wie Leute Ideen entwickeln, die sie vermarkten können und die nachhaltig sind. Landwirtschaft als Lebensart finde ich spannend. Doch sie steckt ein wenig in der Krise. Da könnte Agrotourismus eine Möglichkeit bieten, weiter Landwirtschaft zu betreiben, indem ein vertretbares Einkommen erwirtschaftet wird. Nachhaltiger Konsum hat mich schon lange interessiert. Bauernhöfe haben saisonale, regionale Produkte. Wie kommen die an den Mann? Durch Direktvertrieb sind die Preise für den Landwirt höher und der Kunde hat je

nachdem höhere Qualität und vor allem regionale Produkte. Synergien faszinieren mich. Der nachhaltige Konsum als Chance für die Landwirtschaft? Irgendwie muss Angebot und Nachfrage besser zusammenkommen. Ich habe gehört, dass Landwirte, welche nicht unternehmerisch tätig werden, eingehen werden. Entweder haben sie unternehmerische Fähigkeiten oder sie interessieren sich wenigstens dafür und können sich diese aneignen. Doch wie kann dies passieren? Was ist dazu nötig? Ist dieses Bewusstsein überhaupt vorhanden bei den Landwirten? Mich faszinieren diejenigen, die dies erkennen und was tun und kreative Angebote entwickeln. Solche, welche den ‚normalen' Menschen an der Landwirtschaft teilhaben lässt. Wo Produktion und Konsum näher rücken und man weiß, woher das Essen auf dem Tisch kommt. Mich hat der Text von Anderson (2000) stark inspiriert. Wie aus den Schwächen der Peripherie plötzlich Stärken werden, indem heutige Werte aus der Gesellschaft genutzt und vermarktet werden. Postmoderner Konsum ermöglicht unternehmerisches Potenzial in peripheren Regionen. Hofläden, frisches Gemüse, kreative Landwirte, Schlafen im Stroh. Wo kommen Produzent und Konsument näher zusammen? Nachhaltiger Konsum war immer die Ausgangslage.

Auch Mindmaps eignen sich dafür hervorragend. Das Forschungsinteresse steht im Mittelpunkt und dann wird rundherum alles dazu aufgeschrieben, was einem dazu einfällt. Hat man einmal eine ausgiebige Sammlung an Ideen, geht es ums Entscheiden. Welchen Zweig will ich weiterverfolgen? Ich habe die Erfahrung gemacht, dass es meistens gar nicht so darauf an kommt, für was man sich entscheidet, sondern, dass man es wagt, sich zu entscheiden. Hat man sich erst einmal entschieden, fällt die Literatursuche einfacher. Denn nun werden die Suchbegriffe konkreter. Wenn man ein paar gute und passende Artikel gefunden hat, lohnt es sich unbedingt, deren Literaturverzeichnis zu studieren. Denn die Forschenden haben sich ja schon ausgiebig mit dem Themenfeld befasst und können Dir die relevante Literatur fast wie auf dem Silbertablett servieren. Okay, so einfach ist es nicht. Aber wenn man sich in einem konkreten Forschungsfeld bewegt, werden die wichtigen Autorinnen und Autoren und die Schlüsseltexte immer wieder auftauchen. Auf diese Weise kann das Forschungsfeld nach und nach abgesteckt werden. Der Weg zur Forschungsfrage ist also eine schrittweise Eingrenzung und Annäherung. Lesen und Schreiben wechseln sich dabei stetig ab.

3.6 Das Feld eingrenzen und doch interessiert bleiben

Ich hatte immer Angst vor einer Themeneinschränkung. Denn wenn man sich für etwas entscheidet, ist dies auch eine Entscheidung gegen etwas anderes. Sollte ich mich auf Direktvermarktung konzentrieren? Oder doch lieber auf Agrotourismus? Und dies sind immer noch sehr breite Themen! Zu Beginn befürchtete ich immer, dass ich das Interesse verliere, wenn ich nur noch einen ganz kleinen Themenbereich behandle. Schließlich sind doch die Zusammenhänge, das System und seine Interaktionen interessant (spricht eine angehende Geographin)! Beginnt man aber erst einmal mit der empirischen Arbeit, so deckt sich dieser Mythos sehr schnell auf. Denn wer zu breit gestartet hat, kann sich zum Beispiel in den Interviews nur schlecht fokussieren und schwimmt irgendwo zwischen all den interessanten Fragen und Details hin und her. Was dabei verloren geht, ist die Tiefe. Ich habe dies bei meinen ersten Testinterviews gemerkt. Es fiel mir schwer, durch die richtigen Fragen Antworten auf meine Forschungsfragen zu finden, weil ich mir nicht genau im Klaren darüber war, was ich eigentlich alles wissen wollte. Die Interviews waren deshalb relativ langweilig, weil sie sich nur auf einer oberflächlichen Ebene bewegten. Da realisierte ich, dass es erst richtig spannend wird, wenn man die Forschungsfragen so stark einschränkt, dass man auch ein Bild davon hat, was man genau herausfinden möchte. Mut zur Reduktion! In den eigenen Gedanken am Bürotisch Interessen und Theorien wälzen und damit die ganze Welt erklären, mag zwar reizvoll sein, doch richtig spannend wird es aus meiner Sicht erst in der Praxis. Ich würde deshalb empfehlen, früh den Kontakt zum Feld zu suchen und mal mit den Leuten zu sprechen. Dadurch können die interessanten Themenbereiche einfacher identifiziert und die Forschungsfragen zugespitzt werden.

3.7 Fazit: Weitergehen

Das Ziel dieser ersten Etappe im Forschungsprozess ist ein stimmiges Konzept, auch »Disposition« genannt. Die Problemstellung und die Ziele der Arbeit sind klar definiert, das Forschungsvorhaben ist in einen theoretischen Rahmen eingebunden, die Forschungsfragen sind präzise formuliert und die Methoden und zu verwendenden Daten passend darauf abgestimmt. Dieses Dokument dient als Karte und Kompass auf dem weiteren Weg. Dieses Kapitel hat gezeigt, dass dessen Erarbeitung ein zirkulärer Prozess ist. Lesen und schreiben, weitersuchen, Themenbereich eingrenzen, im Feld erste Erfahrungen sammeln (z. B. durch Testinterviews) und vielleicht wieder von vorne beginnen. Dabei kommt man den Forschungsfragen wie in einer Spirale immer näher. Forschungsfragen kommen nicht aus dem Nichts. Sie sind das Endglied einer ganzen Reihe von Überlegungen, das Ende einer Entscheidungskette. Also nicht stehen bleiben, sondern vorwärts gehen, dann sieht man weiter!

Literatur

Anderson, A. R. (2000). Paradox in the periphery: An entrepreneurial reconstruction? *Entrepreneurship & Regional Development, 12* (2), 91–109.
DFID. (2001). *Sustainable livelihoods guidance sheets.* Glasgow: Department for International Development.
Elbow, P. (1998). *Writing with powers, techniques for mastering the writing process.* New York: Oxford University Press.
Goldberg, N. (2003). *Writing down the bones.* Boston: Shambhala.
Wolfsberger, J. (2010). *Frei geschrieben. Mut, Freiheit und Strategie für wissenschaftliche Abschlussarbeiten.* Wien: Böhlau.

Der Tod und das Pflegepersonal

Reflexion über eine soziologische Eingrenzung
von Sterben und Tod

Chantal Zimmermann

4.1 Todesverdrängung im Spital:
leichter gesagt als erfasst – 28

4.2 Der Tod wird verdrängt oder vielleicht doch
nicht? Blickwinkel öffnen und in die Tiefen des
Forschungsfeldes eintauchen – 30

4.3 Zurück zu Sterben und Tod im Spital:
Fokus finden – 31

4.4 Spannungsfelder für das Pflegepersonal:
Blickfeld heranzoomen – 32

4.5 Fazit – 33

Literatur – 34

4.1 Todesverdrängung im Spital: leichter gesagt als erfasst

Während meines Studiums der Sozialwissenschaften arbeitete ich als Pflegefachfrau auf einer Abteilung für allgemeine Innere Medizin und einer geriatrischen Abklärungsstation in einem Universitätsspital. So war es naheliegend, in meiner Bachelor-Arbeit eine Problematik aus dem Spitalalltag zu untersuchen. Ein Thema, das wiederkehrend zu Diskussionen und schwierigen Situationen führte, stellte die Betreuung von sterbenden Patient*innen[1] dar. Durch meine beruflichen Erfahrungen hatte ich den Eindruck gewonnen, dass in unserer Gesellschaft Sterben ein Thema darstellt, das verdrängt wird: Sterben als Tabuthema, auch im Spital. Ich wollte aus soziologischer Sicht verstehen, was sich dahinter verbirgt. Dieser Beitrag reflektiert die Herausforderungen auf dem Weg zu einer geeigneten Fokussierung und einer guten Forschungsfrage, die anhand der Bachelor-Arbeit »*L'infirmière et la mort. Sur les ambivalences dans les soins des patients en fin de vie à l'hôpital*« (deutsch: Der Tod und das Pflegepersonal. Über die Spannungsfelder in der Pflege sterbender Patient*innen im Spital) in verschiedenen Etappen illustriert werden.

Während fünf Monaten wurde mein Arbeitsplatz für mich zum Untersuchungsfeld für eine ethnographische Forschung. Wie Beaud Stéphane und Florence Weber (1997) es ausdrücken, urteilt Ethnographie nicht im Namen eines übergeordneten Blickwinkels. Vielmehr versucht sie zu verstehen. Das heißt, ein ethnographischer Ansatz befasst sich mit Alltagspraktiken und versucht durch sie das gesellschaftliche Leben als Resultat von Interaktionen zwischen Strukturen und Handeln zu begreifen (O'Reilly 2012). In diesem Sinne schien Ethnographie ein idealer Ansatz für meine Bachelor-Arbeit zu sein, da ich zu verstehen suchte, wie die gesellschaftliche Verdrängung von Sterben und Tod im Spitalalltag zum Ausdruck kommt.

Nachdem ich mit dem Thema der Todesverdrängung im Spital eine wenig erforschte Problematik festgestellt und Ethnographie als Forschungsansatz gewählt hatte, sah ich mich mit der Frage nach der Art der Datenerhebung konfrontiert. Wie konnte ich ein ethisch heikles Thema am besten untersuchen, das sich in einer Institution abspielte, wo Hierarchien und Stress herrschten und die gleichzeitig mein Arbeitsplatz war? Es war mir wichtig die Würde der Patient*innen und ihrer Angehörigen zu wahren. Zudem wollte ich mich aus Selbstschutz nicht zu sehr exponieren, um nicht ständig in Rollenkonflikte zu geraten, sei es mit den zu betreuenden Patient*innen, ihren Angehörigen, meinen Arbeitskolleg*innen, dem spitalärztlichen Personal oder zu guter Letzt mit mir selbst. Auch schien es mir zentral, den Spitalalltag durch meine Forschung möglichst nicht zu beeinträchtigen, damit die Resultate authentisch blieben. Ich musste bedenken, dass im Spital zwar zahlreiche Diskussionen um Sterbesituationen entstehen, oft jedoch Aspekte des Sterbens schwer in Worte zu fassen sind. Manchmal finden Akteur*innen in der entsprechenden Situation keine passenden Begriffe, oder die sterbende Person ist aufgrund ihres Zustands nicht mehr in der Lage, sich verbal auszudrücken. Ferner wollen manche Personen schlichtweg nicht über dieses Thema reden. So bleiben wichtige Gedanken und Gefühle häufig unausgesprochen.

Diese Überlegungen führten dazu, dass ich die teilnehmende Beobachtung (auch partizipative Forschung genannt) als Erhebungsmethode wählte, denn sie stellt ein geeignetes Mittel zum Erfassen von nonverbal geäußerten Gefühlen, Gedanken und ethischen Dilemmata rund um Sterbesituationen im Spital dar. Die direkte Beobachtung ersetzt deren Verbalisierung

---

1   Das Sternchen verweist auf die Ablehnung binär gesetzter Subjektpositionen, da diese eine Folge hegemonialer Zuschreibungen sind. Es stellt damit ein Symbol für den Anspruch an eine Öffnung von Subjektpositionen dar.

4.1 · Todesverdrängung im Spital: leichter gesagt als erfasst

(Peretz 2004), ohne auf die Berücksichtigung gesprochener Dialoge zu verzichten. Dabei nahm ich in meiner Rolle als Pflegefachfrau wie gewöhnlich selber am beobachteten Geschehen teil und erhielt somit Zugang zu Informationen, welche Außenstehenden verwehrt blieben. Gleichzeitig ergab sich daraus eine Doppelrolle, die mich teilweise in ein Spannungsfeld zwischen meinen Pflichten als Pflegefachfrau und meinen Absichten als Forscherin brachte. Im Zweifelsfall stand fest: meine Verantwortung als Pflegefachfrau hat eine höhere Priorität als meine Forschungsziele.

Nachdem ich mich für teilnehmende Beobachtung als Methode der Datenerhebung entschieden hatte, stellte sich mir die nächste Frage: Sollte ich verdeckt oder offen beobachten? Verdeckte Beobachtung findet ohne das Wissen der beobachteten Personen statt. Die Forschungsperson gibt sich nicht als solche zu erkennen. Das kann aus ethischer Sicht heikel sein, da es die zu untersuchenden Akteur*innen entmündigt. Vorteil davon ist, dass dadurch Zugang zu ethisch und rechtlich grenzwertigen Milieus geschaffen werden kann. Bei einer offenen Beobachtung legt die Forschungsperson ihre Absicht offen. Dadurch können die zu beobachteten Personen entscheiden, ob sie Teil der Forschung sein wollen, was ethisch besser vertretbar ist. Offene Beobachtung hat aber zum Nachteil, dass durch die Transparenz der Forschungsabsicht die Forschungsperson das Geschehen beeinflusst und die Daten dementsprechend verändert werden. Auch kann eine offene Beobachtung dazu führen, dass die Forschungsperson den Zugang zum Forschungsfeld verliert, gerade wenn es sich um marginalisierte Milieus handelt.

Zugegebenermaßen basierte meine Wahl für die verdeckte Beobachtung letztendlich nicht nur auf methodologischen Überlegungen. Sie resultierte viel eher aus der Furcht, meine Studie auf einer höheren Stufe der Spitalhierarchie rechtfertigen zu müssen, da meine Untersuchung sicherlich kritische Aspekte beleuchten würde. Ich fürchtete um meine Ausdrucksfreiheit oder schlimmer noch, um die Erlaubnis zur Durchführung der Untersuchung.[2] Aus methodologischer Sicht bot mir die verdeckte Beobachtung einen weiteren Vorteil. Sie erlaubte mir als Beobachterin, das Geschehen in meiner Rolle als Forscherin weniger zu beeinflussen. Vom ethischen Standpunkt her war klar, dass ich meine Beobachtungen nicht mit einer voyeuristischen Optik machen darf. Ich wollte den Fokus viel mehr auf das Geschehen rund um die Patient*innen legen als auf diese selbst. Auf diese Weise und unter Berücksichtigung des Datenschutzes schien mir dieses Vorgehen aus ethischer Sicht vertretbar.

> » Reflexionen bezüglich Forschungsansatz und Erhebungsmethoden helfen, mögliche technische, rechtliche oder ethische Schwierigkeiten frühzeitig zu erkennen und zu minimieren, gerade in einem heiklen Forschungsfeld. Auch führen solche Überlegungen zu einer ersten wissenschaftlichen Annäherung an die Problematik. Sie helfen, das Untersuchungsfeld anhand der Methode abzustecken. Es ist nicht verkehrt, eine Erhebungsmethode in erster Linie aus praktischen Gründen zu wählen, solange sie sich zum Generieren von relevanten Daten eignet. Zudem finde ich es wichtig, auf die eigenen Gefühle zu hören. Ich habe beispielsweise Widerstände verspürt beim Gedanken daran, sterbende Patient*innen zu interviewen oder meine Beobachtungen offen durchzuführen. Diese Gefühle sind Ausdruck

---

2   Aus ethischen wie auch rechtlichen Gründen suchte ich trotzdem den Dialog mit meiner direkten Vorgesetzten, der Abteilungsleiterin. Diese unterstützte mein Vorhaben auf Anhieb und gab mir ihr Einverständnis unter der Voraussetzung, dass ich den Datenschutz respektieren würde. Um allfällige Schwierigkeiten zu vermeiden, setzte ich mich mit dem Rechtsdienst des Spitals in Verbindung. Dieser informierte mich über die Prinzipien des Datenschutzes und des Klinikgeheimnisses, wie auch über mein Recht auf Forschung als Angestellte eines Universitätsspitals.

von unbewussten Wahrnehmungen, die in einem Forschungsfeld aufgrund von Indizien entstehen und uns etwas sagen wollen. Ich bin froh, habe ich darauf gehört und sie bei der Reflexion über mögliche Forschungsmethoden berücksichtigt.

4.2 Der Tod wird verdrängt oder vielleicht doch nicht? Blickwinkel öffnen und in die Tiefen des Forschungsfeldes eintauchen

Nun konnte es also losgehen. Aber wo beginnen? Und wie? Ich fing an, während und nach meinen Arbeitseinsätzen Notizen zu machen über alles, was mir für die gewählte Problematik der Todesverdrängung im Spital relevant erschien. So notierte ich zum Beispiel, dass sich der Aufbahrungsraum des Spitals im Untergeschoss befand (die Toten werden abgeschoben), dass Verstorbene mit einem Tuch bedeckt transportiert wurden (Tote darf man nicht sehen) oder dass sterbende Patient*innen nach Möglichkeit in ein Einzelzimmer verlegt wurden (Sterben ist Privatsache). Dies alles bestätigte meine Annahme, dass Sterben und Tod auch im Spital verdrängt werden. Dennoch befriedigten mich meine Erkenntnisse nicht. Ich hatte den Eindruck, dass meinen Beobachtungen Tiefe und Struktur fehlten. Irgendwie kam ich nicht weiter und fühlte mich orientierungslos. Wie konnte ich meinen Beobachtungen mehr Tiefe verleihen?

Ich suchte Rat in den Methodenbüchern. Anselm L. Strauss und Juliet Corbin (1996) unterscheiden drei Phasen der Feldforschung. Die erste Phase besteht aus einer Zeitspanne allgemeiner Beobachtungen, in welcher die spezifische Problematik noch nicht festgelegt ist. Dort stand ich nun. Ich hatte bereits eine übergeordnete Thematik gewählt und begonnen, verschiedene Aspekte dieser Problematik zu beobachten, ohne einer Struktur zu folgen. Oder zumindest dachte ich, ich hätte dies getan. Ich merkte aber, dass ich aufgrund meiner beruflichen Erfahrungen bereits einen Fokus gelegt hatte, nämlich auf meine Annahme, der Tod werde gesellschaftlich verdrängt. Nun merkte ich, dass ich damit ganz viele andere Aspekte rund ums Sterben im Spital außer Acht ließ. Da mir das Alltagsgeschehen im Spital und die auftretenden Schwierigkeiten bei der Betreuung sterbender Patient*innen bekannt waren, hatte ich einen vorbestimmten Blick auf die Dinge, die sich vor meinen Augen abspielten. Dadurch war mein Interesse zu fokussiert und ich war blind für »andere« auch interessante Aspekte. Ich musste einen Schritt zurücktreten, um eine neue Perspektive auf mein Forschungsgebiet entwickeln zu können.

Ich begann, Literatur rund ums Thema Sterben und Tod zu lesen. Sie war immens und reichte von Thanatosoziologie (Soziologie des Todes), über Palliativpflege, Medizinethik, Sterbehilfe und spirituelle Ratgeber. Auch hier war ich verloren. Alles schien für mein Thema wichtig zu sein. Ich fand es schwierig, die Flut an Informationen zu filtern. Bei den Soziologen stieß ich auf eine Theorie der Todesverdrängung (vgl. Nassehi und Weber 1989). Volltreffer! Aber nicht nur: Es gab eine Gegendiskussion über die Wiederbelebung/Auferstehung des Todes, der doch in den Medien omnipräsent sei (vgl. Walter 1994). Wie passte dies nun zu meinen Beobachtungen im Spital? Was sollte ich miteinbeziehen, was fallenlassen? Welche Richtung sollte ich einschlagen? Ich hatte meinen Blick geöffnet und dadurch den Fokus verloren. In meinem Kopf herrschte Chaos. Ich fühlte mich, als ob ich ins Weltall hinausfliegen und draußen im Schwarzen kreisen würde. Aber ich wusste, dass dieser Schritt nötig war, um mir einen neuen Zugang zur Thematik zu eröffnen.

> Ich bin mit einer Vorannahme an die Thematik herangegangen und habe so meine Wahrnehmung in einer Weise selektiert, die mich nicht weiterbrachte. Meinen Analysen fehlte zunächst die Tiefe, weil ich entsprechend meiner Vorannahmen gefunden hatte, was ich suchte. Es ist hilfreich, seine Grundannahmen zu hinterfragen und ins Chaos abzutauchen, auch wenn es im ersten Moment uferlos erscheint. Wichtig scheint es mir, in diesem Moment nicht in Panik zu geraten, sondern sich immer wieder Distanz zur Materie zu gönnen, um neue Perspektiven zu entwickeln. Das Vergleichen erster Daten mit bestehender Literatur zeigt mögliche Wege auf. Bei einem nächsten Mal würde ich mir diese Möglichkeiten systematischer notieren, um Relevantes von Unwichtigem zu unterscheiden und um ein bisschen Ordnung ins Chaos zu bringen. Zudem hätte es mir geholfen, mir den verschiedenen Ebenen bewusst zu sein: Mein Forschungsfeld als Mikroebene, soziologische Diskussionen über die gesellschaftliche Bedeutung des Sterbens als Makroebene. Dadurch hätte ich auch die Literatur besser filtern können.

4.3 Zurück zu Sterben und Tod im Spital: Fokus finden

In Methodenbüchern las ich, dass eine gute Forschungsfrage das A und O für einen erfolgreichen Forschungsprozess sei und sich diese in einem sogenannten iterativen Prozess – also nicht geradlinig, sondern in einem ständigen Vor und Zurück – zwischen Forschungsfeld und Theorie herausbildet. Nun wusste ich leider noch immer nicht, wie ich eine gute Forschungsfrage finden würde. Ich brütete über Texten und hielt weiterhin Beobachtungen aus dem Spitalalltag fest. Mittlerweile hatte ich begonnen, konkrete Patientensituationen und die um sie herum entstehenden Diskussionen zu notieren, noch immer ohne konkrete Fragestellung, aber doch fokussierter. Ich befand mich genau in diesem iterativen Prozess, ohne dass ich mir dessen bewusst war. Einmal wöchentlich nahm ich an einem Bachelor-Seminar teil, wo ich versuchte, meine Forschungsabsichten zu formulieren, die mir selbst nicht klar waren. Eine Frage, die dort aufkam, bezog sich auf die Perspektive. Wollte ich das Thema aus Sicht der Patient*innen angehen? Aus Sicht der Angehörigen? Nein, eigentlich war das nicht meine Absicht. Aber was wollte ich untersuchen? Welche Fragen beabsichtigte ich mit meiner Forschung zu beantworten?

In der Diskussion im Seminar kristallisierte sich heraus, dass ein zentrales Element meiner Beobachtungen Konflikte rund um die unterschiedliche Haltung zwischen Ärzt*innen und Pflegefachpersonen darstellte. Pflegefachpersonen schienen eher bereit zu sein, das Sterben eines Patienten anzunehmen, während die Ärzt*innen dazu neigten, noch möglichst vieles zu unternehmen, um den Tod aufzuhalten. Die daraus resultierenden Konflikte waren für mich als Pflegefachfrau so »normal«, dass ich deren gewichtige Bedeutung bis dahin übersehen hatte. Meine eigentliche Perspektive lag also auf den professionellen Interaktionen rund um Sterben und Tod im Spital. Als ich eines Abends den Erfahrungsbericht einer Pflegefachfrau über die Begleitung eines sterbenden Patienten auf einer Palliativstation las (vgl. Pfeffer 2005), fiel der Groschen: Mein Fokus lag auf dem Pflegepersonal, wovon ich Teil war, auf den Schwierigkeiten, den Belastungen, den Konflikten, die sich rund um die Pflege sterbender Patient*innen im Spitalalltag ergeben! Wie hatte ich das bloß nicht sehen können?

So legte ich fortan meine Aufmerksamkeit auf die Pflegefachpersonen und ihre tägliche Arbeit im Umgang mit sterbenden Patient*innen. Meine ursprünglich sehr allgemein formulierte Problematik der Todesverdrängung im Spital hatte also eine beachtliche Revision durchlaufen und war dadurch viel gezielter geworden. Nach einem Hin und Her zwischen Spitalalltag und Literatur ergab sich daraus eine Ausgangsfrage, die im Verlauf der Forschung immer wieder gewisse Anpassungen erfuhr. Es ging um Meinungsverschiedenheiten, um belastende Situationen, um trauernde Angehörige, um unklare Therapieformen, um Patient*innen, die sterben wollten und nicht durften, um Unsicherheiten, um mangelnde Kommunikation, um Rollenkonflikte, um Nähe und Distanz, usw. Welches Thema auch immer, die Fäden liefen bei der Pflege zusammen. Die Pflegefachpersonen waren die Hauptansprechpersonen für Patient*innen und Angehörige. Sie waren rund um die Uhr da und bauten eine Beziehung zu den Patient*innen und ihren Angehörigen auf. Sie unterlagen aber auch Spitalhierarchien. Aus diesen Überlegungen entwickelte sich nach und nach folgende Forschungsfrage: Welche Spannungsfelder ergeben sich für das Pflegepersonal in der Betreuung sterbender Patient*innen im Spital?

> » Beim Suchen der Perspektive lohnt es sich allenfalls, seine persönliche und wissenschaftliche Motivation für die Wahl der Problematik nochmals zu formulieren, um klarer zu erkennen, welche Perspektive einem entspricht. Zudem finde ich den Austausch mit Mitstudent*innen und Betreuungspersonen enorm wichtig. Dieser kann zunächst auch verunsichern, aber genau dadurch Unklarheiten ans Licht bringen und konkretisieren. Auch empfinde ich es inspirierend, einer Person, die keine Ahnung von meinem Forschungsfeld hat, ebenfalls meine Absicht in einfachen Worten zu erklären. Kann ich das, verstehe ich, was ich will. Fällt es mir schwer, zeigt es mögliche Unklarheiten auf. Für konkrete Tipps, um nicht im Chaos stecken zu bleiben, siehe Silverman 2009, ▶ Kap. 6.

4.4 Spannungsfelder für das Pflegepersonal: Blickfeld heranzoomen

Nun, da ich meine Problematik eingegrenzt hatte, sah ich mich mit der nächsten Unklarheit konfrontiert. Welche spezifischen Daten musste ich also durch meine Beobachtungen erheben, um mein Forschungsziel zu erreichen? So simpel diese Frage schien, sie war grundlegend für die Untersuchung. Es erschien mir unrealistisch, das gesamte Verhalten aller Personen zu beobachten, die im Spitalalltag vorkommen. Also, was tun?

Ich setze meine Beobachtungen zwar unstrukturiert fort, orientierte mich jedoch an einem Leitfaden, den ich während meiner Arbeit im Hinterkopf behielt. Zudem formulierte ich weitere Unterfragen, um meine Ausgangsfrage zu konkretisieren. Diese Fragen ergaben sich in einer konstanten Auseinandersetzung mit meinen Beobachtungen und deren Vergleich mit der bestehenden Literatur und meinem Forschungsziel. Dabei begann ich, meinen Beobachtungen einen Sinn zuzuschreiben und sie entsprechend in verschiedene bedeutsame Klassen von Personen, Ereignissen und zentralen Aspekten einzuteilen, was der zweiten Forschungsphase nach Strauß und Corbin (1996) entsprach. Als bedeutsame Klassen von Personen unterschied ich zum Beispiel alle diejenigen Personen, die an den Situationen rund um sterbende Patient*innen beteiligt waren: ärztliche und pflegerische Fachpersonen, Angehörige und nicht zuletzt die sterbenden Personen selber. Bereits hier zeichnete sich ein Konflikt ab: die Meinung, ab wann jemand als sterbend zu bezeichnen ist, variierte. Daraus ließ sich ein zentraler Aspekt ableiten, nämlich die Situationsdefinition eines Patienten. Weitere Aspekte waren beispielsweise die Kommunikation (und Non-Kommunikation), die spirituelle und medizinische Bedeutung von

Sterben und Tod im Spital bzw. der symbolische Referenzrahmen, an den diese Bedeutung anknüpfte, aber auch konkrete spitalinterne Aufträge und Richtlinien.

Als bedeutsames Ereignis benannte ich beispielsweise den eingetretenen Tod einer Patientin sowie den Umgang der Beteiligten damit. Als bedeutsam erachtete ich aber vor allem auch Ereignisse, die sich vor dem eigentlichen Tod ereigneten, wie beispielsweise eine Verschlechterung des Zustands der betroffenen Person, unterschiedliche Formen von Diskussionen der zentralen Akteur*innen (innerhalb des Pflegeteams, zwischen Pflegefachpersonen und Ärzten, zwischen Pflegefachpersonen und Patient*innen und/oder ihren Angehörigen) rund um die Situationsdefinition (sterbend oder nicht sterbend?) und der damit verbundenen Therapieform bei schwer kranken oder hochbetagten Patient*innen. Durch das Benennen wichtiger Klassen (von Personen, Ereignissen und zentralen Aspekten) erkannte ich die übergeordnete Bedeutung der unterschiedlichen Beziehungsebenen zwischen den beteiligten Fach- und Privatpersonen, ihren Interaktionen und ihren Verhaltensweisen. Daraus ließ sich meine übergeordnete Forschungsfrage konkretisieren: Welche Konflikte, Ambivalenzen und Spannungsfelder ergeben sich für das Pflegepersonal im Spital bei der Betreuung sterbender Patienten*innen? Wie entstehen sie, und nach welchen Mechanismen funktionieren sie? Wie beeinflussen sie die tägliche Arbeit und die Rolle der Pflegefachpersonen? Welche Strategien entwickelt das Pflegepersonal im Umgang mit diesen Ambivalenzen?

Es ist offensichtlich, dass die Wahl der beobachteten Interaktionen und Verhaltensweisen stark von der Phase abhing, in welcher ich mich zum jeweiligen Zeitpunkt befand. Meine Aufzeichnungen waren folglich das Resultat einer Auswahl dessen, was sich vor meinen Augen abspielte. Gemäß Howard S. Becker (2002) existiert die reine Beschreibung nicht. Vielmehr liegt jeder Beschreibung ein Selektionsprozess zugrunde und drückt somit eine gewisse Perspektive aus, die von meinem Bezug zur beobachteten Welt abhängt. Da ich meinen Fokus auf die Spannungsfelder für Pflegefachpersonen legte, vermischten sich zeitweise die Perspektiven der Forscherin mit derjenigen der beobachteten Akteurin. Gemäß Henri Peretz (2004) sind es gerade diese Selektionen, welche im Verlauf der Zeit klar werden und die Beobachtung zu einem geduldigen Lernen von Regeln und Kategorien machen, die jeder sozialen Organisation eigen sind. Für mich bestand nun die Kunst darin, diese Regeln und Kategorien zu finden und zu hinterfragen, obwohl sie bekannt und etabliert waren, ohne mich von meinen vorgängigen Kenntnissen des Milieus täuschen zu lassen.

» In dieser Etappe finde ich es sinnvoll, die Fragestellung zu konkretisieren. Dabei hilft es, die erhobenen Daten einer ersten Wahl/Interpretation zu unterziehen, zentrale Elemente herauszuarbeiten und zu klassifizieren, wie dies Strauß und Corbin (1996) vorschlagen: bedeutsame Personen, bedeutsame Ereignisse und zentrale Themen. Dadurch findet eine bewusste Auseinandersetzung mit dem Datenmaterial statt, die zu konkreteren Fragen führt und allfällige Lücken im Datenmaterial aufzeigt.

4.5 Fazit

Schwierigkeiten im Finden eines Fokus und einer guten Forschungsfrage gehören zum Forschungsprozess. Das heißt, das Eintauchen ins Chaos von Informationen, Ideen, Fragen und Daten ist ein Teil der Arbeit. Wenn Du den Überblick verlierst und nicht mehr weißt, wo es lang gehen soll, dann ist das kein Grund zur Panik oder zum Aufgeben. Das heißt nichts anderes, als dass Du Dich auf dem richtigen Weg befindest. Um die verschiedenen Prozessschritte zu durchlaufen, braucht es Zeit. Deswegen lohnt es sich, frühzeitig mit Deiner Forschung zu beginnen und genügend Zeit einzuplanen, damit Du die wichtigen Erkenntnisschritte auch machen kannst.

Literatur

Beaud, S., & Weber, F. (1997). *Guide de l'enquête de terrain*. Paris: La Découverte.
Becker, H. S. (2002). *Les ficelles du métier*. Paris: La Découverte.
Nassehi, A., & Weber, G. (1989). *Tod, Modernität und Gesellschaft: Entwurf einer Theorie der Todesverdrängung.* Opladen: Westdeutscher.
O'Reilly, K. (2012). *Ethnographic methods* (2. Aufl.). London: Routledge.
Peretz, H. (2004). *Les méthodes en sociologie: L'observation*. Paris: La Découverte.
Pfeffer, C. (2005). ‚Ich hab' gar nicht gemerkt, wie ich da reingezogen wurde': Zur Dynamik von Individualisierung und Nähe in der Pflegearbeit stationärer Hospize. In H. Knoblauch & A. Zingerle (Hrsg.), *Thanatosoziologie. Tod, Hospiz und die Institutionalisierung des Sterbens* (S. 103–124). Berlin: Duncker und Humblot.
Silverman, D. (2009). *Doing Qualitative Research*. London: SAGE.
Strauß, A. L., & Corbin, J. (1996). *Grounded theory: Grundlagen qualitativer Sozialforschung.* Weinheim: Beltz Psychologie Verlags Union.
Walter, T. (1994). *The revival of death*. London: Routledge.

Interviews planen

Den passenden Schlüssel zum Alltagswissen schmieden

Katharina Manz

5.1 Das Interview-Sample – 36

5.2 Formalitäten für das Interview – 37

5.3 Die W-Fragen: Wo? Wann? Wie? – 40

5.4 Die Rolle der Forschenden: eigene Befürchtungen und Erwartungen – 41

5.5 Fazit – 42

Literatur – 42

5.1 Das Interview-Sample

Ziel von Interviews ist es, sich Türen zu Wissenswelten zu eröffnen, die einem zuvor verschlossen sind. Zum Schmieden eines passenden Schlüssels für diese Türen, den ein gelingendes Interview darstellt, gibt dieses Kapitel eine Hilfestellung. Zu dem Zeitpunkt, an dem die Planung der Interviews begonnen wird, sollten bereits einige vorgeschaltete Entscheidungsprozesse abgeschlossen sein: Die Forschungsfrage(n) ist/sind formuliert und begründet, eingebettet in theoretische Bezüge und die Entscheidung für die Erhebungsmethode »Interview« ist gefallen. Der Schlüsselrohling ist ausgesucht. Nun geht es an die konkrete Planung und Umsetzung der Gespräche, also an die Verfeinerung des Rohlings. Um meine Erläuterungen mit praxisnahen Beispielen zu stützen, beziehe ich mich im Folgenden punktuell auf meine Forschung im Rahmen meiner Masterthesis. Mit problemzentrierten leitfadengestützten Interviews erforschte ich, welche Definition des soziologischen Konstrukts »Integration« Jugendliche mit türkischem Migrationshintergrund und einem geringen oder keinem Schulabschluss vertreten.

Nur wenn das Sample nach den Grundsätzen der qualitativen Sozialforschung und deren Gütekriterien[1] gestaltet ist, hat eine Übertragung der Ergebnisse auf die zu erforschende Gesamtgruppe Zulässigkeit. Folgende Fragen haben sich Forschende deshalb zum Zeitpunkt der konkreten Interviewplanung längst gestellt: Wen muss ich befragen, um meine Forschungsfrage(n) beantworten zu können und um die Erkenntnisse meiner Forschung verallgemeinern zu können? Die Antwort darauf findet sich im Interviewsample und hängt von verschiedenen Kriterien ab (z. B. Methode der Zusammenstellung des Samples, Größe der Gesamtgruppe, Verfügbarkeit von möglichen Interviewpartnerinnen und Interviewpartnern). Seine Qualität erhält das Interviewsampling, indem die für die Untersuchung bedeutenden Merkmale der Gesamtgruppe (z. B. Geschlecht, Alter, Erwerbstätigkeit, etc.) in verschiedenen Kombinationen vertreten sind. Demnach muss bei der Definition des Interviewsamples die Frage gestellt werden: Wie kann bewerkstelligt werden, dass diese Bedingung erfüllt ist (Kelle und Kluge 2010, S. 42)?

Für das Interviewsampling meiner Forschungsarbeit, waren die Merkmale der Gesamtgruppe der Schulabschluss (keiner oder Hauptschule), das Alter (16–25 Jahre), das Geschlecht und ein vorhandener türkischer Migrationshintergrund von Bedeutung. Teilweise musste ich diese Merkmale definieren und diese Definition begründen, um nachvollziehbar darzustellen, was ich beispielsweise als türkischen Migrationshintergrund anerkenne und warum ich mich auf diesen konzentriere. Bei der Auswahl der Stichprobe, also der Jugendlichen, mit welchen ich Interviews führen wollte, habe ich dann darauf geachtet, dass all diese Merkmale in verschiedenen Kombinationen vertreten sind. Es gibt verschiedene Methoden für die Zusammenstellung des Interview-Samples. Hilfreich bei der Erarbeitung eines Interview-Samplings ist das Buch *Vom Einzelfall zum Typus* von Suanne Kluge und Udo Kelle (2010).

---

1 Die Anwendung von Güterkriterien ermöglicht es, anhand von festgelegten Indikatoren die Qualität einer Untersuchung, ihres Ergebnisses und des Forschungsdesigns beurteilen zu können. (Lüders 2011, S. 80) Sie bieten dadurch Vergleichsmöglichkeiten und bestimmen die Qualität qualitativer Sozialforschung im Allgemeinen (Steinke 2010, S. 321).

5.2 Formalitäten für das Interview

In folgenden Abschnitt werden die wichtigsten Elemente für Leitfadeninterviews erläutert: Der Interviewleitfaden (für teilstrukturierte Interviews), die Einverständniserklärung, das Informationsblatt zur Weitergabe an die Interviewten sowie das Postskriptum. Je nach Art und Umfang der Interviews ist dies keine vollständige Erläuterung.

- **Der Interviewleitfaden**

Bei einem Interview, das auf der Grundlage eines Interviewleitfadens geführt wird, handelt es sich um ein teil- oder semistrukturiertes Interview. Es wird als solches definiert, wenn ein Leitfaden erarbeitet wurde, der die im Interview zu behandelnden Themenbereiche ausweist und Fragen zu diesen beinhaltet. Anhand dieses Leitfadens kann das Interview von der interviewenden Person strukturiert werden. Da die Antworten aber, anders als bei standardisierten Fragebögen, nicht zur Wahl vorgegeben werden, spricht man von einer teilstrukturierten Interviewform (Schaffer 2009, S. 129). Diese Form der Interviews wird sehr häufig bei qualitativen Studien zu Meinungs- oder Haltungsbildern verwendet (Atteslander 2010, S. 152).

Wichtigstes Element des Interviewleitfadens sind die Fragen. Die Entscheidung, welche Fragen gestellt werden, mit welchen Worten und in welcher Reihenfolge sie gestellt werden, ist grundlegend für die Ergebnisse der Forschung. Cornelia Helfferich beschreibt in ihrem Buch *Die Qualität qualitativer Daten* das sogenannte »SPSS«-Prinzip (Sammeln, Prüfen, Sortieren, Subsumieren von Fragen), um von einer Fragensammlung zu einem sortierten Fragenkatalog für den Leitfaden zu gelangen (Helfferich 2011, S. 182 f). Meine eigene Erfahrung damit und der Austausch mit Studierenden haben gezeigt, dass diese Vorgehensweise sich gut anwenden lässt – insbesondere, wenn man das erste Mal mit der Aufgabe, einen Leitfaden zu erstellen, konfrontiert ist. Im Interview die Forschungsfrage zu stellen, ist nie zielführend. Erstens leitet sich die Forschungsfrage meist aus einer theoretischen Perspektive ab und enthält damit entsprechendes Fachvokabular, was die Interviewten nicht verstehen. Zweitens erfolgt die Beantwortung der Forschungsfrage ja aus der Interpretation des gesamten ausgewerteten Datenmaterials – wir erinnern uns: Das Interview ist nur der Schlüssel zum Wissen! Es gilt also zu überlegen, welche Interviewfragen Antworten liefern, aus deren Auswertung Rückschlüsse für die Beantwortung der Forschungsfrage gezogen werden können. Der Leitfaden soll während des Interviews der fragenstellenden Person lediglich als Orientierung dienen. Er gibt ihr die Möglichkeit, sich die Leitfragen und die Themenbereiche des Interviews zu visualisieren, um sicherzustellen, dass alle relevanten Aspekte des Forschungsgegenstandes im Interview angesprochen wurden. Das Interview selbst wird aber vom Erzählfluss und der subjektiven Logik der erzählenden Person gesteuert. »Der Leitfaden dient dem Interview und nicht das Interview dem Leitfaden!« (Przyborski und Wohlrab-Sahr 2010, S. 142).

Damit der Leitfaden dem Interview dienen kann, gilt es bei seiner Erstellung einige Punkte zu beachten. Der erste mag ebenso banal klingen, wie er wichtig ist: Der Leitfaden muss übersichtlich gestaltet sein! Damit die Konzentration der interviewenden Person möglichst vollkommen bei ihrem Gesprächsgegenüber liegen kann, ist es ein großer Vorteil, wenn diese mit einem Blick auf den Leitfaden erkennt, welche Themengebiete (noch nicht) angesprochen wurden. Zudem müssen die Begrifflichkeiten, die in den Leitfragen verwendet werden, bewusst und vorsichtig gewählt werden. In erster Linie wird dadurch verhindert, dass von Seiten der Interviewerin oder des Interviewers bereits Suggestionen das Interview und dessen Inhalt beeinflussen. Vor diesem Hintergrund habe ich beispielsweise in meinen Leitfragen darauf verzichtet, Menschengruppen anhand eines Migrationshintergrundes zu bezeichnen. Begriffe wie »Ausländer« und »Ausländerin« vermied ich, da ich wissen wollten, mit welchen Begrifflichkeiten die Jugendlichen selber ihre Lebensumstände beschreiben. Damit durch die erarbeiteten Fragen das gewünschte Datenmaterial eruiert werden kann, müssen sie vom Gegenüber auch verstanden werden können. Dies mag bei Experteninterviews selten ein Problem darstellen, aber ich hatte vermutet (und diese Vermutung hat sich bestätigt), dass meine Interviewpartnerinnen und Interviewpartner nicht über die sprachliche Kompetenz verfügen, um komplexe Fragen zu verstehen und abstrakte Sachverhalte in eigenen Worten zu beschreiben. Deshalb habe ich alle Fremdwörter durch einfachere Beschreibungen ersetzt und die Verwendung von fachlichen oder abstrakten Begriffen vermieden (◘ Tab. 5.1).

> **Tipp**
>
> Überlege Dir, welche Formulierungen für deine Zielgruppe verständich sind!

Um meinen jungen Interviewten die Interviewsituation zu erleichtern, habe ich viele biografische Fragen gestellt, beispielsweise zum Lebenslauf oder zur Familiengeschichte; das kennen sie und können gut darüber berichten. Das ist gerade bei Jugendlichen wichtig, die sonst in Kontakt mit Erwachsenen häufig mit einem hierarchischen Gespräch konfrontiert sind. Hilfreich kann es auch sein, wenn man sich auf dem Interviewleitfaden Hinweise zur Interviewführung vermerkt; beispielsweise die Interviewregeln bezüglich zulässiger Nachfragen oder Beispiele zur Erklärung der Fragen. Nicht zuletzt sollte der Interviewleitfaden nach seiner Erstellung getestet werden. Diese sogenannten Pretests sind Probeläufe mit Personen, die zur Stichprobe gehören und werden vor dem Hintergrund durchgeführt, den Interviewleitfaden auf seine erzählgenerierende Qualität und die Verständlichkeit zu überprüfen. Die Pretests eignen sich außerdem gut dazu, sich selbst im Umgang mit dem Leitfaden zu schulen und für die folgenden Interviews an Sicherheit zu gewinnen (Mayring 2002, S. 69). Ich hatte mich entschlossen, die durchgeführten Pretests nicht auszuwerten, da meine »Versuchsperson« nicht alle Kriterien des Interview-Samples erfüllte. In der Vorstellung meines Forschungsdesigns habe ich diese Entscheidung begründet und ausführlich dargelegt, warum ich dennoch einen Pretest mit ihr gemacht habe.

- **Die Einverständniserklärung und Informationsblatt**

Die Einverständnis- oder Einwilligungserklärung dient der Verschriftlichung der Absprachen, die zwischen den am Interview Beteiligten getroffen wurden, wobei die Einwilligung der Interviewten zur Verarbeitung ihrer Daten das zentrale Element ist. Denn ohne das Einverständnis der interviewten Personen dürfen die geführten Interviews nicht verwendet werden (Helfferich 2011, S. 190). In dem Schriftstück, das die Interviewten unterschreiben, müssen daher neben Name und Datum die Bedingungen (z. B. Anonymität, Datenschutz) und das Ausmaß (Art der Verwendung der Daten) der Einwilligung benannt sein. Auch hier gilt es, die Formulierung und Gestaltung an die Interviewten anzupassen. So sind Jugendliche den Umgang mit formellen Dokumenten weniger gewohnt als Erwachsene, und es sollte unbedingt vermieden werden, dass die Jugendlichen schon vor dem Interview in eine Situation gesetzt werden, in der sie sich kontrolliert oder überfordert und dadurch unwohl fühlen.

Das Informationsblatt informiert in schriftlicher Form die interviewten Personen über die Rahmenbedingungen der Forschung, des Interviews und zum Umgang mit den Daten.

5.2 · Formalitäten für das Interview

Tab. 5.1 Beispiel für einen Leitfaden

Leitfrage (Erzählaufforderung)	Inhaltliche »Checkliste«	Konkrete Fragen	Aufrecht – erhaltungs- und Steuerungsfragen (Spiegeln)
Teil IIb: Begriff »Integration« Sicher ist Dir auch schon aufgefallen, dass in der Zeitung, im Fernsehen und in der Politik, in der Musik – zum Beispiel bei Bushido – und im Sport gerade viel über das Zusammenleben von Menschen aus verschiedenen Ländern gesprochen wird. Zum Beispiel darüber, wie es gut funktionieren kann. Was fällt Dir denn dazu ein? (Nonverbale Aufrechterhaltung, reine Verständnisfragen)	Beschreibung Integration Messindikator für Integration Exklusion und Inklusion Maßnahmen für Integration Verantwortung der Integration	Kennst du jemanden, der in Deutschland total dazugehört? Woran merkst du das? Was hat er? Was kann er? Kennst du jemanden, der überhaupt nicht dazugehört? Woran merkst du das? Was hat er? Was kann er? Wer ist schuld, wenn ein Mensch nicht dazugehört? Warum ist das so wichtig, dass überall darüber gesprochen wird? Müssen Menschen, die in Deutschland geboren sind, auch irgendwas machen, damit sie in Deutschland dazugehören? Was könnte denn der Staat (Deutschland) machen, damit die Menschen dazugehören können?	Allgemein: Nonverbale Aufrechterhaltung und reine Verständnisfragen Kannst du mir ein Beispiel sagen? Weißt du ein Beispiel dazu? Fällt Dir dazu ein Beispiel ein? Beispiel: Welche Gesetze müsste es geben?

Möglicherweise sind diese Informationen bereits in einem vorangegangenen Gespräch (z. B. im Erstkontakt) weitergegeben worden, dann dient das Informationsblatt der schriftlichen Zusammenfassung. Insbesondere der Umgang mit den Daten (Vorgehen zur Wahrung der Anonymität, Möglichkeit des Widerrufs des Einverständnisses, Veröffentlichung) sollen dabei transparent dargestellt werden. Es liegt im Ermessen der Forschungsverantwortlichen, wie tiefgreifend dabei informiert wird. Es ist vorstellbar, dass sehr komplexe Zusammenhänge potenzielle Interviewpartner und Interviewpartnerinnen abschrecken.

- **Das Postskriptum**

Das Postskriptum oder Interviewprotokoll soll den Forschenden als Hilfe bei der Auswertung dienen. Auf ihm können neben Angaben zu Zeit, Länge und Ort des Interviews auch Angaben zu besonderen Vorkommnissen während des Gesprächs oder im Vor- oder Nachhinein notiert werden sowie Stichpunkte zu den Inhalten des Gesprächs vor Einschalten des Aufnahmegerätes festgehalten werden. Auch Einschätzungen der Interviewenden zu ihrem eigenen Verhalten und zum Verhalten der interviewten Person sowie eine Einschätzung zur Qualität des Interviews kann darauf dokumentiert werden. Im Idealfall sollte das Postskriptum direkt im Anschluss an das geführte Interview verfasst werden, da dann die Eindrücke frisch sind und gut wiedergegeben werden können.

5.3 Die W-Fragen: Wo? Wann? Wie?

Uns als Forschenden ist es nicht immer möglich, alle Rahmenbedingungen im Sinne unserer Forschung zu gestalten. Abhängig davon, welche Form des Interviews wir mit wem führen möchten, finden wir eventuell unveränderbare Rahmenbedingungen vor oder haben keine Möglichkeit, diese nach unseren Wünschen zu gestalten. Dennoch bedarf es auch dann im Vorhinein der Überlegung, wie wir damit umgehen. Dies dient nicht nur der Qualität des erhobenen Materials, sondern auch der Nachvollziehbarkeit unserer Forschung. Denn indem die Rahmenbedingungen der Interviews im Forschungsdesign dargestellt werden, kann am ehesten gewährleistet werden, dass bei einer Wiederholung der Vorgehensweise zumindest theoretisch vergleichbares Datenmaterial entsteht (Friebertshäuser 1997, S. 392). Eine meiner Interviewpartnerinnen stellte beispielsweise die Bedingung, dass ihr Hundewelpe bei dem Gespräch dabei ist, weil sie ihn nicht in Betreuung geben wollte. Da ich sie unbedingt in meinem Sample brauchte, ließ ich mich darauf ein und überlegte im Vorhinein, wie ich mit erwarteten Gesprächsstörungen umgehen wollte. Außerdem dokumentierte ich diesen Umstand auf dem Interviewprotokoll.

Bei der Ortswahl für das Interview sollten folgende Aspekte bedacht werden: Die Erreichbarkeit und Bekanntheit des Ortes für alle Teilnehmenden, ob die Geräuschkulisse der Umgebung gering ist (das erschwert ansonsten die Transkription der Interviews massiv), ob ein ungestörtes Gespräch möglich ist und die Anonymität gewahrt werden kann. Die beiden zuletzt genannten Aspekte gelten ebenso für die Auswahl der Gesprächszeit. Ich hatte mich entschieden, die Gespräche in den Gesprächsräumen eines Bildungsträgers zu veranstalten, da diese den Jugendlichen bekannt und vertraut waren und dort die Möglichkeit bestand, unerwünschte Störungen von außen zu vermeiden. Die Termine vereinbarte ich so, dass die meisten Mitarbeiter und Mitarbeiterinnen ihren Arbeitstag bereits beendet hatten und dadurch ein Zusammentreffen mit den Interviewten nicht provoziert wurde.

Wie alles andere in der Interviewvorbereitung orientierten sich auch meine Überlegungen zur zeitlichen und inhaltlichen Gesprächsgestaltung an dem Ziel, möglichst ergiebiges und gutes Datenmaterial zu erhalten. In meinem konkreten Fall war eine Grundvoraussetzung hierfür, eine Atmosphäre zu schaffen, in welcher sich die Jugendlichen der ihnen unbekannten Situation »Interview« bereitwillig und gerne stellen konnten. Aus diesem Grund habe ich vor Beginn des Interviews noch einmal erklärt, warum ich dieses führen möchte und insbesondere, was ich mit dem Erzählten mache. Des Weiteren wurden die Jugendlichen gebeten, sich einen Decknamen auszusuchen. Auf dieses Eingangsgespräch folgte das auf Tonband aufgenommene problemzentrierte Interview anhand des Interviewleitfadens.

5.4 Die Rolle der Forschenden: eigene Befürchtungen und Erwartungen

Es empfiehlt sich, sich bereits während der Planung der Interviews über die persönliche Rolle als Forscherin oder Forscher und die Erwartungen und Befürchtungen hinsichtlich der Interviewsituation bewusst zu werden. Möglicherweise liegen darin Stolpersteine, wie zum Beispiel eine überhöhte Erwartungshaltung an das Interviewgegenüber, die durch eine Bewusstmachung verhindert werden können (Helfferich 2011, S. 60). Die Überlegungen dienen auch der Erfüllung qualitativer Gütekriterien, wie beispielsweise der reflektierenden Subjektivität, indem offen dargelegt wird, unter welchen Voraussetzungen und mit welchen Merkmalen die Interaktion zwischen Interviewenden und Interviewten stattfindet (Steinke 2010, S. 330). Im Rahmen meiner Forschungsarbeit zur Masterthesis hatte ich beispielsweise eigene hohe Erwartungen hinsichtlich der Vollständigkeit der Aussagen und dem Interesse der Jugendlichen an dem Thema. Neben diesen Erwartungen hatte ich Bedenken hinsichtlich des Sprachverständnisses, eventueller dürftiger Erzählpassagen und der Zuverlässigkeit bei der Termineinhaltung. Nachdem ich mir insbesondere meine Befürchtungen bewusst gemacht hatte, konnte ich das gesamte Forschungsdesign und den Interviewleitfaden unter Berücksichtigung dieser gestalten und war vorbereitet auf Eventualitäten.

Die Reflexion der eigenen Rolle als Forscherin oder Forscher umfasst zum Beispiel die Beantwortung der Fragen: Wie nehme ich mich wahr? Wie könnten/sollen mich die Interviewten wahrnehmen? Ergeben sich daraus potenzielle Schwierigkeiten für das Interview? Dieser Schritt benötigt Zeit und seine Notwendigkeit mag nicht in jedem Forschungsprozess ersichtlich sein, aber bei der Führung von Interviews ist er dennoch unumgänglich, denn Forschen ist »immer ein Interaktions- und Kommunikationsprozess« (Helfferich 2011, S. 119) zwischen (mindestens) zwei Personen (Helfferich 2011, S. 119). Es ist also bedeutend, eine Atmosphäre zu schaffen, in welcher die Interviewten den Interviewer oder die Interviewerin als Person wahrnehmen, die sie verstehen möchte (Helfferich 2011, S. 120). In dieser Atmosphäre und durch die erneute Zusicherung der Anonymität soll ein Vertrauensverhältnis entstehen, das einen möglichst offenen Raum für die Inhalte der Interviews bietet (Mayring 2002, S. 64).

> » Ich packe meinen Aktenkoffer ... Wer in den Urlaub fährt, schreibt eine Packliste. Wer ein Interview führt, dem rate ich dasselbe. Nachdem viel Zeit und Aufwand in die Vorbereitung der Interviews gesteckt wurde, wäre es nicht nur ärgerlich, sondern meist dem Forschungsprozess auch nicht zuträglich, sollte die Interviewsituation durch eine fehlende Batterie für das Aufnahmegerät (der Klassiker) oder angestrengtem Suchen nach einem sauberen Glas gestört werden. Ohne dem Anspruch nach Vollständigkeit gerecht werden zu können, hier ein Beispiel für eine Interview-Packliste: Diktiergerät und Ersatzbatterie, Türschild (Gespräch: Bitte nicht stören), Schreibzeug: Block, Bleistift, Kuli, Marker, Uhr/Wecker,

Interviewprotokoll, Wasser, Gläser, Tee, Kekse, Liste für die Decknamen, Tischdecke, Einverständniserklärung, Magnetwand, Informationsblatt, Moderationskoffer, Checkliste »Interviewdurchführung«, Visitenkarten. Auf der Checkliste »Interviewdurchführung« können nach Belieben der geplante zeitliche sowie inhaltliche Ablauf und die ToDos vermerkt werden, bspw. Aufnahmegerät checken, Getränke bereitstellen, Klärung von Anrede Du/Sie, etc.

5.5 Fazit

Die Vorbereitung und Planung von Interviews umfasst viele Aspekte, die in diesem Kapitel nicht alle angesprochen werden können. Insbesondere Studierende, die diesen Schritt das erste Mal gehen, sind meist überrascht vom zeitlichen und inhaltlichen Umfang der Planung. Sich diese Zeit zu nehmen, schützt aber davor, während der Interviews unschöne Überraschungen zu erleben. Durch die intensive Beschäftigung mit dem Interview verliert sich außerdem meist auch die Angst vor dem Führen der Interviews, die viele Studierende verspüren. Um beim Bild des Titels zu bleiben: Ein passend geschmiedeter Schlüssel – ein gut vorbereitetes Interview – ist schon die halbe Miete für mutiges, interessiertes und gelingendes Interviewen, das nicht nur Spaß macht, sondern auch Türen zu wertvollen und spannenden Welten und Forschungserkenntnissen öffnet.

Literatur

Atteslander, P. (2010). *Methoden der empirischen Sozialforschung* (13. Aufl). Berlin: Erich Schmidt.
Friebertshäuser, B. (1997). Interviewtechniken – ein Überblick. In B. Friebertshäuser & A. Prengel (Hrsg.), *Handbuch Qualitative Forschungsmethoden in der Erziehungswissenschaft* (pp. 371–395). Weinheim: Juventa.
Helfferich, C. (2011). *Die Qualität qualitativer Daten. Manual für die Durchführung qualitativer Interviews* (4. Aufl). Wiesbaden: VS Verlag für Sozialwissenschaften.
Kelle, S. & Kluge, U. (2010). *Vom Einzelfall zum Typus. Fallvergleich und Fallkontrastierung in der qualitativen Sozialforschung* (2. Aufl). Wiesbaden: VS Verlag für Sozialwissenschaften.
Lüders, C. (2011). Gütekriterien. In R. Bohnsack, W. Marotzki & M. Meuser (Hrsg.), *Hauptbegriffe Qualitativer Sozialforschung* (3. Aufl., S 80–82). Opladen: & Farmington Hills: Barbara Budrich.
Mayring, P. (2002). *Einführung in die Qualitative Sozialforschung. Eine Anleitung zum qualitativen Denken* (5. Aufl). Weinheim/Basel: Beltz.
Przyborski, A., & Wohlrab-Sahr, M. (2010). *Qualitative Sozialforschung. Ein Arbeitsbuch* (3. Aufl). München: Oldenbourg Wissenschaftsverlag.
Schaffer, H. (2009). *Empirische Sozialforschung für die Soziale Arbeit. Eine Einführung* (2. Aufl). Freiburg im Breisgau: Lambertus.
Steinke, I. (2010). Gütekriterien qualitativer Forschung. In U. Flick, E. von Kardorff, & I. Steinke (Hrsg.), *Qualitative Forschung. Ein Handbuch* (8. Aufl., S. 319–331). Reinbek bei Hamburg: Rowohlt.

Accept the Unexpected

Ethnographie als Lernprozess

Alice Kern

6.1 Mitten im Feld: Einleitung – 44

6.2 Ethnographische Ansätze: Die Methode zwischen Theorie und Praxis – 46

6.3 Feldforschung im Kontext von Konflikt und Unsicherheit: Expect the Unexpected – 47

6.4 Distanz und Engagement: Reflexion und Ausblick – 49

Literatur – 49

6.1 Mitten im Feld: Einleitung

» The next day, we walked back to Karighaira and it was nice to meet people on the way that we already knew. »My« family said they had missed us and also the kids were playing a lot more with me. Later, we (and as it seemed, the whole village) were spontaneously invited to a Dalit [ehemals Unberührbare] wedding. It was a very big event and it showed to me that the development towards equality is still far. There were two kitchens, one for Dalits (with Dalit cooks) and one on another hill for Magars [Volksgruppe in Nepal] (with Magar cooks). Even though all the villagers and guests were talking together and dancing and mixing, the food separation still seems to be deeply embedded in culture and not questioned. I had something to eat at both places, returning afterwards to our house very full (...).
Why do villagers apparently not see any benefit in irrigation schemes? I asked someone about it and he said it is because growing vegetables is like having a baby. You had to take care of it all the time; it wasn't not enough to put the seeds in the earth. Many people were too shortsighted for that, they didn't want to work if they didn't see an immediate benefit from it, he said. But it is changing now, some people who used to migrate to India have started to work on their fields again. Also some Dalits, who have now much better access to irrigation (as the local technical advisor placed the water tap from the pond on their land), are now thinking of growing vegetables. Things seem to take a long time in the village (...). As the Development Technical Officer (DTO) suddenly wanted to talk to us, we went to the DDC [District Development Committee, administrative Einheit in Nepal] again. In his office, my research assistant and I, accompanied by Roshni and Asmita (who work a lot with him and say that it is very difficult), squeezed into some very soft and low sofas, while he stayed high up behind his solid desk. I wanted to start with some general question, about the district, about his job, but apparently, he thought this was not his level of discussion (later on, the others told me that he said: »What am I supposed to answer to that? Explain about the geography or what?«) He just quickly mentioned the great projects that he had done here (one of them being a huge district court next to the DDC office). Then he went for another meeting, telling us we should wait there for him. Apparently the DTO has to defend himself these days in front of the same court he built for corruption and misuse of authority (...). Luckily, we were »saved« from waiting by the Social Development Officer (STO), who took us to his office, sat in a circle with us and offered us tea. He told us that during the conflict he would never sit behind his desk and not wear official looking clothes, as you never knew who would come in. He highlighted the importance that technical and social aspects are brought together, even though he couldn't really tell me how. When we left his office 2 hours later, the DTO still hadn't come back. When Roshni called him, he still said we should wait for him, but as the offices were now already closing, we decided to go. Since then, I haven't seen him again, but who knows (...) [Auszüge meiner Feldnotizen, Mid-West Nepal, Januar 2012]

Ethnographische Feldforschung bedeutet, sich einzulassen, berühren zu lassen, sich zu wundern, zu hinterfragen, weiter zu entwickeln und »das Andere« verstehen lernen. Dieser Prozess ist nicht immer einfach, aber notwendig für valide und relevante Forschung. Da das Leben zwar ein Experiment sein kann, aber kein Labor ist, sind weder die Anwendbarkeit der Methoden noch deren Ergebnisse vorauszusagen. Daher ist es wichtig, auch das Unvorhergesehene zu erwarten und anzunehmen. Ethnographie wird so zu einem ständigen persönlichen und wissenschaftlichen Lernprozess. Mit empirischen Beispielen aus meiner eigenen Forschungs-

6.1 · Mitten im Feld: Einleitung

◘ **Abb. 6.1** Ethnographie als Lernprozess: Eine Magarfrau mit ihren Kindern vor der Schule in Mid-West Nepal. Foto: Alice Kern 2012

erfahrung in Nepal möchte dieses Kapitel einen Beitrag zu Offenheit und Anpassung in der Ethnographie leisten und Mut machen, Veränderungen zu akzeptieren (◘ Abb. 6.1).

Was ist gute Wissenschaft? Gütekriterien sozialwissenschaftlicher Forschung

» Validität (Gültigkeit), Reliabilität (Zuverlässigkeit) und Objektivität gelten als die grundlegenden Gütekriterien der Wissenschaft und werden oft stillschweigend vorausgesetzt. Für die qualitative Forschungspraxis sind diese Kriterien jedoch nicht einfach umsetzbar. Innerhalb eines sozialen Feldes lässt sich Validität eher als Authentizität verstehen, das heißt, dass die Wirklichkeit begründet und nachvollziehbar interpretiert wird. Der Anspruch an die Reliabilität ist gleichsam schwieriger, da die Wiederholbarkeit der Datenerhebung nur begrenzt praktikabel ist (z. B. durch wiederholte Feldbesuche oder kombinierte Methoden). Die Forderung nach Objektivität ist am stärksten von naturwissenschaftlichen beziehungsweise positivistischen Strömungen beeinflusst, macht aber für qualitative Sozialforschung kaum Sinn, da die Subjektivität der Forschenden grundlegend für den Verstehensprozess ist. Das Bild einer Zielscheibe veranschaulicht die drei Gütekriterien: Valide wäre es, mit einem Pfeil genau die richtige Stelle zu treffen, reliabel wäre es, immer die gleiche Stelle zu treffen und objektiv wäre es, wenn das Ergebnis unabhängig von der pfeilschießenden Person ist. Da der sozialwissenschaftliche Forschungsprozess aber keine Zielscheibe ist, ist es umso wichtiger, die Erkenntnisproduktion nachvollziehbar offen zu legen.«

Mein Interesse an Politischer Geographie entstand während eines Master-Seminars an der Universität Zürich. In einem anschließenden Gespräch mit meinem Professor erhielt ich die Möglichkeit, meine Lizentiatsarbeit im Rahmen eines Schweizerischen Nationalfonds(SNF)-

Projekts zu schreiben. Das SNF-Projekt »*Living with violence: rural livelihoods in Mid-Western Nepal during and after the People's War*« (Korf et al. 2009) handelte von alltäglichen Lebens- und Überlebensstrategien im ländlichen Raum während und nach dem gewalttätigen Konflikt in Mid-West Nepal. Ziel war es zu verstehen, wie Individuen und soziale Gruppen durch das schwierige politische Terrain Nepals navigierten und welche Auswirkungen Gewalt auf das tägliche Leben der Landbevölkerung hatte.

Um mit meiner Lizentiatsarbeit einen Beitrag innerhalb des Forschungsprojekts zu leisten, schrieb ich vor meiner Abreise nach Nepal ein Proposal mit dem Titel »*Living under Uncertainty: A case study of Water Management in Mid-Western Nepal in the Context of Political Instability and Transition*«. Ich hatte vor, mich auf Bewässerung zu fokussieren, um anhand dieser Ressource Wasser einen Einblick in den Alltag der Dorfbewohnenden während der politischen Übergangsphase zu gewinnen. Mithilfe der Theory of Access (Ribot und Peluso 2003) wollte ich den Zugang zu Wasser und dessen politische Bedeutung für die lokale Bevölkerung in der Nachkriegsphase verstehen. Dafür wählte ich die Methoden der qualitativen Sozialforschung und insbesondere die ethnographische Feldforschung.

6.2 Ethnographische Ansätze: Die Methode zwischen Theorie und Praxis

In Nepal verstand ich, warum Christian Lüders (2010, S. 391–399) Flexibilität als dritte Charakteristik der Ethnographie bezeichnet (neben einer längeren Feldforschungsdauer und ethnographischem Schreiben). Er meint damit die Fähigkeit sich an ein bestimmtes Feld und einen Forschungskontext anzupassen. Auch wer viel über das jeweilige Gebiet und qualitative Methoden gelesen hat, stellt im Feld häufig fest, dass Theorie und Praxis weit auseinanderliegen können (Kern 2012b, S. 58–59). Sehr praxistauglich in dieser unbekannten Situation fand ich den Ansatz von Roland Girtler (2002, S. 183–190), der nicht nur die »10 Gebote der Feldforschung« präsentiert, sondern Ethnographie auch als Abenteuer und Kunst versteht. Für ihn steht die Hinwendung zum Menschen im Vordergrund des Forschungsprozesses. Diese Kombination aus Flexibilität im Feld und Fokus auf die Menschen hat meine Arbeit maßgeblich geprägt.

Während ich mit Dorfbewohnern kilometerweit Bewässerungskanäle entlanglief, ergaben sich oft erstaunlich persönliche und politische Gespräche. Diese Erfahrungen veränderten mein Verständnis von Feldforschung: »*Rather than studying people, ethnography means learning from people*« (Spradley 1980, S. 3). Das bedeutet zuhören, beobachten, hinterfragen – auch sich selbst. Sehr nützlich finde ich dafür ein Feldtagebuch, sowohl zu den Umständen des Forschungsprozesses (In welcher Umgebung findet ein Gespräch statt? Welchen Eindruck hat man von den Gesprächsteilnehmenden? In welcher Stimmung ist man selbst? etc.) als auch persönlich (Was habe ich wie erlebt? Was hat mich beeindruckt? Was hat mich überrascht?). Generell habe ich mich an die Worte meines Betreuers gehalten: »*Know what to expect and be allowed to be surprised*«. Das, was mich verwundert hat, erwies sich gerade im Nachhinein häufig als wegweisend für die weitere Forschung (◘ Abb. 6.2).

Auch andere Personen haben mich in meiner Entwicklung sowohl wissenschaftlich als auch persönlich unterstützt. Das ist sehr wichtig, da man dadurch ermutigt wird, noch einen Schritt weiter zu gehen und über das Existierende hinauszudenken. Gerade wenn man sich als Forschende auf Offenheit und Ethnographie als Flexibilität einlässt, braucht man eine Umgebung, die einem Rückhalt gibt. Durch Vertrauen und eine gewisse Stabilität kann man konstruktive Kritik annehmen und in den Lernprozess einbeziehen.

6.3 · Feldforschung im Kontext von Konflikt und Unsicherheit

◘ Abb. 6.2 Ethnographie als Distanz: weite Wege am Wasser entlang mit einheimischen Dorfbewohnern. Foto: Alice Kern 2012

6.3 Feldforschung im Kontext von Konflikt und Unsicherheit: Expect the Unexpected

Besonders in einem Feld, das von Gewalt, Unsicherheit und Konflikt geprägt ist, spielt Anpassungsfähigkeit eine entscheidende Rolle. Gerade weil viele Themen nicht direkt ansprechbar sind und die Zeiten sich schnell ändern können, ist Offenheit und Sensitivität entscheidend. Festgefahrene Forschungsvorhaben sind nicht nur unbefriedigend, sondern auch gefährlich (Lee 1995; Lee-Treweek und Linkogle 2000; Nordstrom und Robben 1996). Wenn Forschungsteilnehmende eine Frage nicht beantworten wollen, ist nicht Unmut oder Bedrängnis zu zeigen, sondern Flexibilität (Korf 2005, S. 205). Besonders hilfreich fand ich in diesem Zusammenhang auch den Artikel von Jonathan Goodhand (2000), der praktische Antworten auf ethische Herausforderungen gibt. Diese konfliktsensitive Herangehensweise schützt sowohl Forschungsteilnehmende als auch die Forschenden selbst. Zudem ermöglicht sie eine ethische Forschungspraxis, gerade auch im Umgang mit Unsicherheit und unvorhergesehenem Wandel.

Leben mit Gewalt: Nepals Bürgerkrieg

» Zwischen 1996 und 2006 herrschte in Nepal ein blutiger Bürgerkrieg. Dieser zehn Jahre andauernde Konflikt schuf ein hochgradig politisiertes Milieu von Gewalt, Angst und Unsicherheit. Maoisten begannen ihre bewaffnete Revolution in Mid-West Nepal, eine abgelegene und unterentwickelte Region im Vergleich zu anderen Teilen des Landes. Die Gründe für den sogenannten »People's War«, wie die Maoisten den Krieg bezeichneten, sind vielseitig und werden immer noch kontrovers diskutiert. Viele AutorInnen betonen Missstände, Ungleichheit und politische Faktoren als Hauptursachen. Lange waren Regierung und Armee nicht in der Lage, den Aufstand, wie der Staat den Krieg bezeichnete, einzudämmen. Seit dem Friedensabkommen und der Einbindung der Maoisten in die Regierung hat ein schwieriger Übergangsprozess begonnen. Viele Missstände sind geblieben und prägen weiterhin Nepals Post-Konflikt-Phase. Dieser Kontext von politischer Gewalt und Unsicherheit lag im Fokus unseres Forschungsprojektes über die Auswirkungen von Gewalt auf die ländliche Bevölkerung und ihre Überlebensstrategien.

- **Das Unerwartete: Mut zur Veränderung**

Wie sehen solche unerwarteten Veränderungen in der Praxis aus? Zum Beispiel so: Wichtige Meetings sind organisiert und werden wegen Streiks abgesagt. Die Präsidentschaftswahlen sind vorüber und von einem Tag auf den anderen ist die Opposition an der Macht. Der Forschungsassistent hatte für die ganze Projektdauer zugesagt und muss auf einmal zu einer Familienhochzeit ganz im Osten des Landes. Man freut sich auf einen freien Abend und da taucht die lang gesuchte Schlüsselfigur auf. Die Interviewfragen fokussieren auf Bewässerung, aber die Antworten handeln von Distanz und Ohnmacht.

Ob gewollt oder nicht, Veränderungen sind Teil des Lebens und damit auch des Forschungsprozesses. Wichtig ist es, die Veränderungen zu akzeptieren, zu dokumentieren, zu reflektieren und in die Analyse miteinzubeziehen. Dies erfordert eine gewisse Offenheit, die mehr als intellektuelle Fähigkeiten umfasst: »*For conducting research, the child-like ability to let oneself be surprised by the unexpected is as much an essential skill as is intellectual rigour*« (Gaasbeek 2010, Propositions). Auch wenn das Unerwartete Mut zu Veränderung und Anpassung verlangt, ermöglicht dieser Ansatz der Ethnographie als Lernprozess auch Spaß und Momente des Staunens.

- **Sich Einlassen hat Auswirkungen: Resultate und Erkenntnisse**

Aus diesem methodischen Ansatz der Offenheit und Anpassung ist letztendlich eine ganz andere Lizentiatsarbeit geworden als ursprünglich geplant: »*The Violence of Marginality. Living through Political Conflict and Transition in Rural Nepal*«. Statt über Wassermanagement und Zugang zu natürlichen Ressourcen, habe ich über Gewalt und Marginalität geschrieben (Kern 2012a, b, 2014). Wasser und Bewässerung sind mein empirischer Einstiegspunkt geblieben und die meisten Beispiele, die mein Argument illustrieren, stammen aus diesem Gebiet. Dennoch schien die Menschen vor Ort noch etwas ganz anderes als Bewässerung zu beschäftigen und zu beeinflussen (◘ Abb. 6.3).

Diesem Anderen auf die Spur zu kommen, war ein tiefgreifender Lernprozess, der mir ermöglichte, zu erforschen, wie Marginalität das tägliche Leben in Nepal zwischen Bürgerkrieg und politischem Wandel prägt. Als sich diese Forschungsfrage mit der Zeit herauskristallisierte, habe ich mein anfängliches Konzept (Theory of Access, Ribot und Peluso 2003) infrage gestellt und iterativ mit Distanz, Peripherie und schließlich Marginalität ergänzt und ersetzt. Erst beim Schreiben (und immer wieder lesen, diskutieren, umschreiben) entwickelte sich so mein Hauptargument der Gewalt der Marginalität, die vor, während und nach dem Bürgerkrieg existiert und das tägliche Leben der Menschen im ländlichen Nepal existenziell prägt.

◘ **Abb. 6.3** Ethnographie als Nähe: Gastfreundschaft ohne Berührungsängste auf einem kleinen Bauernhof. Foto: Gitta Shrestha Thapa 2012

6.4 Distanz und Engagement: Reflexion und Ausblick

Erstens kommt alles anders und zweitens als man denkt. Dennoch bleibt der Denkprozess unverzichtbarer Teil eines Forschungsprojektes. Auch wenn sich nicht alles planen lässt, sollten Forschende stets versuchen, sich in Andere und Anderes hineinzudenken und vorauszudenken. Nur wer die eigenen Ansichten hinterfragt und bisweilen auch hinter sich lässt, vermag das Andere zu verstehen und einen wissenschaftlichen Beitrag zu leisten. Zusammenfassend lässt sich festhalten, dass qualitative Methoden und insbesondere die ethnographische Feldforschung mir ermöglichte, eine Balance zwischen Distanz und Engagement zu finden sowie über mich selbst und das Andere zu lernen und eine preisgekrönte Lizentiatsarbeit zu schreiben. (Ethnographische) Feldforschung ist nicht einfach. Aber wenn man bereit ist, sich auf den Lernprozess einzulassen, lohnt es sich: für die Wissenschaft, für die Menschen, die am Forschungsprojekt teilnehmen, für sich selbst. Dieser Erfolg gelingt vor allem dann, wenn die Forschenden Feuer und Flamme sind für das, was sie tun. Deshalb ist dieses Kapitel auch ein Plädoyer für mehr Begeisterung in der Wissenschaft und an der qualitativen Sozialforschung.

Literatur

Gaasbeek, T. (2010). Bridging troubled waters? Everyday inter-ethnic interaction in a context of violent conflict in Kottiyar Pattu, Trincomalee, Sri Lanka. PhD Thesis: Wageningen University.
Girtler, R. (2002). *Methoden der Feldforschung*. Wien: Böhlau.
Goodhand, J. (2000). Research in conflict zones: Ethics and accountability. *Forced Migration Review, 8*, 12–15.

Kern, A. (2012a). So nah, so fern: Marginalisierte Magar. Eine ethnographische Fallstudie über ein Janajati-Dorf in Mid-Western Nepal. *Südasien, 32*(3+4), 64–68.

Kern, A. (2012b). The Violence of Marginality. Living through Political Conflict and Transition in Rural Nepal. Lizentiatsarbeit, Geographisches Institut, Universität Zürich.

Kern, A. (2014). Marginal Magars, Mainstream Migrants: Bridging Strategies of an Ethnic Community in Rural Nepal. In J. Poerting & T. Lennartz (Hrsg.), *Aktuelle Forschungsbeiträge zu Südasien*. Geographien Südasiens 2: 10–13. ► http://archiv.ub.uni-heidelberg.de/savifadok/volltexte/2014/3305.

Korf, B. (2005). Rethinking the greed–grievance nexus: Property rights and the political economy of war in Sri Lanka. *Journal of Peace Research, 42*(2), 201–217.

Korf, B., Müller-Böker, U., & Byrne, S. (2009). Living with violence: Rural livelihoods in Mid-Western Nepal during and after the People's War. Forschungsdatenbank Universität Zürich. ► http://www.research-projects.uzh.ch/p12166.htm. Zugegriffen:13. Jan. 2015.

Lee, R. M. (1995). *Dangerous Fieldwork*. Thousand Oaks: Sage.

Lee-Treweek, G., & Linkogle, S. (2000). *Danger in the field. Risk and ethics in social research*. New York: Routledge.

Lüders, C. (2010). Beobachten im Feld und Ethnographie. In: U. Flick, E. von Kardorff, & I. Steinke (Hrsg.), *Qualitative Forschung. Ein Handbuch*, (8. Aufl., S. 384–401). Reinbek bei Hamburg: Rowohlt.

Nordstrom, C., & Robben, A. C. G. M. (1996). *Fieldwork under fire. Contemporary studies of violence and culture*. Berkeley: University of California Press.

Ribot, J., & Peluso N. L. (2003). A theory of access. *Rural Sociology, 68*(2), 153–181.

Spradley, J. P. (1980). *Participant observation*. Belmont: Wadsworth.

Eine ethnographische Forschung planen

Auf in ein unbekanntes Land

Georg Winterberger

7.1 Forschung auf Umwegen – 52

7.2 Mein Einstieg ins Feld: mehr als nur Daten sammeln – 53

7.3 Gedanken zu Theorie und Methoden – 55

7.4 Ethische Fragen während einer Spitalforschung – 58

7.5 Reflexion und Ausblick – 59

Literatur – 59

Ein Forschungsprozess erscheint im Nachhinein meist gradlinig und eindeutig – auch für die Forschenden selbst. Bei genauerem Hinsehen zeigt sich aber oft, dass zu Beginn nicht absehbar war, an welchem Ort und zu welchem Thema die Forschung gemacht werden würde. Das gilt im besonderen Maße für ethnographische Forschungen, die zu einem sehr großen Teil von Faktoren abhängen, die die Forschenden nicht selbst beeinflussen können.

Ich möchte hier am Beispiel meines eigenen Forschungsprozesses zum Thema »Ethnographie« des Spitals und Qualität der Pflege in Kamerun aufzeigen, wie eine ethnographische Studie geplant und durchgeführt werden kann und wie diese auch in schwierigen Feldern Anwendung finden kann. Ich habe eine Ethnographie des Spitals in Manyemen (Kamerun) durchgeführt. Mein Fokus lag dabei auf der Sicht der Benutzerinnen und Benutzer – das heißt den Patientinnen und Patienten – dieses Spitals. Mich interessierte, wie sie die Qualität der Pflege des Spitals einschätzen, wie sie mit Krankheiten umgehen und welche Bedürfnisse sie in Bezug auf das Spital und die Pflege haben. Ein Fokus des Beitrags liegt auf der Planung eines Forschungsaufenthaltes, ein anderer auf ethischen Fragen während einer Spitalforschung.

7.1 Forschung auf Umwegen

Ein Forschungsprozess beginnt nicht erst mit der Planung des Forschungsaufenthaltes, sondern schon sehr viel früher. Mein Interesse für das Thema begann mit einer zweijährigen Weltreise, die meine Studienpläne und Interessen entscheidend geprägt hat. Zunächst galt mein Interesse Zentralasien und hier im Speziellen Kirgistan. Mein Beschluss war gefasst, mein Forschungsprojekt wird in Kirgistan sein! Für mein Forschungsprojekt war es mir wichtig, eine Forschungsfrage zu entwickeln, die praxisnah entsteht, also nicht aus einer wissenschaftlichen, sondern praktisch angewandten Forschungslücke heraus. Meine Forschung sollte also in ein praktisches ethnologisches Arbeitsfeld eingebettet sein. Aus diesem Grund bewarb ich mich bei rund 50 Organisationen, die auf ▶ www.cinfo.ch unter der Rubrik »Organisationen mit Auslandeinsätzen« aufgelistet waren. Die Bewerbung diente meiner persönlichen und fachlichen Präsentation, aber auch der Frage nach einer für die Organisation interessanten Forschungsfrage. Zwei für mich interessante Rückmeldungen erfolgten: »Die Bedeutung von Religion in Entwicklungsprojekten« (Kamerun) der Organisation mission 21 und »Bedarf für eine Beratungsstelle für (gewalttätige) Männer in Tuzla« (Bosnien)[1].

Es folgten Detailgespräche mit beiden Organisationen, an deren Anschluss ich die Entscheidung treffen musste, ob ich an meinem persönlichen Interesse, nach Kirgistan zu gehen, festhalten oder die Möglichkeit auf eine Auftragsforschung annehmen soll. Es war ein Abwägen zwischen der Faszination Zentralasien und dem Wunsch nach Einblick in ein ethnologisches Arbeitsfeld, wobei der Wunsch nach einer praktisch orientierten Forschungsarbeit letztendlich siegte. So entschied ich mich für das Thema der Bedeutung von Religion in Kamerun. Es soll nicht verschwiegen werden, dass die externen Entscheidungsfaktoren sich nicht in Personen mit entsprechendem Wissen im Ethnologiestudium und Angeboten von Organisationen erschöpften, sondern dass auch mein persönliches Umfeld einen großen Einfluss hatte, im Speziellen meine Frau.

---

1 Fasziniert las ich jetzt meine damaligen Notizen durch, denn neben einer Museumsausstellung zu Voodoo-Gegenständen war auch ein Projekt im *Economic-Development*-Bereich in der Mongolei und ein Projekt zu *Food Security* in Myanmar dabei – das war mir gar nicht mehr bewusst.

Die Organisation mission 21 hatte jedoch in der Zwischenzeit das Thema Religion in der Entwicklungszusammenarbeit zugunsten einer Untersuchung von Spitälern in Kamerun fallen gelassen. Da Medizinethnologie auch zu meinen Schwerpunkten im Studium gehörte, nahm ich diese weitere Änderung gerne an und begann die Forschung zum Thema »Quality of Care in Spitälern im Südwesten Kameruns – eine Untersuchung zur Nutzersicht bezüglich Qualität des kurativen Angebotes des PCC-Spitals Manyemen und anderer Anbieter« zu planen (◘ Abb. 7.1).

7.2 Mein Einstieg ins Feld: mehr als nur Daten sammeln

Anfang Februar 2008 kam ich in Kamerun an, das ich trotz vieler Unterlagen von mission 21 sowie einer guten Vorbereitung meines Aufenthaltes als ein ganz fremdes Land empfand. Gerade das reizte mich aber auch. Mein Rat für die erste Zeit in einer fremden Umgebung ist: Alles langsam angehen und einen Schritt nach dem anderen tun. Ich mag mich noch sehr gut an eine diffuse Angst erinnern, die ich nach meiner Landung in Douala (Kamerun) verspürte – es war die ganz natürliche Angst vor dem Unbekannten. Deshalb blieb ich zwei Nächte in dieser Stadt und reiste erst dann weiter nach Buea zum Sitz der Presbyterian Church in Cameroon (PCC), der Betreiberin des Spitals, über das ich forschte.

Vorbereitung einer Forschung nach Kamerun

» Welche Vorbereitungen sind zu treffen, wenn man für sechs Monate in Kamerun leben wird? Vor allem dann, wenn man selbst noch nie in einem afrikanischen Land gewesen ist? Diese Fragen beschäftigten mich bis zu meiner Abreise nach Kamerun. Wenn ich im Nachhinein meine Ausgaben vor der Forschung betrachte, dann heben sich neben dem Flugticket und dem Visum vor allem die Kosten für die Gesundheitsvorsorge hervor:Besuch des Tropeninstituts für Informationen und Impfungen, Mitnahme von unzähligen Medikamenten wie Malariaprophylaxe, Durchfallmedikamente, Antibiotika etc.
Neben einer intensiven Vorbereitung auf mögliche gesundheitliche Probleme habe ich mich vertieft mit der wissenschaftlichen Literatur beschäftigt. Das schien mir sehr wichtig, um mögliche Fragen und Probleme vor Ort nicht zu übersehen. Für mich persönlich war aber auch die Vorbereitung auf das Land und die Leute essenziell. Wissenschafts- und Reiseliteratur habe ich intensiv studiert sowie persönliche Kontakte zu Personen, die in Kamerun gelebt, gearbeitet und geforscht haben, gepflegt. Dank der Anbindung an mission 21 gab es viele davon, die sehr wertvoll waren. Aber egal, wie viel ich gelesen und wie intensiv ich mich vorbereitet habe, wie bei jedem Aufenthalt, so gab es auch bei mir ungeplante und unerwartete Situationen: In meiner dritten Forschungswoche wurde das Land von einem Generalstreik erfasst, der eine Woche andauerte und mehrere Tote im ganzen Land forderte (Lambi 2011). Es ist von Vorteil, für solche unerwarteten Fälle einen Sicherheitsanker zu haben, beispielsweise ein Personennetzwerk vor Ort oder zu Hause, auf das man – persönlich oder per Mobiltelefon/Internet – zurückgreifen kann. Zum Glück kehrte in Kamerun bald wieder Normalität ein und ich konnte die Forschung fortsetzen. Mein Respekt vor solchen Situationen blieb aber während des gesamten Aufenthaltes, und das war auch gut so.

Als nächsten Schritt hieß es ganz nach der Devise der Ethnologie: die Umgebung erkunden – die Ortschaft, das Essen, die Sprache, die Umgangsformen etc. Wenn man sich genügend Zeit nimmt, um sich auf den Forschungskontext einzulassen und um die fremde Umwelt kennenzulernen, verschwindet die Angst. An ihre Stelle tritt die nötige Neugier der Forschenden. Zudem begann ich ein Forschungstagebuch zu schreiben, wodurch mir die fremde Umge-

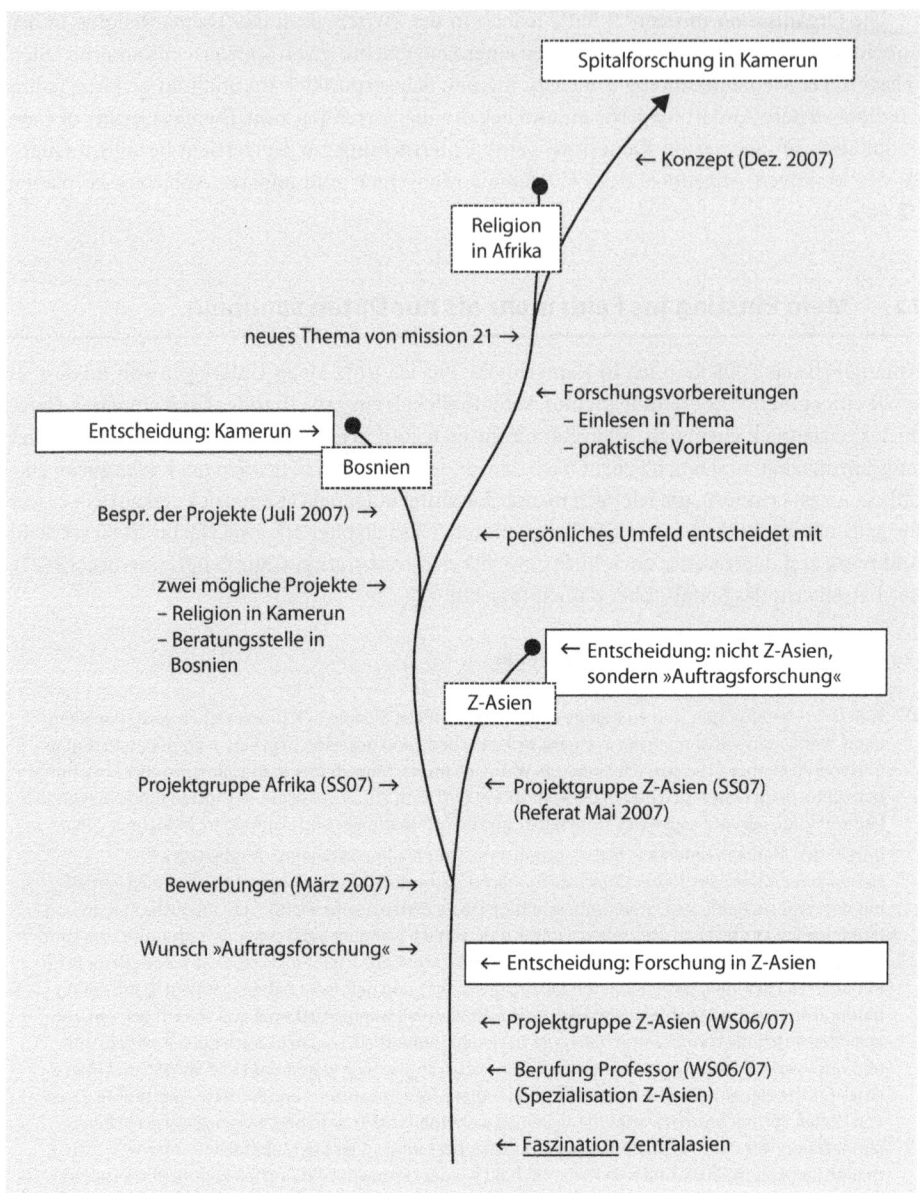

Abb. 7.1 Der Weg zum Forschungsthema ist nicht gradlinig

bung näher rückte und zunehmend vertrauter wurde. Das ist besonders wichtig, da ohne den Prozess der Aneignung eines Forschungsfeldes die spätere Erhebung sowie Auswertung und Analyse des Datenmaterials nur oberflächlich bleiben kann. Am fünften Tag meines Aufenthaltes in Kamerun schrieb ich stolz in mein Tagebuch: »Heute war der erste Forschungstag!« Allerdings handelte es sich dabei nur um eine kurze Einsicht ins Archiv der PCC. Bis ich das erste Mal nach Manyemen, dem Ort meiner Forschung, kam, sollten noch weitere 15 Tage vergehen. Und mein erstes richtiges Interview, das ich dann auch für meine Abschlussarbeit verwenden konnte, fand erst nach zwei Monaten im Feld statt. Das soll aber nicht heißen, dass die Zeit davor unnötig oder nicht hilfreich für die Forschung gewesen wäre. Das Lernen der lokalen Umgangsformen und der selbstverständlichen oder unausgesprochenen Dinge ist für eine ethnographische Forschung äußerst wichtig. Dafür habe ich mir Zeit gelassen und habe das Gefühl des Nicht-Vorwärts-Kommens ausgehalten.

Der Forschungsalltag stellte sich bei mir dann doch schneller ein als erwartet. Nachdem Manyemen erkundet war und die ersten Interviews durchgeführt worden sind, begann das produktive Arbeiten beziehungsweise Sammeln von Forschungsdaten. Sehr gute Erfahrungen habe ich damit gemacht, mir gelegentlich eine kleine Auszeit zu nehmen. Das gab mir zwischendurch den nötigen Abstand von der Arbeit und eine willkommene Erholung, die mich anschließend wieder produktiv arbeiten ließ. Außerdem zeigte es den Leuten in Manyemen, mit denen ich zusammenarbeitete, dass ich nicht nur am Forschungsthema, sondern auch an ihrer Heimat interessiert war.

Die wertvollste Erfahrung – sowohl menschlich als auch inhaltlich für meine Forschung – war die Rückkehr nach Manyemen nach einer längeren Forschungsreise: Ich wurde begrüßt wie ein lange vermisster Freund, und ich erhielt nochmals viele neue Informationen, die man bei meinem früheren – und viel längeren – Aufenthalt nicht mit mir teilen wollte. Der endgültige Abschied von Manyemen fiel mir dann auch umso schwerer und bis heute bin ich in regem Kontakt mit den ehemaligen Kolleginnen und Kollegen und Vertrauten in Kamerun (◘ Abb. 7.2 und 7.3).

7.3 Gedanken zu Theorie und Methoden

Was mich als angehenden Ethnologen sehr beschäftigte, waren die Fragen: Wie komme ich für meine erste große empirische Forschung zur richtigen Theorie? Und wie binde ich diese ein, beziehungsweise was mache ich genau damit? Diese Fragen standen wie Berge zwischen mir und meiner Forschung: riesig und unüberwindlich. Erst im Verlauf des Forschungsprozesses nahm ich wahr, dass es bei Wissenschaftlerinnen und Wissenschaftlern, die hauptsächlich empirisch forschen, nicht unüblich ist, die Theorie stiefmütterlich zu behandeln, um vielmehr sehr pragmatisch damit umzugehen. Der Hauptfokus liegt meist eindeutig auf den empirischen Daten und Theorien, dem Verständnis der empirischen Daten vor allem in der Vorbereitung und der Analyse. Wie mir scheint, gehört es zum Initiationsritus einer Wissenschaftlerin, eines Wissenschaftlers, das selbst zu erkennen. So befinden sich im Theorieteil meiner Abschlussarbeit (Winterberger 2015, S. 22–44) keine klassischen Theorien, sondern vor allem Konzepte, die hilfreich waren für die Umsetzung der empirischen Forschung, so beispielsweise das Konzept der Ethnographie des Spitals (Geest und Finkler 2004; Finkler et al. 2008), das der Qualität der Pflege (Campbell et al. 2000) oder das des Zugangs zu Gesundheitsversorgung (Penchansky und Thomas 1981). Diese Konzepte leisteten mir während der Forschung gute Dienste, indem ich systematisch alle nötigen Daten gesammelt und dabei den Überblick über die verschiedenen Arten von Daten nicht verloren habe.

Daneben bediente ich mich der klassischen ethnographischen Methoden wie des ethnographischen Interviews (Schlehe 2003), der Teilnehmenden Beobachtung (Hauser-Schäublin 2003) und Recherchen in Spitaldokumentationen und Archiven. Bei der Teilnehmenden Beobachtung musste ich Kompromisse eingehen. Wie Gitte Wind (2008) darlegt, gestaltet sich

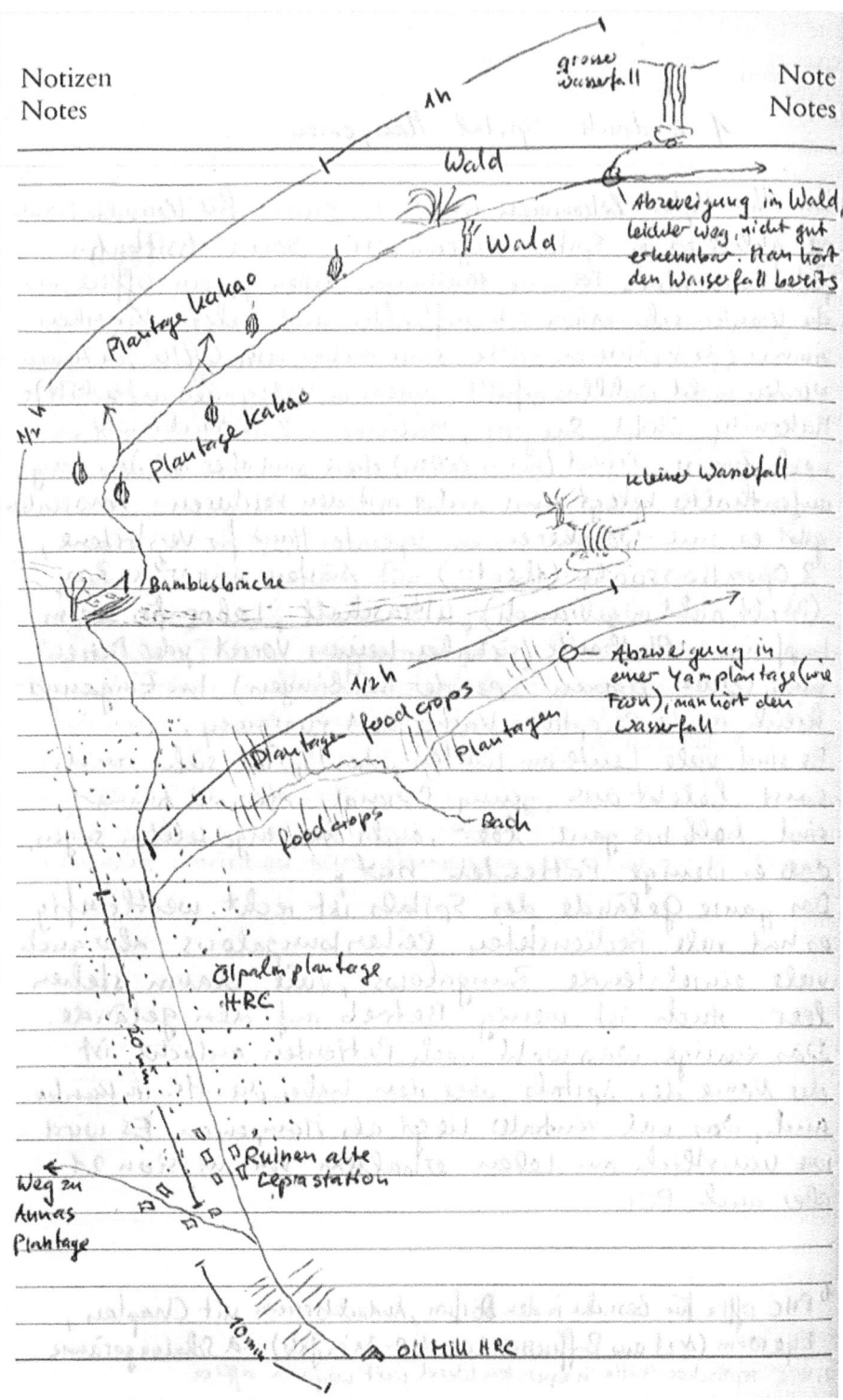

Abb. 7.2 Tagebuchnotiz: Weg zum Wasserfall

7.3 · Gedanken zu Theorie und Methoden

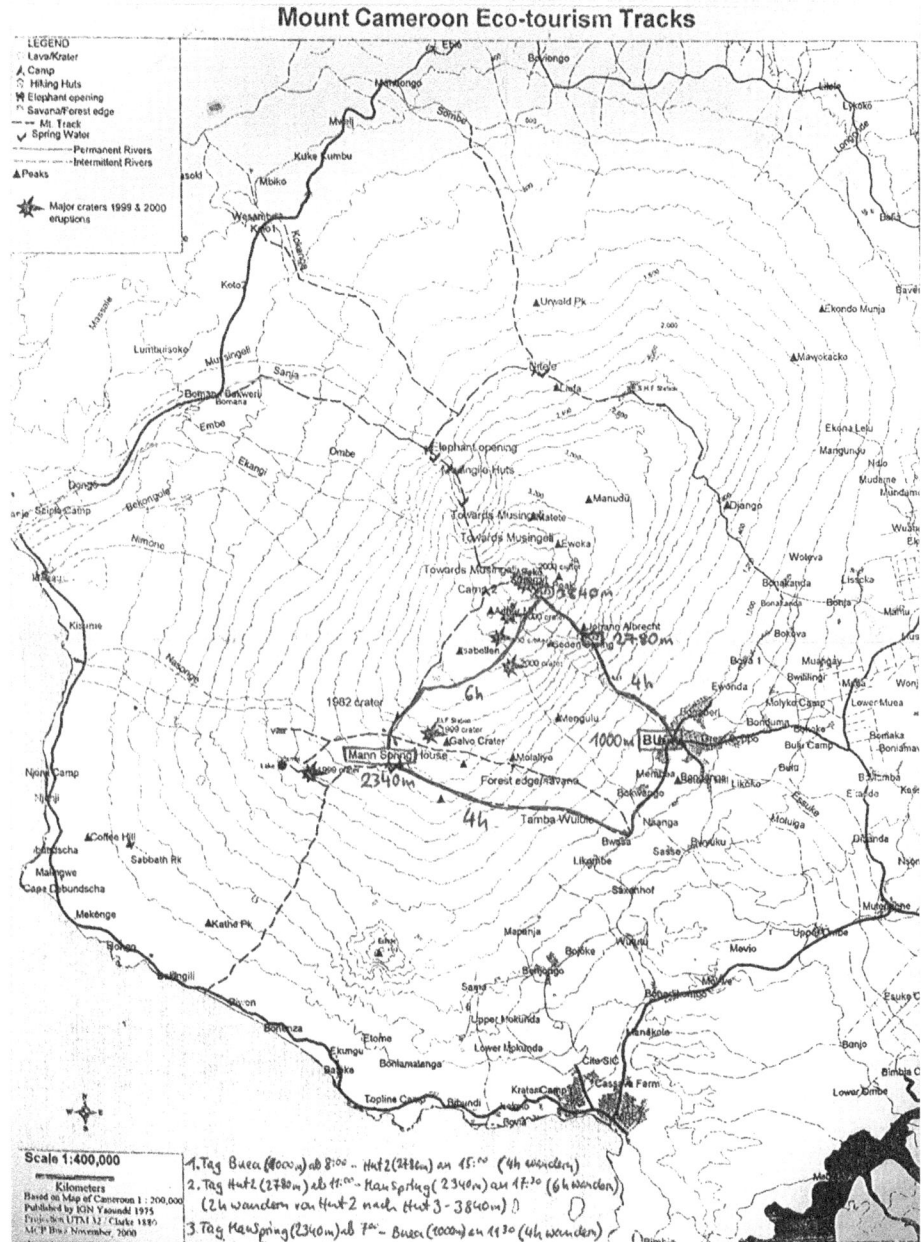

Abb. 7.3 Plan des dreitägigen Mt. Cameroon Ausfluges

eine klassische Teilnehmende Beobachtung im Kontext von Spitälern als sehr schwierig. Sie schlägt deshalb vor, in diesem Kontext von »Interaktiv ausgehandelter Beobachtung« zu sprechen. Weitere Anmerkungen zur Theorie und Methode sowie zu den Ergebnissen finden sich in meinen Publikationen zur Arbeit (Winterberger 2014; Winterberger 2015) (◘ Abb. 7.4).

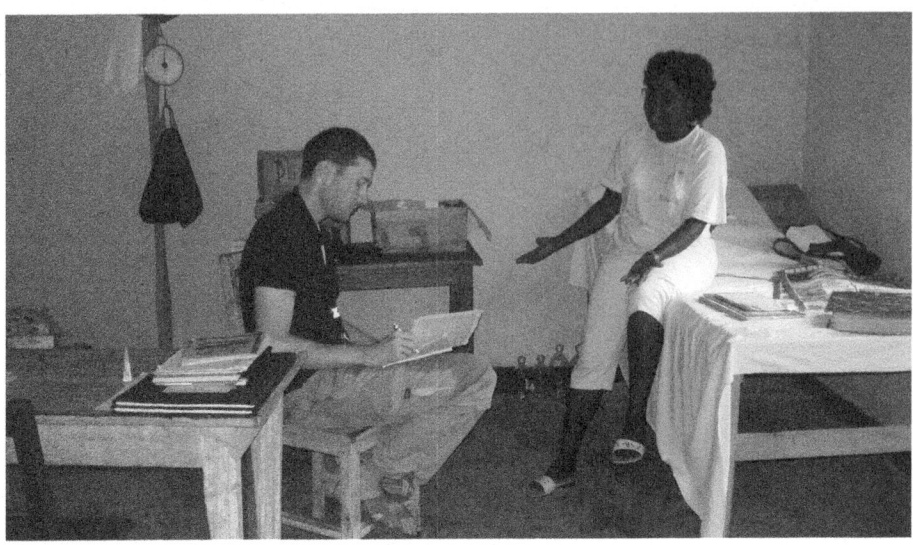

Abb. 7.4 Interview in einem Gesundheitszentrum

7.4 Ethische Fragen während einer Spitalforschung

In allen Forschungen, die mit und über Menschen durchgeführt werden, sind ethische Fragen zu berücksichtigen (Murphy und Dingwall 2001; Fluehr-Lobban 1998). In einer Spitalforschung ist jedoch besondere Vorsicht geboten (Tinney 2008). Selbstverständlich sollen bestehende nationale, biomedizinische und ethnologische Ethikregeln – wie beispielsweise die der American Anthropological Association (AAA 2009) oder die der Schweizerischen Ethnologischen Gesellschaft (SEG 2010) – eingehalten werden. In einer Forschung in einem Spital in Kamerun (oder in einem vergleichbaren Land) ist zusätzliche Vorsicht geboten, da das Spitalpersonal nicht selbstredend auf ethische Fragen sensibilisiert ist. So konnte ich beispielsweise ohne Einschränkung Einsicht in alle Patientenbücher des Spitals nehmen. Das gab mir eine große Verantwortung, der ich mir durchaus bewusst war. Dennoch konnte ich leider nicht ausnahmslos dafür sorgen, dass niemand durch meine Forschung benachteiligt wurde. Allein schon der Umstand, dass ich mit einem Spital affiliiert war und Interviews nur mit bestimmten Personen durchgeführt habe, gab Anlass zu Spekulationen über die interviewten Personen und deren Gesundheitszustand. Die Leute konnten nicht wissen, dass die Auswahl nach dem Zufallsprinzip getroffen wurde.

In meiner Forschung wurde die Situation immer dann problematisch, wenn die Person, die ich interviewen wollte, ohne mein Wissen an der tabuisierten Krankheit HIV/AIDS litt. Dies kam beispielsweise dann vor, wenn die Person im Spital zu einer anderen Krankheit behandelt wurde. In einem Fall outete sich eine Frau während des Interviews in Anwesenheit anderer Dorfmitglieder als HIV/AIDS-Kranke. Zwar habe ich bei allen Interviews im Voraus ausdrücklich gefragt, ob das Interview ohne Anwesende durchgeführt werden soll. Auch habe ich nie Aussagen erzwungen. Nichtsdestotrotz ist dieses Outing, wenn auch auf eigene Initiative der Frau, durch mein Interview hervorgerufen worden. Ich bin nicht der Meinung, dass aufgrund der ethischen Bedenken auf Spitalforschungen verzichtet werden soll, doch es ist sehr wichtig, dass das Bewusstsein dieser Problematik bei den Forscherinnen und Forschern vorhanden ist.

7.5 Reflexion und Ausblick

Was habe ich nun aus meiner Forschung – abgesehen mal von den empirischen Daten – und aus dem gesamten Forschungsprozess mitgenommen beziehungsweise gelernt? Sicher einmal, dass ein Forschungsprozess nicht gradlinig verläuft. Unterschiedlichste Faktoren – teils beeinflussbar, teils nicht – bestimmen den Prozess. Meine Tipps sind Folgende:

> **Tipp**
>
> Lenke den Prozess so weit wie möglich in die gewünschte Richtung und versuche, die nicht beeinflussbaren Faktoren so gut wie möglich zu akzeptieren!
> Vorbereitung ist gut, Flexibilität ist besser. Unbedingt inhaltlich, methodisch, gesundheitlich, sprachlich, kulturell etc. vorbereiten und gleichzeitig ein Personennetzwerk als Sicherheitsanker aufbauen!
> Nimm Dir Zeit, um Dich auf den Forschungskontext vorzubereiten! Denn dann sinkt das Risiko, auf unerwartete und unüberwindbare Situationen zu treffen. Gleichzeitig ist das Sich-Zeit-Lassen ein großer Mehrwert für die Forschung, da es ein tieferes Verständnis des Forschungsumfeldes ermöglicht – wobei dies im Moment der Forschung oft nicht erkennbar ist.

Auch wenn es nicht der ideale Weg des wissenschaftlichen Arbeitens ist – wohl aber ein viel benutzter – so ist es legitim, wenn man für eine Forschung, bei der die empirischen Daten im Zentrum stehen, die Theorie und die Methoden laufend, je nach Forschungsfortgang, anpasst, ergänzt oder ganz ändert. Es ist mir bewusst, dass in der Literatur und in den Forschungsarbeiten wenig über missglückte oder gänzlich geänderte Forschungsprojekte zu finden ist, auch wenn sich die Wissenschaftlerinnen und Wissenschaftler damit dem Risiko der methodologischen Lüge (Lindner 1981, S. 52) aussetzen – also der Vorgehensweise, die Theorie und die Methoden im Nachhinein als richtungsweisende Konstanten darzustellen, die seit dem Anfang der Forschungsplanung feststanden und an denen man sich durch die gesamte Forschung hindurch orientiert hat.

Somit könnte man resümieren, dass die einzige Konstante in Forschungsprozessen die ständige Veränderung ist. Und um das zu untermauern, möchte ich ein letztes Beispiel nennen: Nach meinem Abschluss in Ethnologie habe ich mich entschieden zu promovieren. Mein erstes Thema wurde innerhalb eines größeren Forschungsprojekts mit dem Titel »Projektrecht in der Entwicklungszusammenarbeit: Rechtsethnologische Untersuchungen in Burundi, Mozambique, Ghana, Kyrgyzstan und Kanada« eingegeben. Das Projekt wurde leider nicht bewilligt. Gleichzeitig hat sich ein Kontakt nach Bhutan ergeben, ein spannendes und wenig beforschtes Land. Aber auch hier wurde die Forschungserlaubnis nicht erteilt. Und nun arbeite ich seit zwei Jahren zu *Livelihood Strategies* und werde ab Herbst 2015 für ein Jahr in Myanmar auf Forschung sein.

Literatur

AAA. (2009). Code of Ethics of the American Anthropological Association. AAANET. ▶ http://www.aaanet.org/issues/policy-advocacy/upload/AAA-Ethics-Code-2009.pdf. Zugegriffen: 02. Feb. 2015.

Campbell, S. M., Roland, M. O., & Buetow, S. A. (2000). Defining quality of care. *Social Science & Medicine, 51*, 1611–1625.

Finkler, K., Hunter, C., & Iedema, R. (2008). What Is going on? Ethnography in hospital spaces. *Journal of Contemporary Ethnography, 37*, 246–250.

Fluehr-Lobban, C. (1998). Ethics. In H. Russell Bernard (Hrsg.), *Handbook of methods in cultural anthropology* (S. 173–202). New York: Altamira Press.

van der Geest, S., & Finkler, K. (2004). Hospital ethnography. Introduction. *Social Science & Medicine, 59*, 1995–2001.

Hauser-Schäublin, B. (2003). Teilnehmende Beobachtung. In B. Beer (Hrsg.), *Methoden und Techniken der Feldforschung* (S. 33–54). Berlin: Reimer.

Lambi, J. (2011). The struggle for democratic governance in cameroon. An analysis of the February 2008 protests. In W. Zips & M. Weilenmann (Hrsg.), *The governance of legal pluralism. Empirical studies from Africa and beyond* (S. 61–79). Wien: Lit.

Lindner, R. (1981). Die Angst des Forschers vor dem Feld. Überlegungen zur teilnehmenden Beobachtung als Interaktionsprozess. *Zeitschrift für Volkskunde, 77*, 51–66.

Murphy, E., & Dingwall, R. (2001). The etics of ethnography. In P. Atkins et al. (Hrsg.), *Handbook of ethnography* (S. 339–350). London: Sage.

Penchansky, R., & Thomas, J. W. (1981). The concept of access. Definition and relationship to consumer satisfaction. *Medical Care, 19*, 127–140.

Schlehe, J. (2003). Formen qualitativer ethnographischer Interviews. In B. Beer (Hrsg.), *Methoden und Techniken der Feldforschung* (S. 71–94). Berlin: Reimer.

SEG. (2010). Eine Ethik-Charta für die Ethnologie? Projekt einer Stellungnahme der SEG. *Tsantsa, 15*, 155–165.

Tinney, J. (2008). Negotiating boundaries and roles. Challenges faced by the nursing home ethnographer. *Journal of Contemporary Ethnography, 37*, 202–225.

Wind, G. (2008). Negotiated interactive observation. Doing fieldwork in hospital settings. *Anthropology & Medicine, 15*, 79–89.

Winterberger, G. (2014). Reaction to illness and the process of decision making. Hospital ethnography in cameroon. *Curare, 37*, 121–130.

Winterberger, G. (2015). *Ethnographie des Spitals Manyemen. Eine Untersuchung zur Nutzersicht bezüglich Qualität der Pflege in Kamerun.* Münster: Monsenstein und Vannerdat.

Sektion 2
Zugang zu sensiblen Feldern

Kapitel 8 **Schwierige Zugänge zum Feld – 63**
Melina Rutishauser

Kapitel 9 **Themen mit eigener Betroffenheit erforschen – 71**
Eva Rutter

Kapitel 10 **Stigma: Positiv – 81**
Henriette Lier

Kapitel 11 **»Ich werde Priester« – 89**
Sonja Viktoria Deuscher

Kapitel 12 **Forschen im interkulturellen Kontext – 97**
Johanna Ullmann

Schwierige Zugänge zum Feld

Migrantinnen als Akteurinnen im Sexgewerbe

Melina Rutishauser

8.1 Ein kreativer und dynamischer Forschungsansatz – 64

8.2 Multiple Zugänge zum Forschungsfeld – 65

8.3 Über sensible Themen sprechen – 67

8.4 Fazit – 69

Literatur – 69

Im vorliegenden Kapitel werde ich anhand der Datenerhebung zu meiner Master-Arbeit »Reisende Migrantinnen. Mobilität und Migration in der Sexarbeit. Eine ethnographische Analyse« auf den Feldzugang und die Erhebung von Daten durch die Verwendung von informellen und formellen Gesprächen sowie semistrukturierten Leitfadeninterviews und ethnographischen Interviews eingehen.

Um mich auch praktisch mit dem Thema der Migration auseinanderzusetzen, arbeitete ich neben dem Studium in einer Beratungsstelle für Frauen im Sexgewerbe. Etwa 70 % der im Sexgewerbe in Europa tätigen Personen sind Migrantinnen und Migranten (Brussa et al. 2009). Durch meine Tätigkeit konnte ich feststellen, dass die Öffentlichkeit die im Sexgewerbe tätigen Frauen selten als vollwertige Akteurinnen wahrnimmt. Daher war es mir wichtig, auf die *Agency* (Handlungsfähigkeit) der Frauen einzugehen (Emirbayer u. Mische 1998) und dieses Konzept als theoretischen Hintergrund für das Forschungsdesign zu verwenden. Denn meines Erachtens ist die Migration nicht per se als *disempowerment* zu sehen. Sie zeigt eher das Gegenteil auf: den Versuch der Frauen, sich und ihren Familien eine, in ihren Vorstellungen, bessere Zukunft zu ermöglichen. Die Migration ist von einem »Knack for Life«, einer gewissen Fertigkeit mit dem Leben umzugehen (Scheper-Hughes 1992) und einem »Eigensinn der Migration« geprägt (Benz u. Schwenken 2005). Zudem stellte ich eine breite Vielfalt an Handlungsentwürfen fest. Um diese Handlungsentwürfe besser zu verstehen, fand ich es wichtig, die Sicht der Akteurinnen selbst zu erfahren. Eine akteurszentrierte Perspektive schien mir zudem für die Gesellschaft und die Wissenschaft bedeutend, um sich von der vorhandenen Polarisierung – a) die Sexarbeit sei eine extreme Form der Unterdrückung und Ausnutzung der Frau oder b) die Sexarbeit sei eine neue Form der Freiheit – zu lösen (Lieber et al. 2010). Ich erachtete es als wichtig, das Thema vielschichtig zu betrachten und die darin agierenden Frauen zu Wort kommen zu lassen, denn erst das Wissen um die Selbstwahrnehmung der im Sexgewerbe handelnden Migrantinnen ermöglicht einen differenzierteren Blick auf dieses mit vielen stereotypen Bildern behaftete Feld.

Auf der Basis dieser Überlegungen entstanden drei übergreifende Forschungsfragen: Welche Handlungsfähigkeiten (Agency) besitzen Frauen und wie wenden sie diese an? Wie repräsentieren Frauen sich und ihre Tätigkeiten? Und: Wie beeinflussen die persönlichen Vorstellungen über die Beziehungen und über die Sexualität den Umgang mit der Sexarbeit. Wie sich im Verlaufe der Forschung zeigte, musste diese letzte Frage durch die folgende Frage ergänzt werden: Wie beeinflusst die Sexarbeit die Vorstellungen über die Beziehung und die Sexualität. Doch welche Methoden eignen sich, um solch offenen Fragen in einem stigmatisierten und von Misstrauen geprägtem Feld nachzugehen? Welche Methoden sollte ich wählen, um eine akteurszentrierte Perspektive zu erhalten? Und vor allem: Wie erreicht man Personen, die bereit sind, über solche Themen zu sprechen?

8.1 Ein kreativer und dynamischer Forschungsansatz

Aufgrund des Feldes und meiner Forschungsinteressen entschied ich mich für einen qualitativen Zugang. Durch qualitative Forschungsmethoden konnte ich einerseits gezielt auf die Aussagen meiner Gesprächspartnerinnen eingehen. Andererseits ermöglichten sie mir bei der Vertiefung von spezifischen Erkenntnissen aus den erhobenen Daten flexibel zu reagieren (Charmaz 2011). Mir war bewusst, dass das von mir gewählte Forschungsfeld nicht einfach ist. Personen, die im Sexgewerbe tätig sind, werden noch immer stigmatisiert und Sexarbeiterinnen sind sehr mobil und führen ein eher unbeständiges Leben. Für die Erhebung der Daten kamen daher multiple Methoden zur Anwendung: 1) Beobachtung im Feld, 2) partielle Teilnahme[1], 3) Führen von informellen und formellen Gesprächen sowie 4) offene ethnographische Interviews auch Tiefeninterviews genannt und 5) semistrukturierte Leitfadeninterviews (Silverman 2010). Konkret habe ich die Forschungsfragen anhand einer ethnographischen Feldforschung mit Migrantinnen untersucht. Bei einer ethnographischen Forschung sind sich im Felde aufhalten, an den Aktivitäten, die stattfinden, teilnehmen und beobachten besonders relevante Formen der Datenerhebung (Gobo 2011). Doch nicht nur der hohe Stellenwert des Beobachtens und der Teilnahme zeichnen eine ethnographische Forschung aus, auch das mehrmalige Führen von Gesprächen und Interviews mit derselben Person ist von großer Bedeutung.

Zur Orientierung, wie ich im Feld mit den Daten arbeiten will und wie die Datenanalyse aussehen soll, stützte ich mich auf die Grounded Theory. Diese schien mir ein geeigneter theoretisch-methodischer Ansatz zu sein, um mit den Daten fundierte Aussagen zu machen und die Forschung dennoch als einen kreativen und dynamischen Prozess zu verstehen. Meine Forschung orientierte sich dabei am Ansatz von Katy Charmaz. Sie definiert die Grounded Theory als Methoden »*consist of systematic, yet flexible guidelines for collecting and analysing qualitative data to construct theories ‚grounded' in the data themselves*« (Charmaz 2011, S. 2). Im Gegensatz zu Anselm Strauss, Juliet Corbins und Barney Glasers Ansatz eines Entdeckens von Daten, geht sie stärker von einer konstruktivistischen Grounded Theory aus (Cahrmaz 2008, S. 470). Das heißt, die Daten werden durch unser Vorwissen und unsere Herangehensweise mitbestimmt. Dabei muss beachtet werden, dass der Begriff zwei Bedeutungen hat. »*The term refers to both a method of theory construction, (...) and the product of this construction, a theory that explains or elucidates a particular process or phenomenon*« (Charmaz 2008, S. 461). Der Nutzen der Grounded Theory für meine Forschung lag in einem stetigen systematischen Reflektieren und Vergleichen der Daten bereits während der Erhebung, was mir eine intensive Auseinandersetzung und flexible Anpassung gegenüber dem Forschungsfeld ermöglichte.

8.2 Multiple Zugänge zum Forschungsfeld

Während meiner Forschung war das Klima im Sexgewerbe der von mir untersuchten deutschschweizer Stadt gerade im Wandel. Dieser Wandel wurde durch unterschiedliche Faktoren hervorgerufen. Ein Aspekt war die Zunahme an Sexarbeiterinnen durch die EU-Osterweiterung, ein anderer die wirtschaftliche Situation in Südeuropa. Damit einher ging eine erhöhte Konkurrenz und ein markanter Preisverfall für die angebotenen Dienstleistungen. Weiter konnte eine Zunahme der Mobilität der Frauen festgestellt werden. Für viele Frauen stellt die Sexarbeit nur eine Form des Gelderwerbes dar, sie sind »teilzeit« in diesem Bereich tätig. Hinzu kam eine Veränderung der Nachfrage der Tätigkeit hin zu Intimität und emotionalisierten Dienstleistungen (Bernstein 2010). Die erhöhte Konkurrenz und die geringen Einnahmen in Verbindung mit den gestiegenen Mietkosten sowie eine Verringerung der Privatsphäre durch das Teilen der Zimmer – teils durch die Frauen selbst gewählt, um Kosten zu sparen – führten zu einer Zunahme des Stresspotenzials. Wie dies durch Beatrice[2] in einem Gespräch beschrieben wird:

---

1 Aufgrund persönlicher Sicherheitsüberlegungen verzichtete ich auf die Teilnahme und Beobachtung nach 23.00 Uhr.
2 Der Name wurde zur Wahrung der Anonymität geändert. Die Übersetzung stammt von der Autorin, wobei keine Zitate in Originalsprache verwendet werden, um eine Anonymisierung zu gewährleisten.

> Es fehlt an Geduld für alles: Um die Arbeit zu verstehen, um zu warten. Jetzt, mit dieser Krise, wurde es zu einem großen Problem zu warten. Eine Nacht, einen Tag hat es Arbeit, vielleicht für 50 Euros, 50 Franken, doch das reicht nicht, um alle Rechnungen zu bezahlen… somit hast Du Stress. Zudem schläfst Du mit zwei Freundinnen in einem Bett. Die eine trinkt, die andere verwendet Drogen und raucht und Du musst in diesem Bett mit ihnen schlafen.

Zugangsschwierigkeiten gibt es bei Feldforschungen oftmals. In einem Feld, das durch Stigmatisierung geprägt, von gesellschaftlichen Veränderungen erschüttert und durch eine hohe Mobilität gekennzeichnet ist, wird dies weiter akzentuiert (Ortner 2010). Um damit besser umzugehen, nutzte ich unterschiedliche Zugänge zum Feld: Die Arbeit in der Beratungsstelle, welche sich in der Gewerbezone befand, Gatekeepers sowie die *selection strategy*. Auf das Schneeballprinzip zur Gewinnung von Gesprächspartnerinnen wurde verzichtet. Die Stimmung im Milieu war zur Zeit der Datenerhebung eher unvorteilhaft, da sich unterschiedliche Gruppen inmitten von Machtkämpfen befanden. Aufgrund dieser Stimmung konnte ich durch das Schneeballsystem und das Stützen auf einzelne Akteure Gefahr laufen, unter den anderen Sexarbeiterinnen Misstrauen zu erwecken. Dies hätte ungünstige Folgen für die Forschung gehabt.

Von Vorteil in diesem von Instabilität und Diskretion geprägten Feld war, dass ich als Mitarbeiterin der Beratungsstelle »bekannt« war. Es half mir, nicht als »Moralhüterin« oder »Gafferin«, gegen welche sich die Sexarbeiterinnen vor einer weiteren Stigmatisierung schützen müssen, wahrgenommen zu werden. Auch meine Erfahrung mit dem Feld und dessen besonderen Eigenheiten war von großem Nutzen, so beim Umgang mit Terminen und deren variablen Verbindlichkeiten, beim Wechselspiel im Umgang von Nähe und Distanz in zwischenmenschlichen Beziehungen, beim Wissen über mögliche freie Gesprächszeiten oder durch die Möglichkeit, an frühere Gespräche anzuknüpfen, was eine Kontaktaufnahme und ein offenes Gespräch vereinfachte. Meine Mitarbeiterinnen wirkten aufgrund des Vertrauens, das sie unter den Frauen genießen, als eine Art Gatekeeper. Dadurch wurden meine Anfragen für ein Gespräch als glaubwürdig eingestuft. Die Verbindung meiner Person mit der Beratungsstelle führte jedoch auch zu einer Doppelrolle. Diese Problematik versuchte ich durch eine klare Kommunikation über die Unabhängigkeit der Forschung zu minimieren.

Ebenfalls verwendete ich die *selection strategy* für den Feldzugang (Dahinden und Efionayi-Mäder 2009, S. 106). Dabei dienten mir einerseits die Räumlichkeiten und Aktivitäten der Beratungsstelle, andererseits die Straße und die anliegenden Kontakt-Bars zur Beobachtung, zur Kontaktaufnahme und zur partiellen Teilnahme.

> Kontakt-Bars sind Gastwirtschaftsbetriebe, wo Sexarbeitende ihr Klientel zu Alkoholkonsum – trotz Verbot – animieren und anschließend die Dienstleistungen in den gemieteten Zimmern oberhalb der Bar erbringen. Die Kontakt-Bar ist eines unter vielen Settings im Sexgewerbe (Büschi 2010, S. 19).

Die Beobachtungen fanden somit größtenteils an der Schnittstelle von Sexgewerbe und Öffentlichkeit statt. Aufgrund dieser Tatsache lehnte ich die Forschung an das Konzept der *interface ethnography* an (Ortner 2010). Beobachtungen an diesen Schnittstellen ermöglichten mir zu erfahren, wie die Frauen miteinander umgehen, welche Kontakte und Netze sie pflegen und was sie mit wem sprachlich austauschen. Da die Frauen lange Arbeitszeiten haben – zehn bis zwölfstündige Arbeitstage sind nichts Besonderes – und zudem ihr Tagesrhythmus verschoben ist, fand vor allem eine Teilnahme beim »Mit-Herumstehen« statt. Die Bezeichnung des »Mit-

Herumstehens« ist an die von Margarethe Kusenbach beschriebene Forschungsmethode des »Go-along« angelehnt (Kusenbach 2003, S. 463). Weil das Herumstehen und Herumsitzen den Arbeitsalltag der Frauen zu einem großen Teil bestimmt, versuchte ich während dieser Teilnahme fokussierte und systematische informelle und formelle Gespräche zu führen. Dadurch erfuhr ich, wie die Frauen ihren Arbeitsalltag und ihre Arbeitstätigkeit sehen und wie sie damit emotional umgehen.

Definition

Sherry B. Ortner sieht *interface ethnography* als eine teilnehmende Beobachtung im Grenzgebiet, wo in sich geschlossene Gruppen oder Institutionen mit der Öffentlichkeit in Kontakt kommen (Ortner 2010, S. 213).

8.3 Über sensible Themen sprechen

Durch das ethnographische Interview (Tiefeninterview) erhielt ich eine akteurszentrierte Perspektive. Wie Pranee Liamputtong schreibt, beabsichtigt das Tiefeninterview

> to elicit rich information from the perspective of a particular person and on a selected topic under investigation. (…) It permits researchers to make sense of the multiple meanings and interpretations of a specific action, occasion, location or cultural practice (Liamputtong 2007, S. 96 f.; Schlehe 2008).

Schwach strukturierte Leitfaden- und Tiefeninterviews eignen sich zudem, um gesellschaftlich erwünschte Antworten zu vermeiden (Dahinden und Efionayi-Mäder 2009).

Das Leben im Sexgewerbe ist sehr unbeständig. Beatrice beschreibt es so:

> Diese Arbeit ist ein großer Stress (…) Du hast keine Sicherheit für deine Kleider, für deine Tasche. Jeden Tag gehen Mädchen und es kommen neue. Wenn ein Mädchen geht, weiß ich nicht, in welches Land sie gegangen ist, ich werde sie nie mehr finden. Wenn diese meine Tasche mitgenommen hat, werde ich die Tasche nie mehr finden und dies passiert. Deine Freundin nimmt dein Geld, alles, deine Kleider, Schuhe, alles mit. Viele, mit welchen Du zusammenlebst, reisen heute ab und sagen Dir nichts und nehmen alles mit (Beatrice).

Obwohl diese unbeständige Lebenssituation für einen stärker strukturierten Leitfaden sprechen würde, wurde darauf verzichtet. Die Auseinandersetzung mit sensiblen Themenfeldern – unter anderem der Sexarbeit – ließ ein schwaches Vertrauen oftmals wieder verschwinden. Deswegen nahm ich in Kauf, dass nicht alle Themenfelder mit allen Gesprächspartnerinnen gleich intensiv besprochen wurden. Das Führen von unstrukturierten bzw. schwachstrukturierten Interviews erfordert jedoch eine hohe Aufmerksamkeit und Offenheit für Unerwartetes (Bernard 1994). Um damit umzugehen, verwendete ich für die Gesprächsführung lediglich eine Art Interview-Mind-Map mit den relevanten Themenkomplexen und keinen strukturierten Leitfaden (◘ Abb. 8.1).

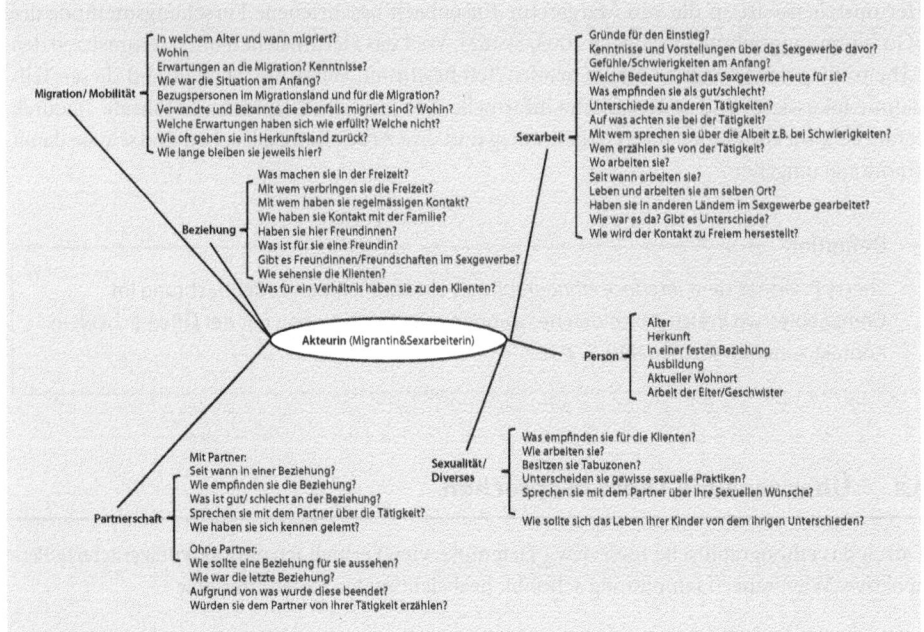

☐ Abb. 8.1   Mind-Map-Interviewfragen

Um eine gute Gesprächsbasis zu schaffen, wurden zu Beginn oftmals »einfachere« Themen wie Migration und Beziehungen angesprochen. Je nach Gesprächsverlauf konnte anschließend auf die Themen Arbeit, Sexualität und Partnerschaft eingegangen werden. Wichtig war mir, am Ende des Interviews mit einem einfacheren Thema die Gesprächssituation abzurunden und die Gesprächspartnerin mit einem für sie eher positiven Gefühl zu verabschieden. Gewisse Themen wurden dadurch nicht immer bereits beim ersten Treffen besprochen.

Ein Problem lag zudem darin, dass einige Frauen zwar zu informellen Gesprächen bereit waren, meine Anfrage für ein formelles Interview aber ablehnten. Dies betraf vor allem Frauen aus afrikanischen Ländern und Frauen mit langjähriger Erfahrung im Sexgewerbe. Durch die Option der fokussierten informellen Gespräche während der Beobachtung auf der Straße und in der Beratungsstelle konnte ich auch mit Frauen sprechen, die nicht an Interviews teilnehmen wollten. Mit neun Frauen wurden im Verlaufe der Forschung mehrere Interviews und Gespräche geführt. Um ein labiles Vertrauen nicht zu beeinträchtigen, wurde nur ein Teil der Interviews aufgezeichnet. Bei einigen Interviews machte ich ausschließlich Jottings (Notizen) und erstellte direkt anschließend ein umfassendes Gesprächsprotokoll. Mit weiteren sechs Frauen – diese zähle ich zum erweiterten Sampling – fanden ausschließlich informelle Gespräche statt. Diese Daten stellten eine wertvolle Ergänzung für die Analyse dar und ermöglichten mir einen breiteren Einblick ins Thema.

» Während den Beobachtungen im Feld wurde aufgrund der für die Frauen relevanten Diskretion auf das Schreiben von Jottings verzichtet – mit Ausnahme einiger Notizen in mein Handy. Denn durch das Notieren wäre ich stark aufgefallen und hätte dadurch nicht nur das Gefühl erweckt, ein Eindringling zu sein, sondern hätte auch den reibungslosen Arbeitsalltag der Frauen behindert. Da dies meine Beziehung zu den Frauen beeinflusste, musste auch in diesem Zusammenhang eine wohlüberlegte Anpassung ans Forschungsfeld stattfinden (Emerson et al. 1995).

8.4 Fazit

Die Wahl von unterschiedlichen Methoden zur Datenerhebung und für den Feldzugang verhalf mir, die Forschung in diesem besonderen Feld im vorhandenen Zeitrahmen durchzuführen. Weiter erlaubten sie mir offen und sensibel auf das Sexgewerbe und die darin agierenden Akteurinnen einzugehen, was meines Erachtens für die Erhebung von fundierten Daten besonders wichtig ist. Die Verwendung der beschriebenen Methoden ermöglichte mir, ein differenziertes und facettenreiches Bild der Sexarbeit und der Situation der Migrantinnen zu erhalten. Die Anpassung der Methoden an das Forschungsfeld beeinflusste aber auch die erhobenen Daten und nicht zuletzt die Resultate. Daher ist es wichtig, bereits während des Forschungsprozesses zu reflektieren, weshalb welche Gesprächsformen gewählt werden und wie diese Wahl die erhaltenen Informationen prägt. Dies betrifft nicht nur die Interviewtechnik, sondern auch die Form des Feldzuganges, durch welche immer auch gewisse Einschränkungen gemacht werden. Diese Erkenntnisse sollten sowohl in die Analyse der Daten miteinbezogen, als auch in der Datendarstellung aufgezeigt und reflektiert werden.

Literatur

Benz, M., & Schwenken H. (2005). Jenseits Von Autonomie Und Kontrolle. Migration Als Eigensinnige Praxis. *PROKLA, 140*(3), 1–17.
Bernard, H. R. (1994). *Research methods in anthropology. qualitative and quantitative approaches*. London: AltaMira.
Bernstein, E. (2010). Bounded authenticity and the commerce of sex. In S. P. Rhacel & E. Boris (Hrsg.), *Intimate labors. Cultures, technologies, and the politics of care* (pp. 148–65). Stanford: Stanford University Press.
Brussa, L. et al. (2009). Sex work in Europe. A mapping of the prostitution scene in 25 European countries. TAMPEP. ▶ http://tampep.eu/documents.asp?section=reports. Zugegriffen: 15. Marz. 2012.
Büschi, E. (2010). *Sexarbeit Und Gewalt. Geschäftsführende Von Studios, Salons Und Kontakt-Bars Über Gewalt Und Gewaltprävention Im Sexgewerbe*. Marburg: Tectum.
Charmaz, K. (2008). Reconstructing Grounded Theory. In P. Alasuutari, L. Bickman & J. Brannen (Hrsg.), *The sage handbook of social research methods* (pp. 461–478). London: SAGE.
Charmaz, K. (2011). *Constructing grounded theory. A practical guide through qualitative analysis*. London: SAGE.
Dahinden, J., & Efionayi-Mäder D. (2009). Challenges and Strategies in Empirical Fieldwork with Asylum Seekers and Migrant Sex Workers. In I. Van Liempt & V. Bilger (Hrsg.), *The ethics of migration research methodology. Dealing with vulnerable immigrants* (pp. 98–117). Eastbourne: Sussex Academic Press.
Emerson, R. M., Fretz R. I., & Shaw L. L. (1995). *Writing ethnographic fieldnotes*. London: University of Chicago Press.

Emirbayer, M., & Mische A. (1998). What is agency? *American Journal of Sociology, 103*(4), 962–1023.
Gobo, G. (2011). Ethnography. In D. Silverman (Hrsg.), *Qualitative research* (pp. 15–34). London: SAGE.
Kusenbach, M. (2003). Street phenomenology. *Ethnography, 4*(3), 455–485.
Liamputtong, P. 2007. *Researching the vulnerable. A guide to sensitive research methods*. London: SAGE.
Lieber, M., Dahinden J., & Hertz E. (2010). *Cachez Ce Travail Que Je Ne Saurais Voir. Ethnographies Du Travail Du Sexe*. Lausanne: Éditions Antipodes.
Ortner, S. B. (2010). Access. Reflections on studying up in hollywood. *Ethnography, 11*(2), 211–33.
Scheper-Hughes, N. (1992). *Death without weeping. The violence of everyday life in Brazil*. London: University of California Press.
Schlehe, J. (2008). Formen qualitativer ethnographischer interviews. In B. Beer (Hrsg.), *Methoden und Techniken der Feldforschung* (pp. 119–142). Berlin: Reimer.
Silverman, D. (2010). *Doing qualitative research*. London: SAGE.

Themen mit eigener Betroffenheit erforschen

Forschungswege mit Herausforderungen

Eva Rutter

9.1 Forschungsfrage und Interesse – 72

9.2 Wahl der Erhebungsmethode – 74

9.3 An der Weggabelung: Drei mögliche Wege der Datenauswertung – 74

9.4 Bei der Auswertung den Überblick behalten – 75

9.5 Fazit und Reflexion – 78

Literatur – 79

9.1 Forschungsfrage und Interesse

Ich habe mich in meiner Master-Arbeit mit der Akademisierung der Logopädie als Beispiel für die Gesundheitsfachberufe in Deutschland beschäftigt. Die Akademisierung der beruflichen Bildung ist in Deutschland ein brisantes politisches Thema, im Vergleich mit anderen europäischen Ländern weist Deutschland eine relativ niedrige Akademikerquote vor (vgl. OECD 2011). In anderen Ländern sind viele Berufe, die in Deutschland im dualen oder berufsschulischen System auf dem mittleren Bildungsniveau ausgebildet werden, auf Bachelor- oder Master-Niveau angesiedelt. Im Laufe der vergangenen Jahre wurde in Deutschland in vielen Berufen, insbesondere im Dienstleistungs- und Gesundheitsbereich, den europäischen Nachbarn nachgezogen. Ich selbst bin ausgebildete Logopädin und habe die Akademisierungsdiskussion schon während meiner Berufsanfängerzeit zunächst hauptsächlich aus der Perspektive der nichtakademischen und manchmal skeptischen Praktiker und Praktikerinnen beobachtet. Nach dem Studium der Berufspädagogik und als akademische Lehrkraft an einer Berufsfachschule verfolge ich die Debatte hauptsächlich aus der Perspektive der Akademikerin und damit auch hauptsächlich Befürworterin. Wegen dieser Veränderung im Berufsbild und der spannenden Diskussion, die hier entstand, habe ich für meine Master-Arbeit das Thema »Die Akademisierung der Gesundheitsfachberufe am Beispiel der Logopädie« ausgesucht. Meine Forschungsfrage lautete: Welche Auswirkung hat die Akademisierung auf die Ausbildung und Arbeit der Logopäden? Ich bin während des Forschungsprozesses mehreren Herausforderungen begegnet, die ich im Folgenden beschreiben möchte.

- **Erste Herausforderung: Daten für eine quantitative Erhebung fehlten**

Ich hätte mir für meine Arbeit zu Beginn zumindest eine teilweise quantitative Auswertung eines großen Datensatzes repräsentativer Daten gewünscht. So hätte ich eventuell deutschlandweite Trends oder Systematiken feststellen können, die für die Akademisierung der Logopädie im Allgemeinen zutreffen. Leider gab es solche Daten nicht und so musste ich eine erste quantitative Auswertung aufgeben. Selbst für eine Eigenerhebung waren kaum Informationen verfügbar, wo eine Erhebung hätte ansetzen müssen; so sind zum Beispiel verlässliche Informationen darüber, wo es überall Studiengänge und Ausbildungsstätten gibt, kaum verfügbar, beziehungsweise es schwanken die Zahlen darüber. Außerdem hätte eine solche quantitative Erhebung den Aufwand für eine Master-Arbeit weit überstiegen.

» Quantitative Daten können eine erste Orientierung geben, aber diese selbst zu erheben, sprengt den Rahmen einer Master-Arbeit.

- **Zweite Herausforderung: Zugang zum Feld**

Die Forschungsfrage begründet sich auch auf meiner »Voreingenommenheit« im Feld als Mitglied der Berufsgruppe, was ich sowohl während der Interviews als auch in der Master-Arbeit ganz offen kommuniziert habe. In meiner beruflichen Tätigkeit und im Austausch mit Kolleginnen und Kollegen habe ich immer wieder festgestellt, dass die möglicherweise bevorstehende Umstellung auf eine rein oder hauptsächlich akademische Ausbildung vor allem Ängste, Unsicherheiten und Befürchtungen hinsichtlich der Frage schürte: Was bringt uns das überhaupt? Gibt es Veränderungen? Arbeiten wir danach anders? Haben nichtakademische

9.1 · Forschungsfrage und Interesse

Personen auch Nachteile? Vorrangig habe ich die eigene Befangenheit als Vorteil erlebt: Zwar habe ich mich als Interviewerin im Feld der Logopädie nicht unbefangen bewegt, woraus eventuell eine Voreingenommenheit oder besondere Perspektive resultieren könnte, aber die Zugehörigkeit zur Berufsgruppe erleichterte den Zugang zu Interviewpersonen. Außerdem konnte ich persönliche Kontakte nutzen. Von Vorteil war die Gruppenzugehörigkeit jedoch nicht immer: Bei der Reflexion des eigenen Interviewerverhaltens wurde mir bewusst, dass bei einem erneuten Interviewdurchgang ein durchaus kritischeres Nachfragen angebracht wäre. Besonders während der ersten Interviews ließ ich die Befragten viel berichten und für ihre eigene Position werben, ohne dies in Frage zu stellen. Hier würde es auch gelten, meine eigene Wertneutralität noch mehr auf den Prüfstand zu stellen. Generell gilt hier für mich, dass ich eine Befangenheit oder Vorerfahrung im Feld auch bei weiterer Forschung wieder genauso offen kommunizieren würde, sie hat mir eher Türen geöffnet als geschlossen. Dennoch gilt es vorsichtig zu sein.

> Von Themen eigener Betroffenheit oder privater Zugehörigkeit muss nicht sofort abgesehen werden. Ratsam ist es aber auf jeden Fall, diese Zugehörigkeit gut zu reflektieren und die Befangenheit offen zu kommunizieren.

- **Dritte Herausforderung: Politische Ansichten in der Literatur**

Die Literatur, die ich zum Forschungsstand zusammentrug und die nicht die Akademisierung der beruflichen Ausbildung (hier besteht meist ein Fokus auf europäischen Förderprogrammen oder dem dualen Ausbildungssystem) betraf, sondern im Speziellen die Akademisierung der Logopädie, wies fast durchweg folgendes Problem auf: Die Veröffentlichungen des Berufsverbandes, die vorrangig verwendet wurden, weil sie die einzigen Veröffentlichungen zum Thema darstellen, sind für die Interpretation als Stand der Forschung kritisch zu betrachten. Sie spiegeln unter Umständen eine spezifische Sicht mit politischen Intentionen wider und legen weniger den Fokus auf eine rein wissenschaftliche wertneutrale Perspektive. Insbesondere Äußerungen von Funktionsträgern haben einen berufspolitischen Aspekt, der schwierig vom wissenschaftlichen Gehalt eines Beitrags zu trennen ist. Da es aber für die Logopädie im Speziellen kaum andere Veröffentlichungen zu diesem wissenschaftlichen »Metathema« der Akademisierung der Logopädie gibt, wurden diese Arbeiten dennoch für die Master-Arbeit zum Stand der Forschung gehörend dargelegt. Dennoch muss aber eine Klarheit darüber herrschen, dass diese Veröffentlichungen im strengen Sinne als zusätzliches Datenmaterial (also Äußerungen von Beteiligten des erforschten Feldes) zu betrachten sind. Ich hatte nun aber die Herausforderung, dass meine Literatur zumindest teilweise nicht dem wissenschaftlichen Gütekriterium der Objektivität standhielt. Dies führte mich direkt weiter zur Wahl meiner Methode der Datenerhebung, die sich daraus ergab.

Tipp

Jede Literatur ist interessant, aber ihre Herkunft und Perspektive muss immer reflektiert werden.

9.2 Wahl der Erhebungsmethode

Aufgrund der Probleme mit nichtwissenschaftlicher Literatur schienen Experten- und Expertinneninterviews eine probate Methode. Ich selbst bin Expertin auf dem Gebiet der Logopädie und kann somit leicht ein Gespräch auf Augenhöhe führen, was für ein Experten- und Expertinneninterview notwendig ist (Pfadenhauer 2007). Dies war sowohl bei den akademischen als auch nichtakademischen Vertretern und Vertreterinnen durch meine bisherige Berufsbiografie möglich. Fachbegriffe, Methoden und spezifische Gegebenheiten sowohl der Ausbildung, des Studiums als auch der praktischen Ausübung im Berufsfeld mussten innerhalb des Gesprächs nicht erläutert werden. Meine Fachkenntnis war auch bei der späteren Auswertung mit der Grounded Theory von Vorteil, denn durch meine Gruppenzugehörigkeit konnte ich mich in besonderer Tiefe des anekdotischen Vergleichs bedienen. »Auf der Grundlage seiner eigenen Erfahrung, seiner Allgemeinbildung oder Lektüre oder aufgrund der Geschichten anderer kann der Soziologe zu Daten über andere Gruppen gelangen, die nützliche Vergleiche gestatten« (Glaser et al. 2010, S. 82).

9.3 An der Weggabelung: Drei mögliche Wege der Datenauswertung

Aufgrund der Datenlage boten sich mir im Grunde drei mögliche Vorgehensweisen: a) eine Inhaltsanalyse von Experteninterviews, b) eine Formulierung von Theorien mittlerer Reichweite nach der Grounded Theory anhand von Experteninterviews oder c) eine Diskursanalyse der (berufs-)politisch motivierten Literatur. Aufgrund zweier »strategischer« Vorgehensweisen fiel es mir am Ende leicht, die für mich richtige Methode zu wählen. Sicher wären auch die anderen beiden Analysemethoden nicht weniger vielversprechend, und zurzeit erwäge ich eine Diskursanalyse zur weiteren Bearbeitung des Themas.

Während des Forschungsprozesses bin ich immer wieder zu meiner Forschungsfrage zurückgekehrt. Am Anfang hat mich dazu mein methodischer Betreuer angeleitet (sein Eingangssatz in Besprechungen war grundsätzlich »Schreib erst nochmal Deine Forschungsfrage auf das Whiteboard, damit wir wissen, wo der Fokus liegt«), auch zum regelrechten »Auseinandernehmen« und kritischen Hinterfragen einer Forschungsfrage hat er mich strukturiert angeleitet. Ich kam also bei meiner Methodenentscheidung immer wieder an den Punkt, wo ich mich fragen musste: Und was bringt mir das jetzt für meine Forschungsfrage? Bekomme ich damit die Antworten, die ich erwarte?

> **Tipp**
>
> Kehre immer wieder zur Forschungsfrage zurück!

So verlor ich mich nicht in der Menge meiner Daten. Insbesondere beim Codieren war dies wichtig. In den Interviews tauchten viele weitere Themen auf, die auch spannend waren, aber nicht zur Beantwortung meiner Forschungsfrage beitrugen. Nach neun explorativen Experteninterviews war die Datenmenge so umfänglich, dass ich manchmal den Durchblick zu verlieren drohte. Es ist deshalb sehr hilfreich, seine Forschungsfrage möglichst früh klar und unmissverständlich zu formulieren. Alle weiteren Schritte werden dann immer wieder mit der Forschungsfrage abgeglichen. Es kann dann unter Umständen auch notwendig sein, die Forschungsfrage abzuändern.

Seitdem ich mein Thema gefunden hatte, habe ich konsequent ein Forschungstagebuch geführt. Das fand ich zugegebenermaßen zu Beginn unnötig und mein erster Gedanke war: Das lass ich weg, was soll ich denn da reinschreiben? Heute bin ich froh, dass ich das Forschungstagebuch konsequent geführt habe. Es lag griffbereit auf dem Schreibtisch, war an der Uni in Besprechungen und bei den Experten- und Expertinneninterviews dabei. Während den Interviewreisen wurde es mit sehr viel Inhalt gefüllt; Zugfahrten von einem zum nächsten Interview bieten sich sehr gut für so etwas an. Notiert habe ich mir hier alles, was mir zu meinem Thema durch den Kopf ging, wenn ich mich mit jemandem unterhielt, der oder die einen interessanten neuen Gedanken beisteuerte. Auch direkt nach den Interviews habe ich stets alle meine Eindrücke und Gefühle dort festgehalten und die Essenz meiner Besprechungen mit den Betreuern notiert.

> **Tipp**
>
> Führe ein Forschungstagebuch!

Gerade, als es darum ging, welche Erhebungs- und später auch Auswertungsmethode ich wähle, ging ich nochmal an den Beginn meines Forschungstagebuchs und überlegte mir mithilfe meiner Forschungsfrage, was mich denn motiviert hatte zu meinem Thema und was ich genau wissen will. Dabei wurde mir klar, dass ich wenig Interesse daran habe: a) Was genau inhaltlich die Befragten sagen (was für eine Inhaltsanalyse sprechen würde), b) Wie die Parteien sich politisch und öffentlichkeitswirksam positionieren (was für eine Diskursanalyse sprechen würde), sondern c) Wie es zum derzeitigen Status Quo der Akademisierung kommt und welche Mechanismen daran beteiligt sind. Dazu interessierten mich die O-Töne der Beteiligten wie die Originalaussagen der Interviews und nicht (politisierte) Aussagen aus der Literatur. Basierend auf diesen Originalaussagen konnte ich tiefgreifendere Nachfragen zu stellen. Ich wollte wissen, wie es zu dieser Situation gekommen ist und nicht wie sich die Lage aus Sicht der einzelnen Befragten darstellt. Das war ein Vorschritt zur explorativen Studie. Um wirklich auch die mich interessierenden Mechanismen und vielleicht »dunklen Ecken« zu entdecken, musste ich »vor Ort zwischen den Bettlaken schnüffeln«.

> **Tipp**
>
> Tipp: Ein Forschungstagebuch hilft beim Strukturieren der Gedanken und Motivationen zu Beginn des Forschungsprozesses.

9.4 Bei der Auswertung den Überblick behalten

In diesem Abschnitt beschreibe ich, wie ich bei der Auswertung mit meiner gewählten Auswertungsmethode vorgegangen bin, versuchte, den roten Faden dabei nicht zu verlieren oder wenn ich ihn verloren hatte, wie ich ihn wieder zu finden versuchte.

> **Tipp**
>
> Schreibe Memos! Es bietet sich an, alle Zusammenhänge, die sich einem während des Interviewens oder Codierens auftun, in kommentierten Memos niederzuschreiben.

Während des Codierens der Interviews schrieb ich Theoriememos wie es Glaser und Strauss (2010) in ihrer Theorie auch skizzieren. Auch wenn mir in der Recherchephase oder nach Interviews bereits ein Zusammenhang oder eine besondere Beobachtung auffielen, die über das Gesagte hinausgingen oder erste Zusammenhänge oder Theoriebildung ermöglichten, habe ich hierzu einzelne Memos geschrieben. Das geht sehr bequem mit der Software MAXQDA. Man kann aber auch diesen Schritt ins Forschungstagebuch integrieren. Irgendwann sollte man jedoch den Schritt weg vom Forschungstagebuch wagen. Ich habe das im Rückblick gesehen zu spät getan und musste mich dann bei der Auswertung neben den Interviewtranskripten auch noch durch einen regelrechten Klebe- und Notizzettelberg arbeiten, von dem ich immer Angst hatte, dass etwas verlorengegangen war. Die Theoriememos in der Software kann man dagegen bequem einsehen, sortieren und auch schon mit Textstellen verknüpfen. So konnte ich in meiner Auswertung meine Theoriememos immer mit passenden Interviewzitaten belegen.

> **Tipp**
>
> Es lohnt sich parallel zum Forschungstagebuch mit Software zu arbeiten und Gedanken und Memos gut zu sortieren.

- **Wie es weiterging**

In diesem Abschnitt werde ich, im Gegensatz zu den vorangegangenen Abschnitten, nicht schwerpunktmäßig Fallstricke und methodische Vorgehensweisen in Form von Tipps beschreiben. Vielmehr werde ich umreißen, wie es aufgrund der zuvor geschilderten Vorgehensweise und der gewählten Methode der Grounded Theory zu einem »Happy End« kam und meine Arbeit trotz eigener Betroffenheit und Einschränkungen in der Datenqualität und -quantität zu einem respektablen wissenschaftlichen Ergebnis führte.

Nach der Transkription, Codierung mit MAXQDA und dem Anlegen erster Theoriememos isolierte ich als weiteren Schritt »weg von den Daten und hin zur Theorie« eine Kernkategorie, um die alle Interviewten nicht nur inhaltlich in den Einzelinterviews, sondern auch alle Interviews in meinem Eindruck kreisten. Diese Kernkategorie war bei meinem Thema der Dualismus zwischen positiven und negativen Statements zur Akademisierung. Ich nannte diese Kernkategorie »Positionen zu Wandel und Stabilität«, da Wandel (Akademisierung) und Stabilität (das bisher verfolgte Modell der Ausbildung und Arbeit) für alle Akteure und Akteurinnen relevante Themen darstellten. Die Positionierungen teilten sich für beide Merkmale, also »Wandel« und »Stabilität« in positive und negative Positionierungen auf, sodass sie deshalb mit den Labels »Lob der Stabilität«, »Kritik der Stabilität«, »Lob des Wandels« und »Kritik des Wandels« belegt wurden.

Das entwickelte Kategoriensystem spiegelte damit die in den Daten und beim Codieren aufgefallene Ambivalenz und Unstrukturiertheit wider. In einer grafischen Darstellung ergab sich folgendes Bild (vgl. ◘ Abb. 9.1). Die Unterpunkte in den einzelnen Kategorien sind Beispiele für *In-vivo*-Codes aus Interviews, die diesen Positionierungen zugeordnet wurden. Diese

9.4 · Bei der Auswertung den Überblick behalten

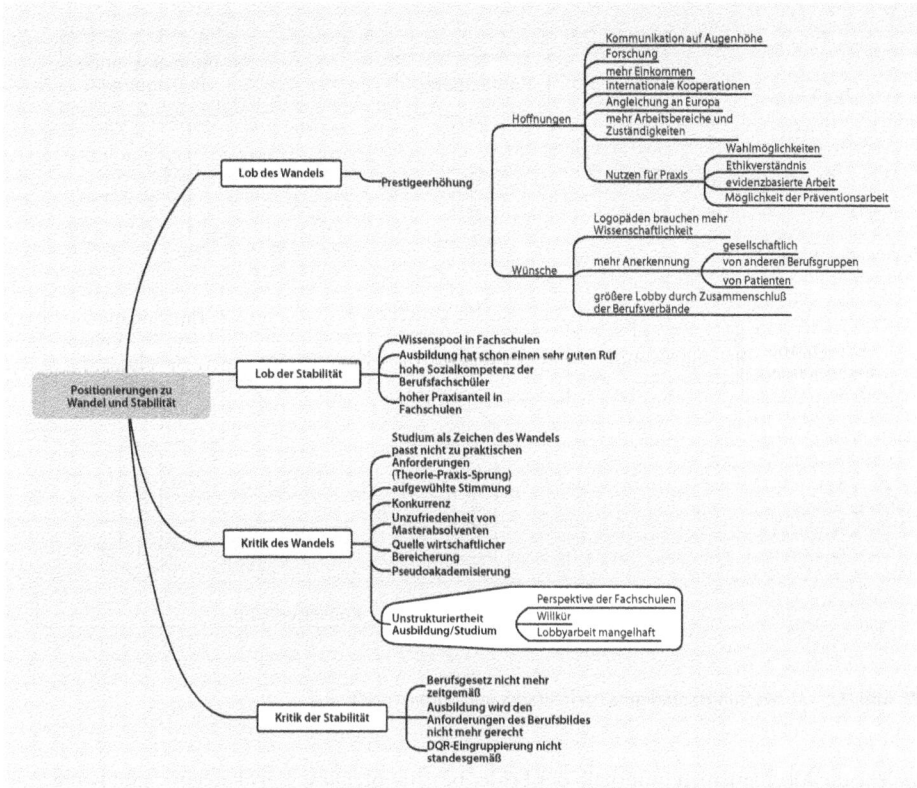

Abb. 9.1 Aufgliederung der Kernkategorie in einer Mindmap

Abbildung wurde mit der Software MindManager erstellt, die es ermöglicht, Zusammenhänge in visuellen Mindmaps darzustellen.

Im Kategoriensystem in ■ Abb. 9.1 konnten nicht alle codierten Zitate in ein System eingeordnet werden, da die Zuordnung zu »Lob« und »Kritik« nur das Kernthema, aber nicht alle damit in Erscheinung tretenden Phänomene und Ursachen erfasst. Beispielsweise konnten die unterschiedlichen Akademisierungsszenarien sowie die beschriebenen Akteure in diesem Schema nicht untergebracht werden.

Somit wurde auch direkt die theoretische Unzulänglichkeit eines nur inhaltlich fokussierten Kategorienschemas demonstriert. Die Notwendigkeit einer weitreichenderen Theorie blieb. Die Unstrukturiertheit und Zersplitterung sollte deshalb mit in die Auswertung aufgenommen werden. Die grafische Eingliederung offenbarte jedoch das Problem, dass die Unstrukturiertheit zwar einen für sich isolierten Punkt darstellt, da sie zusätzlich aufgegriffen und erwähnt wurde, vor allem auch in den *In-vivo*-Codes der Kritiklabels vorkommt. Deshalb wurde eine Zwischenposition zwischen den Kritiklabels eingefügt, da die Unstrukturiertheit und Zersplitterung hier am passendsten erschien. Der Fokus lag danach auf den Mechanismen, die ich mithilfe von Theorien mittlerer Reichweite aufzudecken versuchte. Schwer fiel mir bei der Auswertung hier, wie man den »Schritt auf die nächste Ebene« schafft, also sich von einer Inhaltsanalyse abgrenzt. Hier hat es mir zunächst sehr geholfen, die Kernkategorie zu finden,

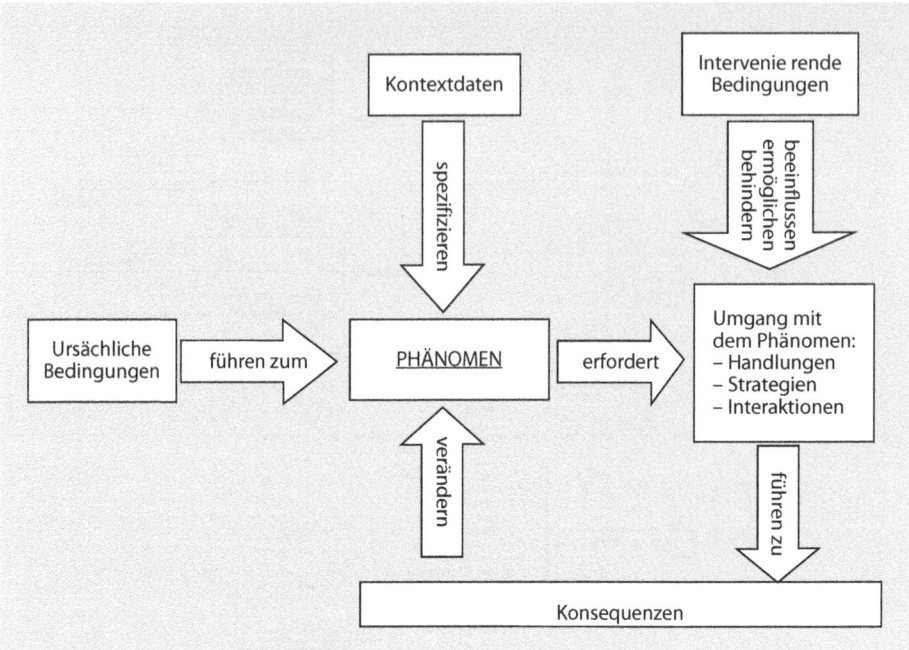

◘ **Abb. 9.2** Auswertungsparadigma nach Strauss und Corbin (1996)

welche die Mechanismen innerhalb des Feldes beschreibt. Diese Kernkategorie gibt keine Frage aus dem Interviewkatalog wieder. Durch die Theoriememos und das Auswertungsschema (vgl. ◘ Abb. 9.2) nach Strauss und Corbin (1996) gelang schließlich der Schritt zur Theorie der mittleren Reichweite.

9.5 Fazit und Reflexion

Die Grundlagenliteratur zur Grounded Theory bot mir einen Einstieg in das Forschungsfeld. Die größte Herausforderung für mich war, nicht auf der oberflächlichen Ebene einer Inhaltsanalyse zu bleiben, sondern die »Selbstdarstellung« der eigenen Rolle der Akteure in die Auswertung einzubeziehen. Ich kann nur jedem Studenten und jeder Studentin empfehlen, ein Forschungstagebuch zu führen, ob dies jetzt in einer Datei oder auf Papier geschieht, hat jede/r selbst zu entscheiden. Ich fand die »*paper/pencil*«-Variante für mich am praktikabelsten, weil ich so überall notieren konnte. Auch wenn es anfangs etwas komisch angemutet hat, habe ich die Aufzeichnungen darin schnell zu schätzen gelernt: Nach einer Weile hätte ich Einzelnes nicht mehr genau rekonstruieren können, und insbesondere die »ganz frischen« Eindrücke nach den Interviews waren sehr wertvoll.

Da sich mein Forschungsthema in einem Gebiet bewegt, das größtenteils unerforscht ist und sich ein hochpolitischer, teilweise aufgeregter Diskurs zwischen den beteiligten Gruppen im Feld auftat, war es zunächst nicht einfach, die richtige Methode für meine Fragestellung zu finden. Zunächst erschien aufgrund der erhitzten Diskussion im Forschungsfeld eine Diskursanalyse geeignet, in der ich anhand der meist berufspolitischen Veröffentlichungen den

Diskurs und die einzelnen Positionen herausgearbeitet hätte. In der vorbereitenden Recherche bemerkte ich aber schnell, dass mich das für die Beantwortung meiner Forschungsfrage nicht zufrieden stellen würde. Vielmehr wollte ich hinter diese Veröffentlichungen schauen und den bestehenden Konflikt auf der Grundlage von Experteninterviews untersuchen. Mit diesem Ziel kam dann aber für die Auswertung auch eine klassische Inhaltsanalyse nicht mehr infrage, da diese es nur schwer ermöglicht, Polarisierungen und Widersprüchlichkeiten oder auch gemeinsame Themen herauszuarbeiten. Mittels explorativer Experteninterviews und der Grounded Theory als Auswertungsmethode fokussierte ich die Auswirkungen der Umstellung auf akademische Ausbildung auf konkrete Akteure im Feld. Nach Entwicklung eines Interviewleitfadens, Transkription und Codierung der Interviews lag der Schwerpunkt auf der Auswertung nach der Grounded Theory und Erstellung einer »Theorie mittlerer Reichweite«. Konkret habe ich mittels des Auswertungsparadigmas nach Strauss und Corbin (1996) eine Theorie über die bestehenden Konfliktlinien zwischen den Akteursgruppen entwickelt. Meine Arbeit liefert in Form einer explorativen Studie Übertragungsmöglichkeiten auf das Forschungsfeld der Akademisierung.

Literatur

Glaser, B. G., & Strauss, A. (2010). *Grounded theory. Strategien qualitativer Forschung* (3. Aufl.). Bern: Hans Huber.
OECD. (2011). *Bildung auf einen Blick: OECD-Indikatoren*. Bielefeld: wbv Verlag.
Pfadenhauer, M. (2007). Das Experteninterview. Ein Gespräch auf gleicher Augenhöhe. In R. Buber & H. Holzmüller (Hrsg.), *Qualitative Marktforschung. Konzepte – Methoden – Analysen* (S. 449–461). Wiesbaden: Gabler.
Strauss, A., & Corbin, J. M. (1996). *Grounded Theory: Grundlagen qualitativer Sozialforschung*. Weinheim: Beltz.

Stigma: Positiv

Forschen in einem gesellschaftlich tabuisierten Untersuchungsfeld

Henriette Lier

10.1 Fehlende biografieanalytische Studien als Forschungsmotivation – 82

10.2 Feldzugang zu einer »sensiblen« Thematik – 83

10.3 Biografisch-narrative Interviews: Erhebungsmethodik – 84

10.4 Biografische Fallrekonstruktion: Auswertungsmethodik – 85

10.5 Ergebnisse der Arbeit – 86

10.6 Fazit – 87

Literatur – 87

10.1 Fehlende biografieanalytische Studien als Forschungsmotivation

In meiner Master-Arbeit »Stigma: Positiv – Lebensgeschichten homosexueller Männer mit HIV/AIDS« befasste ich mich mit den biografischen Verläufen von HIV-positiven oder an AIDS erkrankten Menschen. Das Interesse an dem gesundheitssoziologischen Thema entwickelte sich maßgeblich durch zwei Komponenten. Zum einen habe ich mich während meines Soziologiestudiums mehrfach mit der Situation HIV-positiver oder an AIDS erkrankter Menschen im subsaharischen Afrika, deren Gesundheits- und Krankheitskonzepten, der medizinischen Versorgung und Behandlungsmöglichkeiten sowie der Präventionsarbeit beschäftigt. Zum anderen nahm ich in meinem Alltag war, dass es in den letzten Jahren zu einem Strategiewechsel respektive zu einer konzeptuellen Veränderung der Maßnahmen der deutschen AIDS-Hilfe gekommen ist, die sich zunehmend abwendet von der rein präventiven Arbeit, hin zu Kampagnen, die Menschen mit HIV/AIDS in Alltagssituationen zeigen, um beispielsweise für Solidarität und Akzeptanz zu werben.[1]

Innerhalb des sozialwissenschaftlichen Diskurses wird AIDS als eine »soziale Infektion« (Bleibtreu-Ehrenberg 1989, S. 65) globalen Ausmaßes begriffen. Auch deshalb sind sozialwissenschaftliche Studien rund um die Thematik im internationalen Raum kaum überschaubar. Häufig betreffen die Untersuchungen Länder und regionale Kontexte, in denen die Infektionsraten im weltweiten Vergleich am höchsten sind, der Zugang zu medizinischen Behandlungsmöglichkeiten und Grundnahrungsmitteln gering ist und die Zahlen verwaister Kinder zunehmen. So zählt zu den sozialwissenschaftlichen Forschungsgebieten beinahe der gesamte subsaharische, aber in den letzten beiden Dekaden zählen dazu auch zunehmend Länder im südostasiatischen Raum. Diese Ausgangslage und der Eindruck, dass bis auf epidemiologische Daten in der Bundesrepublik Deutschland wenig sozialwissenschaftliche Literatur zur Lebenslage von Menschen mit HIV/AIDS vorzufinden sind, führten mich zu den vorläufigen Fragen[2]: Wie ist der Umgang der Personen mit der Krankheit HIV und AIDS? Welchen Stellenwert nimmt die Infektion im Alltag der Personen ein? Wie gestaltet sich grundsätzlich der Alltag eines Menschen mit HIV oder AIDS in der Bundesrepublik? Was erleben die »betroffenen« Personen in unterschiedlichen Lebensbereichen wie beispielsweise im Arbeitsleben oder im Gesundheitsbereich?

Besonders von Interesse waren dabei für mich die gesellschaftlich herangetragenen Zuschreibungen, etwaige Diskriminierungserfahrungen und die damit in Zusammenhang stehenden Handlungs- und Bewältigungsstrategien der Personen, aber auch welche Ressourcen stehen ihnen bei der Bewältigung sowohl der Verarbeitung der Infektion als auch der potenziellen Diskriminierung zur Verfügung. Dabei war mein ursprüngliches Forschungsvorhaben zu Beginn der Master-Arbeit zunächst darauf ausgelegt, die genannten Zuschreibungsprozesse im Geschlechtervergleich anzuschauen, also zu erfragen, ob sich Diskriminierungserfahrungen nach Geschlecht oder eventuell aufgrund der Infektionswege voneinander unterscheiden. Dieses Vorhaben sollte sich so jedoch nicht wie geplant realisieren lassen, was ich im Folgenden näher ausführen werde.

---

1 Wie beispielsweise die Anzeigenkampagne (2012) der deutsche Aidshilfe und der BZgA: Ich habe HIV. Und den Respekt meiner Kollegen.
2 Gemäß des offenen Forschungsvorgehens, welches ich für die Arbeit wählte, bin ich dem Forschungsfeld zunächst nur mit dem vagen Forschungsinteresse des biografischen Verlaufs von Menschen mit HIV/AIDS begegnet. Erst im Laufe der Empirie entwickelten sich meine Forschungsfragen.

10.2 Feldzugang zu einer »sensiblen« Thematik

Dass es sich bei HIV und AIDS auch über 30 Jahre nach der ersten bekannten HIV-Infektion in Deutschland immer noch um eine sensible Thematik handelt beziehungsweise gesellschaftlich zu einer sensiblen oder tabuisierten Thematik gemacht wird, zeigt auch die Tatsache, dass sich der Feldzugang als schwer und langwierig erwies und sich nur wenige Menschen – in diesem Fall Männer – zu einem Interview bereit erklärt haben. Das ursprüngliche Vorhaben, sowohl Männer als auch Frauen, die sich über unterschiedliche Infektionswege mit dem Immunschwächevirus infiziert haben, in das Sample aufzunehmen, musste ich ebenso modifizieren wie mein zunächst formuliertes Forschungsinteresse. Der Versuch einer Kontaktaufnahme zu möglichen Interviewpartnern und Interviewpartnerinnen erfolgte über mehrere regionale AIDS-Hilfen und Selbsthilfegruppen, die sich auf drei Bundesländer verteilten. Nur eine der AIDS-Hilfen erklärte sich bereit, mein Forschungsvorhaben näher kennenzulernen und mich eventuell bei der Suche nach Interviewpartnern und Interviewpartnerinnen zu unterstützen. Nach einem Gespräch mit einer Mitarbeiterin dieser AIDS-Hilfe wurde deutlich, wie schwer es werden würde, Personen für ein Interview zu gewinnen, vor allem was Frauen mit HIV/AIDS betrifft[3], da sie – so scheint es – die existierenden institutionellen Hilfsangebote weniger nutzen als Männer.

Obwohl ich allen Personen Anonymisierung, die weit über die Veränderung des Namens hinausgeht, zusicherte, konnte ich zunächst nur einen Mann für ein Interview gewinnen. Der Kontakt verlief dabei im Wesentlichen über die Mitarbeiterin der AIDS-Hilfe. Erst ein Jahr später konnte ich ein zweites Interview führen, drei Monate darauf ein weiteres. Neben dem kontinuierlichen Versuch über andere Netzwerke, medizinische Beratungseinrichtungen und Selbsthilfegruppen Interviewpartner und Interviewpartnerinnen zu gewinnen, versuchte ich auch meine bisherigen Interviewpartner als Gatekeeper zu nutzen. Allerdings scheiterte dieser Versuch. Dabei formulierten alle Interviewpartner eine ähnliche Argumentationsstruktur: Keine Person möchte wirklich über »das Thema« sprechen. Mein Forschungsinteresse sei zu sensibel und ich solle mir vorstellen, dass es immer noch Menschen gibt, die versuchen, sich unentdeckt in die AIDS-Hilfe zu begeben, um von niemandem erkannt zu werden. Dabei führten alle interviewten Personen besonders die Angst vor einer beruflichen Diskreditierung bis hin zur Sorge eines drohenden Jobverlusts an, wenn öffentlich würde, dass die Personen mit der Immunschwächekrankheit leben.

In anderthalb Jahren, in denen ich neben der Auswertung des ersten Falls gemäß dem *theoretical sampling* (Glaser und Strauss 1976, S. 61) nach weiteren Interviewpartnern und Interviewpartnerinnen gesucht habe, konnte ich insgesamt folglich nur drei Personen interviewen. Alle drei Gesprächspartner waren Männer, die sich über homosexuellen Geschlechtsverkehr mit dem HI-Virus infiziert haben und heute mehr oder weniger offen (aber nicht in allen Lebensbereichen) zu ihrer Infektion stehen. Damit war klar, dass ich mein eingangs beschriebenes ursprüngliches Forschungsinteresse, Männer und Frauen in das Sample aufzunehmen, nicht mehr umsetzen konnte und nach dem Prinzip der Offenheit (Hoffmann-Riem 1980) im qualitativen Forschungsprozess modifizieren musste.

---

3   Eine der Ausnahmen bildet die durch Hella von Unger (1999) im Rahmen ihrer Diplomarbeit durchgeführte biografische Untersuchung: Versteckspiel mit dem Virus. Aus dem Leben HIV-positiver Frauen. Deutsche AIDS-Hilfe: AIDS-Forum DAH Band 38.

10.3 Biografisch-narrative Interviews: Erhebungsmethodik

Ich entschied mich aus den im weiteren Verlauf kurz dargestellten Gründen für den interpretativen Forschungsansatz der soziologischen Biografieforschung. Den ersten theoretischen Bezugspunkt in der Master-Arbeit bildete konsequenterweise die Biografietheorie, die in sozialkonstruktivistischer und wissenssoziologischer Tradition von einem handelnden Subjekt ausgeht (Schütz 1971; Berger und Luckmann 1969) und die Hervorbringung gesellschaftlicher Phänomene untersucht. Die soziologische Biografieforschung, die auf lebensgeschichtliche Texte rekurriert, versteht die Biografie als soziales Konstrukt, welches sich in einem dialektischen Verhältnis aus lebensgeschichtlichen Erlebnissen und Erfahrungen und den gesellschaftlich gegebenen Strukturen konstituiert (Rosenthal 1995, S. 12; Fischer-Rosenthal und Rosenthal 1997, S. 411 f.). Zentraler Anspruch ist es dabei, die Wechselwirkungen zwischen gesellschaftlichen Deutungsmustern und deren individueller Reproduktion und/oder Transformation zu rekonstruieren, um soziale und psychische Phänomene verstehen und erklären zu können. Dabei ist es allerdings notwendig, sowohl die Perspektive der handelnden Personen als auch die Handlungsabläufe und die Erfahrungsgeschichte selbst kennenzulernen.

Dieser Voraussetzung folgend bildeten biografisch-narrative Interviews die empirische Grundlage meiner Master-Arbeit. Die von Fritz Schütze (1976) begründete und von Gabriele Rosenthal (1995, 2011) weiterentwickelte Interviewform schafft es, den in der interpretativen Sozialforschung bestehenden Prinzipien der Offenheit und Kommunikation (Hoffmann-Riem 1980) gerecht zu werden. Das biografisch-narrative Interview basiert auf dem Gedanken, mit einer Eingangsfrage eine lebensgeschichtliche Erzählung zu evozieren und den interviewten Personen damit Raum zur Gestaltung ihrer »Geschichte« nach eigener Relevanzsetzung zu geben. Die Erzählung der Lebensgeschichte erfolgt ohne Unterbrechung seitens der Interviewerin. Im darauffolgenden internen Nachfrageteil, orientiert sich die Interviewerin an den von den Befragten eingebrachten Themen. Das bedeutet folglich, dass sowohl bei der Erhebung als auch - wie im weiteren Verlauf ersichtlich wird - bei der Auswertung zunächst nicht auf die spezifischen Interessen und Vorannahmen der Forscherin rekurriert, sondern an die Relevanzen des Forschungssubjekts angeschlossen wird. Konkreter meint dies, bezogen auf mein Forschungsinteresse, dass beispielsweise Diskriminierungserfahrungen im Leben von Menschen mit HIV oder AIDS gar keine Bedeutung haben könnten. Fragen wir nach der gesamten Lebensgeschichte von Menschen mit HIV oder AIDS, so können spezifische Handlungen der Gesprächspartner und Gesprächspartnerinnen und ihre gegenwärtige Lebenssituation nachvollzogen und erklärt werden, da diese von den subjektiven Erfahrungen der Befragten abhängig sind.

Des Weiteren erhalten die Personen beim biografisch-narrativen Interview Raum zur Erzählung anderer biografischer Stränge. Diese Erzählungen können auch verdeutlichen, welchen Stellenwert die Krankheit im Alltag der Menschen einnimmt, an welchen Stellen sie HIV mit anderen biografischen Strängen verknüpfen (Rosenthal 2011; S. 159f.) oder ob die Krankheit eventuell gar nicht thematisiert wird und damit aber auch auf einen spezifischen Umgang mit der Erkrankung verweist. Im externen Nachfrageteil haben die Interviewenden dann die Möglichkeit, noch nach anderen Themenbereichen zu fragen, die von der interviewten Person eventuell nicht aufgegriffen wurden, für das eigene Forschungsinteresse aber von Relevanz sind (ebd., S. 162).

Das bedeutet zusammenfassend: Um das Erleben von Menschen mit einer HIV-Infektion oder einer AIDS-Erkrankung rekonstruieren zu können und um damit keine Ergebnisse über, sondern mit den Biografen und Biografinnen zu erzielen, wählte ich biografisch-narrative Interviews. Ich entschied mich auch für das Erfragen der Lebensgeschichte, um die Interviewpartner und -partnerinnen nicht allein auf ihre Erkrankung zu reduzieren, weil ich nicht Teil der sie diskriminierenden und auf die Erkrankung reduzierenden Mehrheitsgesellschaft sein wollte. Diese Befürchtung hatte ich bei anderen Erhebungsformen, die eher darauf abzielen, nur die Forschungsfragen und theoretischen Vorannahmen der Sozialwissenschaftler und Sozialwissenschaftlerinnen abzufragen.

In den biografisch-narrativen Interviews selbst war es spannend, dass es kaum Themen gab, die die interviewten Personen nicht von sich aus problematisierten. So stellten sie mir ihre Familien- und Lebensgeschichte vor, welchen Verlauf ihr Leben vor der Infektion genommen hat und welchen danach (wobei es zum Teil keinen biografischen Bruch gegeben hat). Auch die Erzählungen über ihre Sexualität, über die Infektion selbst und damit zum Teil die einhergehenden sich verändernden Familien- und Beziehungskonstellationen wurden von den interviewten Personen selbst in das Gespräch eingebracht. Vor Beginn der Erhebungsphase hatte ich die Befürchtung, dass Sexualität und die konkrete Infektion in den Interviews nicht zum Gegenstand gemacht werden. Ich hatte die Annahme, dass der moralisch aufgeladene Diskurs um HIV/AIDS und die gesellschaftlich scheinbar einfach zu beantwortende Frage der »Schuld« an der Infektion, die Interviewpartner und -partnerinnen daran hindern, offen über Sexualität und die Erkrankung zu sprechen. Vermutlich auch aufgrund der offenen Interviewform erwiesen sich diese Annahmen aber als unzutreffend.

Es soll hier aber auch nicht unterschlagen werden, dass die Offenheit der interviewten Personen auch damit einherging, dass die Erzählungen über die zum Teil schweren Krankheitsverläufe, den Tod von Freunden und Partnern an der Infektionskrankheit und den sich bisweilen verschlechternden Beziehungen zu Familienmitgliedern mich selbst sehr belastet haben. Mir halfen supervisorische Gespräche in meiner Auswertungsgruppe und mit meinen Betreuerinnen, mich von den teilweise traumatischen Erfahrungen meiner Forschungssubjekte zu distanzieren.[4]

10.4 Biografische Fallrekonstruktion: Auswertungsmethodik

Ich entschied mich zur Auswertung der ausführlichen Interviews für die Auswertungsmethodik der biografischen Fallrekonstruktion nach Gabriele Rosenthal (2011, S. 186 ff.). Nicht nur weil biografische Fallrekonstruktionen eine konsequente Einhaltung der Prinzipien der interpretativen Sozialforschung beinhalten, sondern das abduktiv-sequenzielle Auswertungsverfahren einen Einblick in die Genese und sequenzielle Gestalt der Lebensgeschichte sowie in die Rekonstruktion von Handlungsabläufen in der Vergangenheit ermöglicht. Das sechsschrittige rekonstruktive Auswertungsverfahren ist dem Anliegen geschuldet, in analytisch voneinander getrennten Auswertungsschritten sowohl die Gegenwartsperspektive als auch die Perspektiven der Handelnden in der Vergangenheit zu rekonstruieren, ohne dabei die eigenen Forschungsfragen anzulegen.

Bei der Rekonstruktion der erlebten Lebensgeschichte wird der Annahme gefolgt, dass erst die Analyse der gesamten Lebensgeschichte die Möglichkeit beinhaltet, Bearbeitungs- und

---

4 Zum Konzept der Sekundären Traumatisierung bei Forscher und Forscherinnen siehe: Stamm, Beth Hudnall. Hrsg. 2002. Sekundäre Traumastörungen. Wie Kliniker, Forscher und Erzieher sich vor traumatischen Auswirkungen ihrer Arbeit schützen können. Paderborn: Junfermann.

Handlungsmuster auch in ihrer Genese sichtbar zu machen und nicht nur die Selbstbeschreibung in der Gegenwart abbildet (ebd., S. 177 f.). Erst im letzten Schritt der Rekonstruktion werden die Forschungsfragen für die theoretische Verallgemeinerung und die Typenbildung mit eingeholt. Ausgehend vom dialektischen Verhältnis von Individuellem und Allgemeinem können die gewonnenen Ergebnisse aus den Fallrekonstruktionen verallgemeinert werden. Dabei wird nicht gemäß der Häufigkeit des Auftretens eines sozialen Phänomens auf das Allgemeine geschlossen, sondern auf die von dem Einzelfall abgehobenen, das Phänomen hervorbringenden Momente (ebd., S. 73; Lewin 1927, S. 15 ff.). Bezogen auf mein hiesiges Forschungsinteresse meint dies auch das Krankheitserleben im »Prozess des Werdens« (Rosenthal 2011, S. 178) zu rekonstruieren und damit auch aufzeigen zu können, welche Bewältigungsstrategien bedingt durch lebensgeschichtliche Erfahrungen die Interviewpartner erarbeiten.

10.5 Ergebnisse der Arbeit

Aufgrund der Ergebnisse der biografieanalytischen Untersuchung zum Thema biografische Verläufe von Menschen mit HIV/AIDS kann konstatiert werden, dass im Fall homosexueller Männer auch 30 Jahre nach Bekanntwerden der ersten AIDS-Erkrankung Menschen mit HIV/AIDS in Deutschland diskriminierenden Denk- und Handlungsweisen ausgesetzt sind, die weitreichende Folgen für die betroffenen Personen haben. Die interviewten Personen sind erheblichen Stigmatisierungen[5] und Stereotypisierungen ausgesetzt, sei es durch das Gesundheitswesen, die Arbeitsmarktsituation, ihren Familien- und Freundeskreis als auch hinsichtlich öffentlicher Diffamierungen[6]. Resultierend aus den Diskriminierungen und ihren lebensgeschichtlichen Erfahrungen haben die interviewten Personen sowohl Strategien zur Bewältigung der eigenen Lebenslage als auch der gesellschaftlich an sie herangetragenen Diskriminierungen entwickelt, die unter anderem auch dazu führen, dass sich die Biografen in den Schutzraum der Community zurückziehen, um einer doppelten Stigmatisierung (aufgrund der Homosexualität und der Infektion) zu entgehen. Die Erfahrungen des Coming Outs als homosexuell helfen den Biografen sowohl bei der Entscheidung, die Infektion offenzulegen, als auch mit den möglichen Reaktionen in Form von Bewältigungsstrategien umzugehen. Diese Strategien können die der Informationskontrolle[7], des Geheimnismanagements (Goffman 2012, S. 56 ff.), eines besonderen gesellschaftlichen Engagements oder umgekehrt des Rückzugs aus den gesellschaftlichen Räumen sein, wobei auch die Art und Weise, wie mit der eigenen Sexualität umgegangen wird, die Aushandlung mit der HIV-Infektion und der Stigmatisierung erleichtert.

---

5 Die soziologische Begriffsbestimmung des Stigmas geht dabei auf das 1975 von Erving Goffman erschienene Werk »Stigma – Über Techniken der Bewältigung beschädigter Identität« zurück. Stigma definiert er als »die Situation eines Individuums, das von vollständiger sozialer Akzeptierung ausgeschlossen ist« (Goffman 2012, S. 7). Dabei bildete Goffmans Stigmatheorie (nach den biografischen Fallrekonstruktionen) neben der Biografietheorie den zweiten theoretischen Bezugspunkt meiner Arbeit.
6 Die maßgeblich mit der Sichtbarkeit der Infektion in Verbindung steht. Sichtbarkeit oder Nicht-Sichtbarkeit hängen mit dem Zeitpunkt der Infektion zusammen.
7 Besonders interessant ist, dass das Thematisieren der Infektion nicht in jedem sozialen Raum der Biografen erfolgt. So wird beispielsweise in beruflichen Kontexten zum Teil auf eine Offenlegung der Erkrankung verzichtet.

10.6 Fazit

Ziel der Arbeit sollte sein, einen Beitrag zur Informationslage der Lebenssituation HIV-positiver oder an AIDS erkrankter Menschen in Deutschland zu leisten, die trotz steigender Infektionsraten zunehmend aus dem Fokus des öffentlichen und wissenschaftlichen Interesses verschwinden. Auch wenn der Forschungsprozess keinen idealtypischen Verlauf nahm und ich mein ursprüngliches Forschungsinteresse nicht umsetzen konnte, so habe ich aufgrund des schweren und langwierigen Feldzugangs bereits vor der Rekonstruktion wichtige Erkenntnisse über das Forschungsfeld gewinnen können. So lange es die eigenen Rahmenbedingungen zulassen, sollte man sich nicht entmutigen lassen und innerhalb des qualitativen Forschungsprozesses bemüht sein, seine Forschungsfragen am Forschungsfeld und dem gegebenen empirischen Material zu entwickeln und wenn nötig zu modifizieren. Ferner halte ich den methodologischen und methodischen Forschungsansatz der soziologischen Biografieforschung für eine geeignete Herangehensweise, um besonders gesellschaftlich tabuisierte Themen sozialwissenschaftlich zu erforschen und um gleichzeitig dazu zu verhelfen, gesellschaftliche Tabus aufzubrechen.

» Besonders bei tabuisierten Themen ist es wichtig, einen Zugang zu wählen, der die gesamte Lebensgeschichte eines Menschen in den Blick nimmt.
Suche und pflege den Kontakt zu öffentlichen Institutionen, damit Du Interviewpartner und -partnerinnen gewinnen kannst!
Sei in der Lage, Deine ursprünglichen Forschungspläne zu modifizieren!
Hole Dir Rat von Deinen Mitstudierenden oder Betreuern und Betreuerinnen, wenn Dich deine Interviews selbst emotional belasten!

Literatur

Berger, P. L., & Luckmann, T. (1969). *Die gesellschaftliche Konstruktion der Wirklichkeit. Eine Theorie der Wissenssoziologie*. Frankfurt a. M.: Fischer.
Bleibtreu-Ehrenberg, G. (1989). *Angst und Vorurteil. Aids-Ängste als Gegenstand der Vorurteilsforschung*. Reinbek: Rowohlt.
Fischer-Rosenthal, W., & Rosenthal, G. (1997). Warum Biographieanalyse und wie man sie macht. *Zeitschrift für Sozialisationsforschung und Erziehungssoziologie, 17*, 405–427.
Glaser, B. G., & Strauss, A. L. (1967). *The discovery of grounded theory. strategies for qualitative research*. New Brunswick: Aldine.
Goffman, E. (2012). *Stigma. Über Techniken der Bewältigung beschädigter Identität* (21. Aufl.). Frankfurt a. M.: Suhrkamp.
Hoffmann-Riem, C. (1980). Die Sozialforschung einer interpretativen Soziologie. *Kölner Zeitschrift für Soziologie und Sozialpsychologie, 32*, 339–372.
Lewin, K. (1927). *Gesetz und Experiment in der Psychologie*. Darmstadt: Wissenschaftliche Buchgesellschaft.
Rosenthal, G. (1995). *Erlebte und erzählte Lebensgeschichte. Gestalt und Struktur biographischer Selbstbeschreibungen*. Frankfurt a. M.: Campus.
Rosenthal, G. (2011). *Interpretative Sozialforschung. Eine Einführung* (3. Aufl.). Weinheim: Juventa.
Schütz, A. (1971). *Gesammelte Aufsätze, Bd. I. Das Problem der sozialen Wirklichkeit*. Den Haag: Martinus Nijhoff.
Schütze, F. (1976). Zur Hervorlockung und Analyse von Erzählungen thematisch relevanter Geschichten im Rahmen soziologischer Feldforschung. In: Arbeitsgruppe Bielefelder Soziologen (Hrsg.), *Kommunikative Sozialforschung*. München: Fink.
Stamm, B.H. Hrsg. (2002). *Sekundäre Traumastörungen. Wie Kliniker, Forscher und Erzieher sich vor traumatischen Auswirkungen ihrer Arbeit schützen können*. Paderborn: Junfermann.
Unger, H. von (1999). *Versteckspiel mit dem Virus. Aus dem Leben HIV-positiver Frauen*. Deutsche Aids-Hilfe: AIDS-Forum DAH Band 38.

»Ich werde Priester«

Entscheidungsprozesse in verschlossenen Feldern untersuchen

Sonja Viktoria Deuscher

11.1 Wer nicht wagt, der nicht gewinnt – 90

11.2 Erkenntnisinteresse, Theorie und Forschungsfragen – 90

11.3 Zugang zu verschlossenen Feldern – 91

11.4 Reflexion und Fazit – 93

Literatur – 95

11.1 Wer nicht wagt, der nicht gewinnt

Anfangs bestanden große Zweifel bezüglich der Umsetzbarkeit meiner Forschung. Die Idee, sich mit der Entscheidung zum Priesteramt und dabei mit dem geforderten zölibatären Lebensstil der römisch-katholischen Amtspriester zu beschäftigen, schien aufgrund der Brisanz des Themas unmöglich. Von vielen Seiten wurde abgeraten, ein solches Erkenntnisinteresse zu bearbeiten. Zentral war die Sorge, keine Interviewpartner für die empirische Erhebung zu finden. Besonders die Frage, in wieweit die Bereitschaft, offen über das Thema zu sprechen, gegeben sein würde bzw. ob mit der methodischen Gefahr zu rechnen wäre, dass die Gesprächspartner in religionstheoretische Argumentationen verfallen, wurde im Vorfeld diskutiert. Um Interviewpartner finden zu können, war daher ein geeigneter Zugang zum Feld von großer Bedeutung. Trotz der befürchteten Schwierigkeiten weckte das Thema großes Interesse. Die Diskussion rund um das Priesteramt und den von der römisch-katholischen Kirche geforderten Pflichtzölibat ist in der Gesellschaft und den Medien allgegenwärtig. Psychologische Fachliteratur und sozialwissenschaftliche Studien zum Thema sind hingegen kaum vorhanden. Aufgrund dieser Forschungslücke habe ich beschlossen, das Forschungsprojekt zu wagen. Und ich hatte Erfolg. Entgegen den Erwartungen wurde das Gesprächsangebot von Priesterseminaristen gut angenommen und es entwickelten sich im Rahmen narrativer Interviews ausführliche, selbstläufige Erzählungen. Eine wichtige Erkenntnis, die daraus gewonnen wurde ist, dass es sich lohnt, ein spannendes Thema nicht vorschnell zu verwerfen, sich mit möglichen Schwierigkeiten im Vorfeld auseinanderzusetzen und sich diesen im Laufe des Forschungsprozesses zu stellen.

11.2 Erkenntnisinteresse, Theorie und Forschungsfragen

Im Mittelpunkt der Problemstellung standen die Anforderungen und die damit verbundenen Schwierigkeiten für Menschen, welche sich für den Weg, Priester zu werden, entscheiden. Der besondere Fokus lag dabei auf dem verbindlich geforderten Zölibat für römisch-katholische Amtspriester sowie den Konflikten, die innerhalb der Rolle als Priester in verschiedenen Bereichen entstehen können. Anstoß zu den Überlegungen dieser Arbeit waren zunächst die Missbrauchsfälle und Vorwürfe im Jahr 2010. Trotz der Aktualität war es nicht das Ziel meiner Arbeit, die Missbrauchsfälle in Verbindung mit dem römisch-katholischen Zölibat zu untersuchen. Vielmehr stand die Überlegung im Zentrum, dass die Entscheidung zum Priesteramt für die Amtsanwärter eine umfassend bedeutsame Lebensentscheidung darstellt. Die damit verbundenen Folgen und möglichen Schwierigkeiten für die Individuen bildeten den Kern der Problematik.

Der Zölibat und das damit verbundene ehelose Leben der Amtspriester können weitreichende Auswirkungen haben. So betont Paul Zulehner (2010), dass viele zölibatär lebende Priester Schwierigkeiten mit eben dieser Lebensform haben, unter Einsamkeit leiden und sich durchaus Reformen wünschen. Die Entscheidung zur Priesterweihe ist gleichzeitig die Entscheidung für den Zölibat. Für Betroffene ist diese Lebensform mit Herausforderungen verbunden, besonders mit dem Verzicht auf eine eigene Familie oder Liebesbeziehung – im Sinne einer Partnerschaft – sowie mit der Einschränkung der eigenen Sexualität. Da es sich im Falle des Priesters um ein sowohl religiöses als auch weltliches Amt handelt, konnten Fragen des Konfessionellen und Religiösem nicht ganz ausgeschlossen werden. Diese standen jedoch nicht im Zentrum des Interesses: Es ging um den Menschen selbst, welcher die Entscheidung trifft und was diese für ihn bedeutet. Ein angehender Priester lebt zum einen in der profanen Welt und Gesellschaft, in welcher er einen Platz und eine Aufgabe hat. Zum anderen spielt ab der Weihe eine zweite Dimension, die des Heiligen, eine Rolle. Mircea Eliade (1990) spricht über diese beiden Dimensionen als etwas von Gegensätzen Geprägtem. Dies kann zu Konflikten führen, welchen der Mensch, der Priester ist oder werden will, ausgesetzt wird. Durch die verschiedenen Aspekte der Problematik entstehen nicht nur im sozialen Feld Auseinandersetzungen, sondern es kann laut Günter Wiswede (1977) durch unterschiedliche Rollenanforderungen auch zu inneren Konflikten kommen. Aufgrund dieser Überlegungen entwickelten sich im Laufe des Forschungsprozess die Fragen: Unter Einfluss welcher Faktoren und Motive wird eine solch existenzielle Entscheidung von Personen getroffen? Wie läuft der Prozess der Entscheidungsfindung ab, welche Rolle spielt dabei der geforderte Zölibat und wie wird seitens der Priesterseminaristen mit der Thematik des zölibatären Lebensstils umgegangen?

11.3 Zugang zu verschlossenen Feldern

Die Forschungsfragen wurden mithilfe von narrativen Interviews als Methode der Erhebung und einer qualitativen Inhaltsanalyse nach Philipp Mayring (2010) als Methode der Auswertung erforscht. Die Entscheidung für ein qualitatives Vorgehen im Gegensatz zu einem quantitativen Forschungsdesign wurde gewählt, um einen freien Zugang zum Forschungsfeld zu gewährleisten. Dies schien dem Erkenntnisinteresse angemessen und grenzt sich von den quantitativen Methoden und dem damit zusammenhängenden Überprüfen feststehender Hypothesen ab (Przyborski und Wohlrab-Sahr 2010). Der Mangel an Fachliteratur machte außerdem deutlich, wie unbekannt das Feld als Kern einer qualitativ informierten sozialwissenschaftlichen Forschung ist. Auch dadurch bedingt wirkte ein nicht ausschließlich von der Theorie geleiteter Untersuchungsvorgang als richtige Wahl. Das Interesse an der Entscheidung zum Priestertum und den damit verbundenen Anforderungen verlangte nach einer Befragung, die auf das persönlich Erlebte der Untersuchten abzielt. Auf dieser Basis wurde für die Erhebung der Daten das narrative Interview gewählt. Nach Aglaia Przyborski und Monika Wohlrab-Sahr eignet sich diese Art des qualitativen Interviews, um Erfahrungen und Erlebnisse der Interviewpartner in Form von freien Erzählungen zu erheben. Die Kommunikationsform der Erzählung gibt dabei, anders als die Beschreibung oder Argumentation, die »kognitive Aufarbeitung der Erfahrung« am besten wieder (2010, S. 96).

- **Ohne Forschungsteilnehmende keine Forschung**

Der Zugang zum Feld und das Finden geeigneter Interviewpartner erwiesen sich zunächst als sehr problematisch. Das Thema, besonders der Aspekt des zölibatären Lebens und dem damit einhergehenden Verzicht auf Ehe und der Einschränkung der Sexualität, ist ein sehr persönliches. Alle Versuche der Kontaktaufnahme mit Priestern in Deutschland und Österreich per Email waren erfolglos. Meist erfolgte keine Antwort oder nur eine kurze Absage. Es sah so aus, als wäre eine Forschung im geplanten Rahmen unmöglich. Die Wahl wurde schließlich abgewandelt von fertig ausgebildeten Priestern auf Priesterseminaristen. Dies kann dadurch begründet werden, dass diese sich durch unmittelbare Nähe zum Entscheidungsprozess auszeichnen und daher für die Befragung und Beantwortung der Forschungsfragen bezüglich der Lebensentscheidung zum Priestertum besonders qualifiziert sind. Ebenso war zu erwarten, dass diese sich durch das Leben im Seminar und die damit verbundene Ausbildung vor der Priesterweihe permanent damit auseinandersetzen, was das Priestersein bedeutet. Auch hier führten anfängliche Schwierigkeiten hinsichtlich des Erstkontakts zu einer Anpassung der Strategie. In einem letzten Versuch vor Abbruch der geplanten Forschung erwies sich schließlich ein sehr direkter Zugang zum Feld, nämlich die persönliche Kontaktaufnahme zu einer Seminareinrichtung, als erfolgreich. Die in der Umgebung gelegenen Seminareinrichtungen wurden persönlich, ohne Vorankündigung besucht und das Anliegen vorgestellt. Dabei wurde das Thema der Forschung nicht im Detail dargelegt, sondern nur ein kurzer Überblick über die geplante Untersuchung gegeben. Über den leitenden Regens, welcher sich engagiert für die Durchführung der Studie einsetzte, wurde schließlich der erste geeignete Priesterseminarist für die Befragung gefunden. Daraufhin wurde das »Snowball-Sampling« eingesetzt, welches laut Przyborski und Wohlrab-Sahr (2010, S. 180–181) an bestehenden Verbindungen im Feld ansetzt und durch diese ermöglicht, auf anderem Wege nicht erreichbare Personen für die Forschung zu gewinnen. Aufgrund der Empfehlung des ersten Interviewpartners erklärte sich zunächst ein zweiter und durch diesen schließlich ein dritter Seminarist bereit, an der Erhebung teilzunehmen. Damit wurden insgesamt drei narrative Interviews durchgeführt, anschließend vollständig transkribiert und ausgewertet. Nach einem ausführlichen Kontakt über E-Mail wurde das weitere Vorgehen mit den Forschungsteilnehmenden besprochen, ein Termin festgelegt sowie das Priesterseminar als Ort der Erhebung ausgewählt. Der Ort wurde von den Befragten selbst vorgeschlagen und als günstig angesehen. Wichtig bei der Ortsauswahl ist, dass dieser sowohl für den Interviewer als auch die Interviewten angenehm ist, sich eine passende Atmosphäre herstellen lässt und gleichzeitig genug Ruhe gegeben ist, um das Gespräch zu führen und die Aufzeichnung des Interviews mithilfe eines Aufnahmegeräts problemlos stattfinden kann (Przyborski und Wohlrab-Sahr 2010).

- **Interviewatmosphäre gestalten**

Die Erhebungen wurden jeweils an verschiedenen Tagen in verschiedenen Räumen des Priesterseminars durchgeführt. Die Interviewpartner fühlten sich in dem vertrauten Umfeld wohl, was eine positive Atmosphäre für die Gespräche schuf. Die Umgebung war ruhig und daher für die Qualität der auditiven Aufzeichnung gut geeignet. Für die Forschung war der Ort der Erhebung außerdem wertvoll, da ein direkter Einblick und ein Kennenlernen des Feldes ermöglicht wurden. Zwei der drei Interviews dauerten jeweils ca. 1½ h, das dritte ca. 50 min. Zu Beginn fand jeweils eine kurze »Joining-Phase« statt, welche nach Przyborski & Wohlrab-Sahr (2010, S. 80 f) zur Abklärung der Vorgehensweise, erneuter Zusicherung der Anonymität, nochmaliger Abklärung der Zustimmung für die technische Aufzeichnung sowie einem kurzen Kennenlernen und damit einhergehend der Herstellung einer geeigneten Gesprächsatmosphäre dient.

Anschließend wurde der zuvor vorbereitete Eingangsstimulus frei gesprochen vorgestellt, welcher in allen drei Fällen lautete: »Bitte erzählen Sie mir, wie Sie dazu kamen, Priester zu werden. Erzählen Sie ruhig ausführlich. Den Start und Endpunkt wählen Sie selbst, es gibt dabei kein richtig oder falsch.« Dieser dient dazu, eine möglichst freie und selbstständige Darstellung der Befragten herzustellen und durch eine sehr offen gestellte Form die »Expertise der Interviewten hinsichtlich ihrer Lebens- und Erfahrungswelt« (Przyborski und Wohlrab-Sahr 2010, S. 87) anzuerkennen. Der Interviewer soll dies mithilfe von aufmerksamem Zuhören unterstützen. In allen drei Interviews wurde der Eingangsstimulus sofort verstanden und führte zu einer in sich abgeschlossenen, freien und von den Befragten eigens gestalteten Erzählung. Erst nach Abschluss dieser ersten Erzählphase folgten immanente Nachfragen, welche dazu dienten, die in der Erzählphase unklar gebliebenen Passagen zu klären und auf vom Befragten angesprochene Themen näher einzugehen. Nach Abschluss des immanenten Nachfragens exmanente

Fragen angeschlossen, durch die es möglich wurde, auf Themen Bezug zu nehmen, die in dem bisherigen Interviewverlauf nicht von selbst angesprochen wurden, für das Erkenntnisinteresse jedoch von großer Wichtigkeit waren. Während der Erhebung dienten Notizen als Hilfestellung. Diese sollen laut Przyborski und Wohlrab-Sahr (2010, S. 91) zu Beginn des Interviews angekündigt werden, um die Interviewpartner während des Gesprächs nicht zu verunsichern. Mit diesem Vorgehen waren alle Interviewpartner einverstanden. Das Gespräch wurde auf Tonband aufgezeichnet, um die erhobenen Daten für die nachfolgende Auswertung zu sichern.

- **Stolpersteine bei der Auswertung**

Als Auswertungsmethode wurde die qualitative Inhaltsanalyse nach Mayring (2010) gewählt. Für die Studie wurde dieses Auswertungsverfahren auch deshalb ausgesucht, weil der Fokus dabei nicht wie bei quantitativen Verfahren auf zuvor gebildeten Hypothesen und deren Überprüfung liegt, sondern auf der Bildung von Theorien (Mayring 2010, S. 22). Die Forschungsfrage und das Erkenntnisinteresse hinsichtlich der Entscheidung für das Priestertum, die Auseinandersetzung damit und der Fokus auf den in der psychologischen Sozialforschung kaum erforschten obligatorischen Zölibat, verlangten nach einer solchen Methode. Die qualitative inhaltsanalytische Vorgehensweise eignet sich laut Mayring (2010, S. 11) für jede Form von Material, welches aus einer Kommunikation heraus entstanden ist. Besonders an dieser Methode ist, dass die Schritte der Auswertung in einer festgelegten Abfolge genau beschrieben sind. Dieses »systematische« und »regelgeleitete Vorgehen« (Mayring 2010, S. 13) trägt dazu bei, dass die Ergebnisse intersubjektiv nachvollziehbar sind. Ein großer Vorteil der qualitativen Inhaltsanalyse ist außerdem der im Zentrum stehende »Gegenstandsbezug« (Mayring 2010, S. 50). Hier ist laut Mayring (2010, S. 48–50) wichtig, dass die Analysetechniken nicht beliebig übertragbar sind, sondern jeweils an den genauen Gegenstand der durchzuführenden Studie angepasst werden müssen. Diese direkte Orientierung an dem auszuwertenden Material verdeutlicht den Fokus der Methode und macht das Festlegen eines für die Studie passenden Ablaufmodells notwendig. So bleiben die Relevanzsysteme der Beforschten, welche in der vorliegenden Studie von großer Wichtigkeit sind, erhalten. Der Vorteil der Methode liegt vor allem auf der »eher offenen, eher deskriptiven, eher interpretativen Methodik« (Mayring 2010, S. 23), wodurch eine Untersuchung möglich wurde, welche sich unvoreingenommen dem Gegenstand näherte und diesen ins Zentrum rückte. Ziel der Analyse ist es, Kategorien zu bilden. Als Ergebnis der Studie wurden 15 Kategorien und 13 Unterkategorien herausgearbeitet. Insgesamt konnte festgestellt werden, dass die Entscheidung, Priester zu werden, einen weitreichenden Schritt darstellt. Der Zölibat spielt dabei, neben persönlichen Erfahrungen, Glaubensfragen sowie Einwirkungen der Umwelt, im Entscheidungsprozess durchaus eine Rolle. Es wurde außerdem deutlich, dass diese Entscheidungsfindung durch eine ständige Auseinandersetzung mit dem Wunsch Priester zu werden und durch immer wiederkehrende Zweifel, ob diesem nachgegangen werden soll, geprägt ist.

11.4 Reflexion und Fazit

Während der Auswertung fiel besonders bei der Kategorienbildung auf, dass qualitative Methoden nur schwer alleine forschend durchgeführt werden können. Man ist selbst so sehr mit seinem eigenen Material vertraut, dass es sehr schwer fällt, den nötigen Abstand bei der Interpretation zu wahren. Eine Auseinandersetzung damit und eine Reflexion über das eigene Tun sind dabei unabdingbar.

> **Tipp**
>
> Schließe Dich einer qualitativen Forschungswerkstatt an oder arbeite mit anderen qualitativ arbeitenden Studenten zusammen. So kann man sich im Auswertungsprozess gegenseitig unterstützen und Anregungen geben. Dadurch ist es möglich, besser mit Zweifeln und Unsicherheiten während des Prozesses umzugehen und Anregungen von Personen zu bekommen, die nicht Teil des eigentlichen Forschungsprozesses sind.

Das Arbeiten mit qualitativen Methoden stellte mich im Laufe des Forschungsprozesses vor einige Probleme. Anfangs bestanden Zweifel, ob ich das mich interessierende Thema aufgrund der Brisanz überhaupt bearbeiten könnte.

> **Tipp**
>
> Gebe nicht zu schnell auf. Im Nachhinein bin ich froh, es versucht zu haben und finde, dass gerade die qualitativen Methoden, welche an den Relevanzsystemen der Beforschten ansetzen, eine gute Möglichkeit bieten, auch schwierige Thematiken als Forschende zu bearbeiten.

Ein weiteres Problem bestand darin, geeignete Interviewpersonen zu finden. Mit ihnen steht und fällt eine Forschung. Ich habe gelernt, dass dabei besonders ein geeigneter Zugang zum Feld wichtig ist und dass gerade in meinem Fall der persönliche und direkte Weg erfolgsversprechend war.

> **Tipp**
>
> Gehe mit einem ehrlichen und unverkrampften Interesse auf mögliche Interviewpersonen oder Institutionen zu!

Auch die Reflexion der eigenen Rolle als Forschende als auch über etwaige Vorannahmen ist wichtig. Als Frau in ein Priesterseminar zu kommen und dabei auf Phänomene der Gegenübertragung zu achten, führte zu vielen interessanten und forschungsdienlichen Beobachtungen.

> **Tipp**
>
> Führe ein Forschungstagebuch, in dem Du die Erfahrungen während der Erhebung aufschreibst. Es hilft Dir bei der Analyse des Materials und dient als Hilfsmittel zur Reflexion.

Ebenso riet mir mein Betreuer vor Beginn der Interviews eine Reflexion zu allen etwaigen Vorannahmen zu schreiben, die ich zu der katholischen Kirche und insbesondere zum priesterlichen Zölibat hatte, um mir diese bewusst zu machen und somit ein korrektes methodisches Vorgehen im Sinne der Unvoreingenommenheit zu gewährleisten.

> **Tipp**
>
> Schreibe ein Memo mit allen Vorannahmen zu Deinem Thema!

Insgesamt ist es meiner Meinung nach in einem Forschungsprozess wichtig, sich nicht zu sehr verunsichern zu lassen und mit den Aufgaben, die einem bevorstehen, zu wachsen. Besonders qualitative Methoden können nicht einfach theoretisch erlernt, sondern müssen in der Praxis vertieft und geübt werden. Die für mich wichtigste Erkenntnis aus meiner Forschungsarbeit ist, dass man durch jeden Versuch und jede praktische Umsetzung dazulernt, auch wenn immer wieder Unsicherheiten auftreten und bewältigt werden müssen.

Literatur

Eliade, M. (1990). *Das Heilige und das Profane*. Frankfurt a. M.: Suhrkamp.
Mayring, P. (2010). *Qualitative Inhaltsanalyse: Grundlagen und Techniken* (11. Aufl.). Weinheim: Beltz.
Przyborski, A., & Wohlrab-Sahr, M. (2010). *Qualitative Sozialforschung: Ein Arbeitsbuch* (3. Aufl.). München: Oldenbourg.
Wiswede, G. (1977). *Rollentheorie*. Stuttgart: Kohlhammer.
Zulehner, P. (2010). *Wie geht's Herr Pfarrer: Ergebnisse einer kreuzundquer-Umfrage. Priester wollen Reformen*. Wien: Styria.

Forschen im interkulturellen Kontext

Das Beispiel der tunesischen post-revolutionären Frauenbewegung

Johanna Ullmann

12.1 Eintritt ins fremde Feld: gegenstandsbezogenes Vorgehen – 98

12.2 Gegenstand analysieren: Von der Gesamtschau zur Feinanalyse – 103

12.3 Grenzen und Schwächen der Methode – 105

12.4 Tipps und Tricks – 107

Literatur – 107

Bei der Wahl des Forschungsgegenstandes in der qualitativen Sozialforschung gewinnen Interkulturalität und Transnationalität zunehmend an Bedeutung (Herkenrath 2011; Mae und Saal 2007). Unter dem Banner der Globalisierung und Internationalisierung stellen die Auflösung nationaler, kultureller, ethnischer und räumlicher Grenzen und die daraus resultierenden Wechselwirkungen und Interdependenzen einen nationalen Bezugsrahmen vor neue Herausforderungen. Davon ausgehend, ziehen transnationale und interkulturelle Untersuchungsfelder fundamentale methodologische Konsequenzen mit sich. Im Gegensatz zu diesen Entwicklungen stellt Shingo Shimada (2001) jedoch fest: »In den Sozialwissenschaften fehlt bislang eine Methodologie der interkulturell angelegten qualitativen Sozialforschung« (ebd., S. 37). Während in der Forschungsliteratur methodologische Ausarbeitungen unter interkulturellen und globalisierten Bedingungen diskutiert werden, gibt es derzeit wenige Arbeiten, die Erfahrungen in der praktischen Umsetzung der Forschungstätigkeit im interkulturellen Feld praxisorientiert erläutern und reflektieren (Rippl und Seipel 2015; Bettmann und Roslon 2013). Dieses Defizit bildete den Ausgangspunkt meiner Forschungsarbeit. Mit dem Interesse an Problemrahmungen und kollektiven Identitätskonstruktionen von feministischen Aktivistinnen im post-revolutionären Tunesien war es mein Ziel, einen interkulturellen Feldzugang zu entwickeln.

Interkulturelles Feld

Der Begriff »interkulturell« wird in der Sozialwissenschaft vielfältig definiert. Mit dem Präfix »inter« wird ein Zustand des Dazwischen betont. Allgemein stellt Interkulturalität damit ein Verhältnis zwischen zwei oder mehreren Kulturen dar (Yousefi und Braun 2011, S. 7). Auf welche Weise und in welche Richtung Menschen durch kulturelle (Wechsel-)Beziehungen und Dynamiken in der globalisierten und entgrenzten Welt beeinflusst werden, erklären vielfältige theoretische Ansätze widersprüchlich. Nach Bettmann und Roslon (2013) lässt sich davon ausgehen, dass die Globalisierung und Internationalisierung nicht (nur) »das Nahe durch ferne Einflüsse fremd« (Bettmann und Roslon 2013, S. 16) machen, sondern auch das Verhältnis der Menschen zur Fremde selbst verändern (ebd., S. 15). Steigende Mobilität, Kommunikation, Ausdifferenzierung und Verflechtung über nationale, kulturelle, ethnische und regionale Grenzen hinweg führen dazu, dass »vormals fremde Perspektiven übernommen« (ebd., S. 16) werden und Hybridisierungen und Interdependenzen globaler und lokaler Deutungs- und Sinnsysteme entstehen (ebd., S. 16). Interkulturalität in einem Untersuchungsfeld kennzeichnet sich demnach durch kulturelle Pluralität und Uneinheitlichkeit statt Homogenität im Sinne eines kulturellen *common sense* (ebd., S. 16) aus.

12.1 Eintritt ins fremde Feld: gegenstandsbezogenes Vorgehen

Den Eintritt ins fremde Feld der tunesischen Frauenbewegung habe ich ethnographisch mittels einer fünfmonatigen Feldforschung vor Ort in Tunis hergestellt und mit Ansätzen der Grounded-Theory-Methodologie kombiniert. Um Tunesien als Transformations- und Entwicklungsland explorativ zu erforschen, eignete sich das GTM-Verfahren auf besondere Weise, da (nicht)wissenschaftliche Informationen vor Ort für internationale Forschende schlecht beziehungsweise stark eingeschränkt zugänglich waren und aufgrund der finanziell prekären Situation von lokalen Wissenschaftlern und Wissenschaftlerinnen kaum aktuelle Studien zum Gegenstand vorlagen (vgl. Samik-Ibrahim 2000). Praktisch habe ich mich im Feld an Jörg Strübing (2014) orientiert, der das Verfahren von Barney Glaser und Anselm Strauss (1998) weiterentwickelt hat. Konkret hat das bedeutet, dass ich situativ, dynamisch und flexibel mit

12.1 · Eintritt ins fremde Feld: gegenstandsbezogenes Vorgehen

> **Die tunesische Frauenbewegung**
>
> Die Lage der Frauen in Tunesien galt seit der Unabhängigkeit des Landes allgemein in Relation zu anderen Ländern der Region als privilegiert (Schröter und Zayed 2013, S. 17). Mit einem fortschrittlichen Personenstandsgesetz wurde die Gleichberechtigung der Geschlechter rechtlich bereits im Jahr 1956 festgeschrieben. Unter dem säkular orientierten autoritären Ben Ali Regime wurden autonome Frauenorganisationen zwar formal toleriert, jedoch als politisches Instrument westlicher Orientierung im Sinne einer staatlich kontrollierten Frauenpolitik missbraucht (Weber 2001, S. 18). Radikale Intellektuelle, linke, religiöse und rechte Oppositionsbewegungen hatten demgegenüber mit brutalen staatlichen Repressionen zu rechnen. Seit dem revolutionären Umsturz des alten Regimes im Jahr 2011 sind die »alten« politischen Strukturen zusammengebrochen, sodass sich die tunesische Frauenbewegung seitdem in einem instabilen, dynamischen Transformations- und Demokratisierungsprozess befindet (Tchaïcha und Arfaoui 2011). Neben »alten« institutionalisierten Frauenorganisationen wie die Association Tunisienne des Femmes Démocrates (ATFD) und die Union National de la Femme Tunisienne (UNFT) kämpfen gegenwärtig unzählige »neue« feministische Aktivistinnen für die Durchsetzung »neuer« Rechte und Freiheiten. Die hohe Zahl von Fällen gewalttätiger Angriffe auf Frauen, politischer Diffamierungen und Einschüchterungen feministischer Aktivistinnen zeigen, dass die Frauen post-revolutionär zudem mit (islamistischen) anti-feministischen Gegenbewegungen konfrontiert sind (Tchaïcha und Arfaoui 2011). Die Neubestimmung von Gender und Islam ist dabei ins Zentrum politischer Debatten gerückt (Derichs 2014, S. 7).

Theorie und Empirie umgegangen bin. Spontane Gespräche beispielsweise mit Aktivistinnen bei Aktivitäten, an denen ich zufällig teilgenommen habe, haben meine Entscheidungen im Forschungsprozess stark beeinflusst, sodass sich mein Verständnis für und mein Zugang zu den Debatten und Entwicklungen in der Frauenbewegung stark veränderten. Zufällige Beobachtungen vor Ort wie zum Beispiel bei Aufklärungsveranstaltungen oder Demonstrationen haben die Wahl meiner theoretischen und methodischen Konzepte fundamental mitbestimmt, da ich mir im Feld ein differenzierteres Bild über den Gegenstand aneignen konnte. Erst allmählich habe ich so die komplexe und dynamische Situation und die Problemdeutungen der Frauen begreifen und nachvollziehen können.

> **Tipp**
>
> Mit dieser Methode war ein »kontinuierliche[s] Wechsel[n] von Handeln und Reflexion« (Strübing 2014, S. 11) notwendig, sodass ich nach einer Aktivität oder einem Gespräch mit Aktivistinnen in meinem Feldtagebuch häufig viele Stunden persönliche Notizen und Überlegungen zur Reflexion und Dokumentation systematisch festgehalten habe.

- **Umgang mit Fremdheit und Nichtwissen**

Um angesichts der anfänglichen Unsicherheit und der zwangsläufigen Fremdheit als ausländische Forscherin im Feld bei den spontanen Gesprächen und Feldkontakten über wesentliches und für das Verständnis des Gegenstandes hilfreiches, historisches, politisches und regionales

Kontextwissen zu verfügen, war es notwendig, vor der Feldphase vorläufiges theoretisches Wissen zu erwerben. Neben der Lage der Frauen in Tunesien habe ich Informationen zur historischen Bewegungsgeschichte und -entwicklung der tunesischen Frauenbewegung erworben und durch Kenntnisse über die post-revolutionären zivilgesellschaftlichen (Frauen-)Organisationen erweitert. Konkret habe ich in internationalen Literaturdatenbanken nach den Schlagwörtern »*feminist activism*«, »*Tunisian Revolution*«, und »*protest*« gesucht.

Dieser Umgang mit Vorwissen steht nach Strübing (2014, S. 58) nicht im Widerspruch zum Kriterium der Kreativität und Spontaneität der GTM. In Abgrenzung zu einem deduktiven, theorieverifizierenden Verfahren, das aufgrund der interkulturellen Herausforderungen bei der Datenerhebung nicht möglich gewesen wäre, war es demnach entscheidend, mit Vorwissen im Feld offen und flexibel umzugehen, um die Empiriegeleitetheit des Vorgehens zu gewährleisten (Hoffmann-Riem 1980). So wurde im Feld schnell klar, dass das bisher erworbene theoretische Vorwissen die dynamische Transformations- und Demokratisierungsphase der Bewegung nicht angemessen trifft. Um gegenstandsbezogene Aussagen formulieren und feldspezifische Zusammenhänge entdecken und begründen zu können, waren die (internationalen) Theorien kaum hilfreich. Aus diesen Gründen war es nach kurzer Zeit vor Ort notwendig, mich von den theoretischen Konzepten und Annahmen zu einem bestimmten Grad zu distanzieren, um schließlich den Forschungs- und Erkenntnisprozess stärker durch die Beobachtungen von und das Sprechen mit Aktivistinnen induktiv heraus zu begründen. Als methodischen Zugang habe ich ethnographische und leitfadengestützte Interviews und teilnehmende Beobachtungen ausgewählt:

- **Einlassen auf das Feld I: Beobachten und Zuhören**

Ethnographische Interviews boten sich an, um alltagsnah, relativ mühelos, unstrukturiert und flexibel relevantes Feld- und Kontextwissen zu erwerben. In Anlehnung an eine *friendly conversation* (Spradley 1979, S. 461) lieferten die spontanen Gespräche hochaktuelle Informationen aus der Insider-Perspektive. Da Aktivitäten und Treffen der Aktivistinnen im Feld kurzfristig und flexibel organisiert wurden, war die Methode besonders empfehlenswert, um Kontakte situativ zu nutzen. Begleitet und erleichtert wurde der Feldzugang durch ein Praktikum bei einer deutschen Stiftung als Gateopener. Auf diese Weise ließen sich im Gegensatz zu aufwendigen organisierten und strukturierten Experteninterviews mit externen Akteuren und Akteurinnen relativ unproblematisch Gespräche mit Schlüsselpersonen führen, die über entscheidendes feldinternes Experten- und Expertinnenwissen verfügten. Für das erfolgreiche Vorgehen wesentlich war dabei, dass die Themengewichtung und -strukturierung der Gespräche den jeweiligen Interviewpersonen überlassen wurde (Przyborski und Wohlrab-Sahr 2008, S. 155 ff.). Ein vorbereiteter Leitfaden wurde flexibel eingesetzt und diente der Vergleichbarkeit der Aussagen. Um Erzählbereitschaft zu fördern, wurde in den Gesprächen der Aufbau von Vertrauen und Solidarität betont. Eine technische Aufzeichnung wurde vermieden. Zur Gedächtnisstütze wurden Feldnotizen verfasst. Insgesamt habe ich zehn Interviews geführt, sodass ich mir ein breites Bild über die diskursiven Themen- und Relevanzsetzungen aneignen konnte.

Neben den ethnographischen Interviews wurden leitfadengestützte Interviews mit Aktivistinnen durchgeführt. Die Wahl dieses Erhebungsinstruments wurde im Laufe des Forschungsprozesses durch die gegenstands- und kontextbezogene (An-)Passung des Forschungsdesigns entschieden. Es zeigte sich nach einiger Zeit im Feld, dass die geplante Durchführung von Gruppendiskussionen »neuer« und »alter« Aktivistinnen zu tabuisierten Themen wie politischer Körpereinsatz und körperliche Selbstbestimmung für die Aktivistinnen aus Angst vor

12.1 · Eintritt ins fremde Feld: gegenstandsbezogenes Vorgehen

staatlichen Repressionen, Diskriminierung und Scham forschungsethisch nicht vertretbar war. Um die Vertrauensbeziehung zur Forschenden und die Situation der einzelnen Aktivistinnen nicht zu gefährden, war es unbedingt notwendig, rechtzeitig im Feld ein alternatives Erhebungsinstrument zu entwickeln. Die Entscheidung, Einzelinterviews zu führen, war sinnvoll, um über Problemrahmungen und kollektive Identitätskonstruktionen auf der Mikroebene Informationen zu erhalten (vgl. Taylor und Whittier 1992, S. 105; Blee und Taylor 2002, S. 95). Dabei bin ich themen- und problemzentriert vorgegangen, um eine Vergleichbarkeit der Aussagen zu gewährleisten (vgl. Blee und Taylor 2002, S. 99).

» Um die Aktivistinnen möglichst authentisch zum Sprechen zu bringen, habe ich bei den Gesprächen mit einer narrativen Erzählaufforderung angefangen und nach den persönlichen Motiven des politischen Engagements und nach biografischen Schlüsselereignissen gefragt (vgl. Marg et al. 2013, S. 19). Denn in der Bewegungsforschung habe ich gelesen, dass die subjektive Wahrnehmung von Ungerechtigkeit für die Mobilisierung von Aktivisten und Aktivistinnen von Bedeutung ist.

Im Anschluss an die Eingangsfrage habe ich auf weitere Leitfragen »soweit noch erforderlich, flexibel zurückgegriffen« (Marg et al. 2013, S. 22). Meine ethnographischen Gespräche und Beobachtungen im Feld haben gezeigt, dass eine heterogene Vielzahl von politischen Themen problematisiert und Aktivitäten organisiert wurden. Aus dieser empirischen Annahme heraus habe ich die Aktivistinnen nach relevanten sozialen Problemen und ihren Best-Practice-Vorschlägen zur Verbesserung und Bekämpfung dieser Herausforderungen gefragt. Von mir gelesene Theorien in der Bewegungsforschung haben zudem betont, dass Aktivismus durch Abgrenzungsmechanismen zwischen einem »Wir« und »den Anderen« gekennzeichnet ist. Aus diesem Grund war es sinnvoll, nach dem Verhältnis der Aktivistinnen zu anderen Bewegungsgruppen zu fragen, um herauszukriegen, auf welche Weise sie sich von anderen Gruppen distanzieren oder mit ihnen solidarisieren. Durchgeführt habe ich insgesamt sechs Interviews in englischer Sprache, wobei vier Interviews zur Auswertung ausgewählt wurden, um eine komparative Analyse der Argumentations- und Problemdeutungsmuster »neuer« und »alter« Aktivisten und Aktivistinnen durchzuführen.

Leitfaden der Einzelinterviews
1. *Stimulation:* What are your reasons to get involved into feminist activism? Which personal experiences and events influenced your activism?
2. *Problems and challenges:* How do you assess the general situation of women in Tunisia? What do you consider as biggest success and achievements for women? What do you consider as biggest problems and challenges women face at the moment? Which controversies or conflicts shape the current situation of women in your opinion?
3. *Activism:* Can you describe the last actions you were involved? Are you content with the impact and effect of the activity? Which activities and projects do you consider as most effective and important? Why? How did your opinion about the best practice change after the revolution? What needs to be different in your opinion? What do you think is the most important aspect in order to have a successful activity?
4. *New civil-society activism:* How do you describe the general situation of feminist activism in Tunisia? Which other groups shape the feminist civil society? How does your group differ to other groups?

5. *Body Politics: What do you think about the activities of Amina Sboui and Femen? In which way did she influence the scene in your opinion?*
6. *Relation to other groups: What connects you to the other groups? With regard to which opinions or activities does your group differ to other groups? How do you describe the public image of these group?*
7. *Future Recommendations: What are your expectations and hopes or fears associated with the upcoming elections? How do you describe your visions and wishes for women in Tunisia?*

Die Rekrutierung der Interviewpersonen wurde durch den mehrmonatigen Feldaufenthalt erleichtert, indem ein persönliches Netzwerk aufgebaut und nach dem Schneeballprinzip vorgegangen wurde. Da die Studie durch forschungspraktische Konsequenzen wie zum Beispiel die spontane Teilnahme an Aktivitäten und die zufälligen Gespräche mit Aktivistinnen mitbestimmt war, wurde die Auswahl und Anzahl der Interviewpersonen pragmatisch gewählt. Nach dem Prinzip des *theoretical Samplings* habe ich die Interviews nach Kriterien ausgewählt, um eine gegenstandsbezogene Theorieentwicklung zu ermöglichen (vgl. Glaser und Strauss 1998, S. 53 ff.; Strübing 2014, S. 31). Dies hat konkret bedeutet, dass ich zwei Interviews mit »neuen« – post-revolutionär motivierten Aktivistinnen – und zwei Interviews mit »alten« – bereits prärevolutionär engagierten Aktivistinnen – ausgewählt habe. Entscheidend war für mich, dass sich mit den Aussagen der Aktivistinnen, die sich einem feministischen Kollektiv subjektiv zugehörig fühlten und in einer Organisation engagiert waren, ein spezifisches theoretisches Konzept über den Gegenstand entwickeln ließ.

- **Einlassen auf das Feld II: Mitmachen**

Um weiteres Kontextwissen und Informationen über Themen, Problemrahmungen und Aktionsformen zu erhalten, war es sinnvoll, an Aktivitäten teilzunehmen. Diese Daten »in der natürlichen Lebenswelt« (Marg et al. 2013, S. 34) der Aktivistinnen ermöglichten es, weitere authentische Feldinformationen zu erhalten. Teilgenommen habe ich bei Aufklärungskampagnen, Workshops, Demonstrationen und internen Konferenzen. Dabei blieb ich während der gesamten Aktivitäten bewusst im Hintergrund der Geschehen, um dem Interesse an meiner Anwesenheit als »Fremde« entgegenzuwirken. Bei den Gesprächen mit den Aktivistinnen habe ich mich offen verhalten, damit ich Vertrauen und Akzeptanz herstellen konnte. Das Spannungsverhältnis zwischen »*going native*« (Przyborski und Wohlrab-Sahr 2008, S. 62; H. i. O.) und »unbeteiligter Distanz« (ebd., S. 34) musste ich dabei kontinuierlich, situativ und flexibel ausbalancieren (vgl. Lichterman 2002, S. 129). Bei einer Aufklärungskampagne auf einem Marktplatz in ländlicher Region beispielsweise habe ich realisiert, wie stark meine aktive Teilnahme sich auf das beobachtete Verhalten und die Reaktionen der Passanten auswirkte. Um diesen Einfluss und dem daraus resultierenden Verlust an Vertrauen und Akzeptanz auf Seiten der Aktivistinnen entgegenzutreten, habe ich spontan den Ort des Geschehens verlassen und die Aktionen aus weiterer Distanz beobachtet. Bei der Teilnahme an einer internen Diskussion von Bewegungsgruppen im Gegenzug war die aktive Teilnahme und das Bescheid wissen über bewegungsinterne informelle Informationen wesentlich, um Anschlussfähigkeit, Vertrauen und Gruppenakzeptanz zu erreichen. Aus diesem Grund habe ich mich aktiv eingebracht und wie eine »Insiderin« mein feldspezifisch erworbenes Wissen angewendet.

» Feldnotizen habe ich im Anschluss an die Aktivitäten verfasst, um keine unnötige Aufmerksamkeit zu erregen oder Vertrauen zu gefährden. Pragmatisch ausgeschlossen habe ich Aktivitäten, die ausschließlich in arabischer Sprache umgesetzt wurden.

12.2 Gegenstand analysieren: von der Gesamtschau zur Feinanalyse

Als Auswertungsinstrument habe ich »systematisches, regelgeleitetes und theoriegeleitetes Vorgehen« (Mayring und Brunner 2007, S. 673) orientiert an der qualitativen Inhaltsanalyse nach Phillip Mayring (2000) ausgewählt. Ziel der Auswertung war es, bezugnehmend zur Bewegungsforschung die kollektiven Argumentations-, Deutungs- und Wahrnehmungsmuster der Aktivistinnen herauszuarbeiten. Dies hat bedeutet, dass neben Themen- und Relevanzensetzungen von Problemen oder Aktivitäten auf der inhaltlichen Ebene besonders die Frage nach der expliziten wie impliziten inneren Logik der Begründung der politischen Einstellungen und Äußerungen im Zentrum der komparativen Auswertung rückte.

Zuerst habe ich das gesamte Textmaterial grob quergelesen. Ziel war es, einen ersten vorläufigen Gesamteindruck über die relevanten Themen und Deutungen der befragten Aktivistinnen zu bekommen. Nach der Grobuntersuchung folgte die Feinanalyse. In einem ersten Durchlauf habe ich das Material Zeile für Zeile auf analytische Konzepte hin analysiert. Um dem explorativen Ansatz Rechnung zu tragen, habe ich im Sinne der GTM neben der »deduktive[n] Kategorienanwendung« (Mayring 2000, S. 1) ausgewählter theoretischer Ansätze das Kategoriensystem kontinuierlich durch aus der Empirie induktiv abgeleitete offene Kategorienentwicklung modifiziert (ebd., S. 3). Induktiv entwickelte Kategorien wurden entweder als neue Kategorien ergänzend aufgenommen oder als Unterkategorien den theoretischen Kategorien subsumiert. Durch Rückkopplungsschleifen habe ich diesen Prozess der Kategorisierung mehrfach wiederholt und Veränderungen vorgenommen. Sinnvoll war es, diesen Auswertungsprozess durch Memos, Feldnotizen und durch Gespräche über das Interviewmaterial mit Freunden und Kommilitonen zur Reflexion zu begleiten, um spontane Einfälle festzuhalten, beziehungsweise anzuregen. In einem weiteren Schritt ging es darum, die entwickelten Kategorien und Subkategorien zunehmend gegenstandsangemessen zu kondensieren und zu systematisieren.

- **Kategorisierung als Prozess**

Um diesen wichtigen Prozess der Kategorienentwicklung zu illustrieren, lassen sich drei Phasen der Kategorisierung unterscheiden (◘ Tab. 12.1). In der Anfangsphase der Kategorisierung ging es darum, relativ unsystematisch, stark empiriegeleitet erste vorläufige Konzepte und Ideen zu entwickeln, um Relevanzen von Themen empirisch herauszuarbeiten. In der zweiten Phase wurden Kategorien stärker auf Grundlage kollektiver Gruppenidentität heraus entwickelt und erste Auswertungsschwerpunkte gesetzt. So wurde zum Beispiel deutlich, dass bei der Analyse des Materials das Verständnis von Diktatur als Kategorie nicht wesentlicher Kern der Empirie darstellte. Stattdessen zeigte sich, dass Formen des Aktivismus und damit verbundene Probleme einen passenden Zugang zum Material lieferten. In der dritten Phase wurden weitere Unterkategorien entwickelt und Modifikationen vorgenommen. Dabei wurde aus dem Material ersichtlich, dass vielfältige Formen des Aktivismus von den Befragten stark unterschiedlich legitimiert werden. Zudem ergab die Auswertung, dass die Aktivistinnen ein divergentes Beziehungsverhältnis zur Frauenbewegung aufwiesen und sich in ihrer individuellen Betroffenheit unterschieden. Da diese Beobachtungen von Pluralität und Widersprüchen

Tab. 12.1 Prozess der Kategorienentwicklung

Phase 1	Phase 2	Phase 3
Diktaturverständnis	Gruppenbewusstsein	Problemrahmung
Revolutionsverständnis	– Selbstverständnis	– Verteidigung bestehender Rechte gegenüber Gegnern und Gegnerinnen
Sexualitätsverständnis	– Zugehörigkeit	– Ermächtigung neuer Rechte
Geschlechterverständnis	– Wertesystem	Interaktionen
Körperverständnis	– Emotionen	– Informieren, Diskutieren
Aktivismusverständnis	– Herausforderungen	– Workshop, Training, Beraten, Zuhören, Helfen
Gruppenverständnis	– Chancen	– Netzwerk, Solidarität
Emotionale Stimmung	– Entwicklungen	– Lobbying
Interaktion und Handlung	– Erfolge	Kollektivbewusstsein
AkteurInnen	– Zielgruppe	– Gruppenbewusstsein
Kollektive Identität	Gruppenabgrenzung	– Bewegungsbewusstsein
	Motivation der Mobilisierung	– Individuelle Identität
	Themen und Probleme	– Bewegungsgeschichte und -entwicklung
	Formen der Probleme	Grenzziehungen
	Themen des Aktivismus	– Abgrenzung von religiös extremen Gruppen
	Formen des Aktivismus	– Abgrenzung von patriarchalen Gruppen
		– Abgrenzung in Bezug auf Körpereinsatz

für meine Forschungsfrage besonders interessant waren, habe ich in der späteren Auswertung auf diese Themen den Fokus gelegt.

- **Annäherung von empirischem Material und analytischen Kategorien**

Da die Kategorien empirisch auf komplexe Weise miteinander verwoben und voneinander abhängig waren, war die Zuordnung der Textstellen mit Schwierigkeiten verbunden. Manche Textstellen sprachen in ihren Dimensionen und in der Intensität mehrere Kategorien gleichermaßen an. In der Anfangsphase der Auswertung habe ich Kategorien entsprechend modifiziert und ergänzt. Nachdem die Konzeption des Kategoriensystems abgeschlossen war, habe ich eine Strategie entwickelt, um mit Problemen der Textzuordnung umzugehen. Folgende Textstelle illustriert die Herausforderung der Zuordnung: »BEFORE [the revolution] we were FIGHTING DICTATORSHIP and NOW we are FIGHTING, the OTHER dictatorship, which is WORSE than the OTHER – because dictatorship of ISLAMISTS – of ISLAMIST is WORSE, than the OTHER, really WORSE«.

In dieser Textstelle wird erkenntlich, wie eng die Problemrahmung mit der Abgrenzung von Gegern und Gegnerinnen in der subjektiven Wahrnehmung der feministischen Aktivistin verknüpft ist. Um die Forschungsfrage zu beantworten, war es bei der Auswertung wesentlich, zu erkennen, welche analytischen Kategorien von den Befragten auf welche Weise miteinander in Zusammenhang gebracht wurden.

> **Tipp**
>
> Mehrfache Kategorisierung war ein Bestandteil meiner Analysestrategie. Eine »eindeutige« Zuordnung war nicht angemessen. Stattdessen habe ich mich entschlossen, Schlüsseltextstellen auszuwählen und diese gegebenenfalls mehrfach zu kategorisieren und diesen Auswertungsprozess mit Memos und Feldnotizen zu begleiten.

In der Feinanalyse habe ich den Weg gewählt, Textstellen, die mehrfach Kategorien zugeordnet wurden, nach ihrer Vielfalt der Dimensionen und der Intensität zu bewerten. Indem ich nach dem Prinzip minimaler und maximaler Kontrastierung vorgegangen bin, habe ich schließlich für die Feinauswertung passende Textstellen aus dem gesamten Datenkorpus ausgewählt, um diese ausführlich vergleichend in Bezug zu bringen. Dieser Prozess der systematischen und begründeten Auswahl der für die Argumentation der Studie wesentlichen Textstellen und damit verbundenen theoretischen Aussagen hat viel Zeit gekostet und den entscheidenden, komplexen Denk- und Erkenntnisprozess der Arbeit dargestellt.

> **Tipp**
>
> Das Erstellen von bunten Mindmaps und Techniken des Brainstorming hat geholfen, bei Durststrecken während der Auswertung den Überblick über das gesamte Material und das Ziel der Fragestellung nicht aus den Augen zu verlieren. Zudem war es wichtig nach bestimmten Phasen der Feinanalyse erneut Abstand zum Material zu gewinnen, sodass das Einlegen von Pausen und das Abwechseln von Arbeitsschritten für den Erkenntnisprozess gewinnbringend war.

12.3 Grenzen und Schwächen der Methode

Das gewählte Forschungsdesign ist in der Qualität und Reichweite begrenzt, indem die methodischen Entscheidungen Ein- und Ausschlüsse generieren. Um das Potenzial des Verfahrens kritisch darzustellen, sind unberücksichtigte Aspekte und ungelöste Probleme zu thematisieren.

- **Datenzugang**

Der ethnologische Feldaufenthalt war sinnvoll, um einen passenden Datenzugang herzustellen und die Aussagen der Befragten gegenstandsbezogen interpretieren zu können. Die geplante Durchführung von Gruppendiskussionen war aus forschungsethischen Gründen gescheitert, indem die Teilnahme durch mangelnde Sicherheit und Vertrauen verweigert wurde. In dieser Situation war ein rasches, adäquates methodisches Umdenken notwendig. Um den gegenstands- und situationsbezogenen Zugang im interkulturellen Feld zu entwickeln, ist es demnach entscheidend, sich als fremde Forscherin im Feld ausreichend lange aufzuhalten.

> Es wurde erkenntlich, dass Erfolge bei der Datenerhebung und der Zugang zu informellen Informationsnetzwerken mit der Entwicklung persönlicher Vertrauens- und Beziehungsverhältnisse mit (Schlüssel-)Personen im Feld zusammenhingen. Um Misstrauen und Verschlossenheit entgegenzutreten, ist Zeit für einen interkulturellen Forschungsfortschritt ein großer Faktor.

- Datenreichweite

Der Feldzugang wurde maßgeblich durch die Mitarbeit bei einer Stiftung als Gateopener hergestellt. Die Kontakte innerhalb des Stiftungsnetzwerkes wurden genutzt, um nach dem Schneeballprinzip Personen zu rekrutieren und Aktivitäten zu besuchen. Die Reichweite der Studie beschränkt sich aus diesem Grund auf ein Netzwerk innerhalb des Bewegungsfeldes.

> Wenn die notwendigen finanziellen, zeitlichen und personellen Ressourcen zur Verfügung stehen, ist es sinnvoll, Zugang zu Personen aus verschiedenen Netzwerken innerhalb eines Forschungsfeldes zu erreichen.

- Datenselektion

Die Auswahl der Befragten beschränkte sich auf Personen, die ausreichende englischsprachige Ausdrucksfähigkeit besaßen. Die Ergebnisse der Arbeit sind infolgedessen durch sprachliche Entscheidungskriterien verzerrt. Die Entscheidung fußte auf forschungspraktischen, finanziellen, zeitlichen und personellen Grenzen.

Tipp

Im Rahmen des Forschungsprojektes wurde die Schwierigkeit interkultureller Interpretation mitreflektiert, indem die Perspektivenbezogenheit der Ergebnisse thematisiert wurde. Um dieser Einschränkung gerecht zu werden, empfiehlt es sich, vor Ort vereidigte Sprachassistenten zu rekrutieren, die Interviews simultan übersetzen (vgl. Katharina Inhetveen 2012).

- Interviewkonzeption

Um eine Vergleichbarkeit der Aussagen zu gewährleisten, wurden leitfadengestützte Interviews geführt, die eine erzählgenerierende Einleitungsfrage beinhalteten. Die Kombination aus Narration und Leitfadenstrukturierung habe ich gewählt, um Redehemmungen aufgrund mangelnden Vertrauens in der Gesprächssituation flexibel begegnen zu können.

> Um interkultureller (Deutungs-)Distanz angemessen zu begegnen, ist es plausibel, theoretische Vorstrukturierungen durch Leitfäden zu meiden, indem die Narration als Gesprächsform gewählt wird. Auf diese Weise ließen sich die subjektiven Relevanzsetzungen der Befragten rekonstruieren, ohne diese möglicherweise durch vorgegebene Theorien auf (falsche) Deutungsfährte zu leiten.

12.4 Tipps und Tricks

Zusammenfassend lassen sich folgende praktische Tipps und Tricks im Umgang mit Interkulturalität bei qualitativen Forschungsprojekten formulieren.

> **Tipp**
>
> Baue Vertrauen auf, um Zugang zu informellen Informationen, Aktivitäten und Netzwerken zu bekommen!
> Nutze spontane Situationen, um für den Forschungsprozess daraus einen Gewinn zu erzielen!
> Halte Dich im Feld eine Zeitlang auf, um das Feld gut zu kennen, Vertrauen aufzubauen und ein Verständnis des Gegenstandes zu entwickeln!
> Sei methodisch flexibel, um den Zugang der Forschungssituation angemessen anzupassen!
> Trenne Wichtiges von Unwichtigem, um bei der Auswertung den Überblick zu behalten!
> Nutze verschiedene Netzwerke, um die Reichweite deiner Informationen zu vergrößern!
> Lass Dir helfen, zum Beispiel, um die Interviews simultan übersetzen zu lassen!
> Lass Dir erzählen, um einen Einblick in die Interessen der Befragten zu bekommen!
> Bleibe in der Interviewsituation respektvoll distanziert, um authentische Informationen zu erhalten!

Mein Beitrag zeigt insgesamt, dass (noch) entscheidender als eine professionelle wissenschaftliche Planung, Organisation und Konzeption eines interkulturellen Feldaufenthaltes die Fähigkeit des Forschers ist, im fremden Feld mit den eigenen Planungen, Organisationen und Konzeptionen flexibel und situativ umzugehen. Forschung in einem kulturell fremden Feld gelingt, wenn Selbstkritik und Selbstreflexion nicht als notwendiges Übel, sondern als Grundlage des Erkenntnisprozesses praktisch vollzogen werden.

Literatur

Bettmann, R., & Roslon, M. (2013). Going the Distance. Impulse für die interkulturelle qualitative Sozialforschung. In R. Bettmann & M. Roslon (Hrsg.), *Going the Distance. Impulse für die interkulturelle Qualitative Sozialforschung* (S. 9–31). Wiesbaden: Springer.
Blee, K. M., & Taylor, V. (2002). Semi-structured interviewing in social movement research. In B. Klandermans & S. Staggenborg (Hrsg.), *Methods of social movement research* (S. 92–117). Minneapolis: University of Minneapolis Press.
Derichs, C. (2014). Introduction. Women's movements and countermovements: The quest for gender equality in Southeast Asia and the Middle East. In C. Derichs & D. Fennert (Hrsg.), *Women's movements and countermovements: The quest for gender equality in Southeast Asia and the Middle East* (S. 1–8). Newcastle: Cambridge Scholars Publishing.
Glaser, B. G, & Strauss, A. L. (1998). *Grounded theory. Strategien qualitativer Forschung*. Bern: Huber.
Herkenrath, M. (2011). *Die Globalisierung der sozialen Bewegungen. Transnationale Zivilgesellschaft und die Suche nach einer gerechten Weltordnung*. Wiesbaden: Springer.
Hoffmann-Riem, C. (1980). Die Sozialforschung in einer interpretativen Soziologie – Der Datengewinn. *Kölner Zeitschrift für Soziologie und Sozialpsychologie, 32*(2), 339–372.
Inhetveen, K. (2012). Translation challenges: Qualitative interviewing in a multi-lingual field. *Qualitative Sociology Review, 8*(2), 28–45.

Lichterman, P. (2002). Seeing structure happen: Theory-driven participant observation. In B. Klandermans & S. Staggenborg (Hrsg.), *Methods of social movement research* (S. 118–145). Minneapolis: University of Minneapolis Press.

Mae, M., & Saal, B. (2007). *Transkulturelle Genderforschung. Ein Studienbuch zum Verständnis von Kultur und Geschlecht.* Wiesbaden: Springer.

Marg, S., Geiges, L., Butzlaff, F., & Walter, F. (2013). *Die neue Macht der Bürger. Was motiviert die Protestbewegungen? BP-Gesellschaftsstudie.* Bonn: Bundeszentrale für politische Bildung.

Mayring, P. (2000). Qualitative Inhaltsanalyse. Forum Qualitative Sozialforschung. *Online Journal, 1*(2). ▶ http://nbn-resolving.de/urn:nbn:de:0114-fqs0002204. Zugegriffen: 03. Aug. 2015.

Mayring, P., & Brunner, E. (2007). Qualitative Inhaltsanalyse. In R. Buber & H. H. Holzmüller (Hrsg.), *Qualitative Marktforschung. Konzepte – Methoden – Analysen* (S. 669–680). Wiesbaden: Gabler.

Przyborski, A., & Wohlrab-Sahr, M. (2008). *Qualitative Sozialforschung. Ein Arbeitsbuch.* München: Oldenbourg.

Rippl, S., & Seipel, C. (2015). *Methoden kulturvergleichender Sozialforschung.* Wiesbaden: Springer.

Samik-Ibrahim, R. M. (2000). Grounded theory methodology as the research strategy for a developing country. Forum Qualitative Sozialforschung. *Online Journal, 1,* 1. ▶ http://nbn-resolving.de/urn:nbn:de:0114-fqs0001198. Zugegriffen: 03. Aug. 2015.

Schröter, S., & Zayed, S. (2013). Tunesien: Vom Staatsfeminismus zum revolutionären Islamismus. In S. Schröter (Hrsg.), *Geschlechtergerechtigkeit durch Demokratisierung? Transformationen und Restaurationen von Genderverhältnissen in der islamischen Welt* (S. 17–44). Bielefeld: transcript.

Shimada, S. (2001). Wissenssoziologie der kulturellen Wechselwirkungen: eine Skizze zur Methodologie einer interkulturell angelegten qualitativen Sozialforschung. *ZQF – Zeitschrift für Qualitative Forschung, vormals: ZBBS Zeitschrift für qualitative Bildungs-, Beratungs- und Sozialforschung, 1,* 37–48.

Spradley, J. (1979). *The Ethnographic Interview.* Belmont: Wadsworth. Cengage Learning.

Strübing, J. (2014). *Grounded Theory. Zur sozialtheoretischen und epistemologischen Fundierung eines pragmatistischen Forschungsstils.* Wiesbaden: Springer.

Taylor, V., & Whittier, N. E. (1992). Collective identity in social movement communities. In A. D. Morris & C. M. Mueller (Hrsg.), *Frontiers in social movement theory* (S. 104–129). New Haven: Yale University Press.

Tchaïcha, J. D., & Arfaoui, K. (2011). Tunisian women in the twenty-first century: Past achievements and present uncertainties in the wake of the Jasmine Revolution. *The Journal of North African Studies, 17*(2), 215–238.

Weber, A. F. (2001). *Staatsfeminismus und autonome Frauenbewegung in Tunesien.* Hamburg: Deutsches Orient-Institut.

Yousefi, H. R., & Braun, I. (2011). *Interkulturalität. Eine interdisziplinäre Einführung.* Darmstadt: Wissenschaftliche Buchgesellschaft.

Sektion 3 Umgang mit erhobenen Daten

Kapitel 13	Die Transkription – 111	
	Benedikt Geyer	
Kapitel 14	Ethische Dilemmata in Forschungsprozessen – 121	
	Melina Rutishauser und Chantal Zimmermann	
Kapitel 15	Soziale Wirklichkeit und Lebenswelten erforschen – 133	
	Svenja Weitzig	
Kapitel 16	Struktur gibt innere Ruhe – 141	
	Doreen Herinek	
Kapitel 17	Mittendrin oder nur dabei? – 151	
	Carolin Sprenger	
Kapitel 18	Wenn die Daten nicht mitspielen – 159	
	Miriam Schäfer	
Kapitel 19	Für den tiefen Überblick – 169	
	Vera A. Danielsmeier	

Die Transkription

Eine notwendige Reduktion sozialer Interaktion

Benedikt Geyer

13.1 Transkription: Warum sich die Arbeit machen? – 112

13.2 *Form follows function:* Beispiel-Transkripte – 114

13.3 Herausforderungen meistern: Die Transkripterstellung – 114

Literatur – 119

»Ein Meister oder eine Meisterin ist noch nie vom Himmel gefallen.« Scheint diese Lebensweisheit noch so lapidar, birgt sie doch etwas Wahres: Neben den Herausforderungen, die unterschiedliche Feldzugänge und methodologische Schwerpunktsetzungen mit sich bringen, gilt es, sich im Vorfeld des Forschungsvorhabens mit dem Datenumgang vertraut zu machen, um methodische und technische Probleme schon zu Beginn der Arbeit aus dem Weg räumen zu können. Der folgende Beitrag wird sich mit der Datensicherung beschäftigen und in diesem Rahmen die Transkription als eine notwendige Reduktion sozialer Interaktion vorstellen.

> **Definition**
>
> Unter einem Transkript versteht man in diesem Zusammenhang »die Wiedergabe eines gesprochenen Diskurses in einem situativen Kontext mit Hilfe alphabetischer Schriftsätze und anderer, auf kommunikatives Verhalten verweisender Symbole« (Dittmar 2009, S. 52).
> Lat. *trans* »hinüber« und *scribere* »schreiben«. Auch in Disziplinen wie der Anthropologie, Soziologie oder Psychologie haben sich Transkriptionssysteme entwickelt (vgl. Kowal und O'Connell 2008, S. 438).

Konkret bedeutet dies, dass das Ausgangsmaterial (z. B. Video- und/oder Audioaufzeichnungen) durch die Transkription in eine textliche Form mit entsprechenden Notationen überführt werden muss. Das Transkript dient den Forschenden sodann als Material für eine umfängliche Analyse und trägt wesentlich zur »intersubjektiven Überprüfbarkeit« (Przyborski und Wohlrab-Sahr 2014, S. 165) bei.

Die Transkription ist eine notwendige Tätigkeit zur Sicherung von erhobenen Daten. Zwar wäre die Sicherung von Daten aufgrund der günstigen Speichermöglichkeiten per USB-Stick usw. durchaus denkbar, jedoch treten hierbei zwei wesentliche Probleme auf: Weder ist gewährleistet, dass die Trägermedien oder Online-Speicher (Cloudlösung) die Daten unbegrenzt vorhalten, noch ist eine (oft) zwingend erforderliche Anonymisierung der Daten möglich. Darüber hinaus wäre eine Analyse von gesprochener Sprache – ohne diese in visualisierter Forum vorliegen zu haben – ungleich schwerer, wenn nicht gar unmöglich. (vgl. Przyborski und Wohlrab-Sahr 2014, S. 164)

In einem Transkript können mehr oder minder genau bestimmte Aspekte festgehalten und wiedergegeben werden, beispielsweise (vgl. Dittmar 2009, S. 97 ff.; Fuß und Karbach 2014, S. 37 ff.; Kuckartz 2010, S. 41; Kowal und O'Connell 2008, S. 438 ff.):
- Wörter und Wortfolgen (sog. verbale Merkmale/Einheiten),
- Lautliche Gestaltung (sog. prosodische Merkmale/Einheiten),
- Nichtsprachliches Verhalten (sog. nicht- oder non-verbale Merkmale/Einheiten).

Daneben können durch bestimmte Notationen (Zeichen, Symbole oder spezifische Schriftauszeichnungen) etwa Pausen während des Sprechflusses, lautes oder leises Sprechen, Betonungen von Wörtern oder Wortsilben, Abbrüche eines begonnenen Wortes, die jeweilige Intonation, Wortdehnungen und vieles mehr kenntlich gemacht werden.

13.1 Transkription: Warum sich die Arbeit machen?

Gründe für die Verschriftlichung der Ausgangsdaten sind die zeitliche Fixierung sowie die »Vergegenständlichung« der Situation beziehungsweise des Interviews (vgl. Fuß und Karbach

13.1 · Transkription: Warum sich die Arbeit machen?

◘ Tab. 13.1 Situationsbeschreibung versus Transkript (Beispiel)

Situationsbeschreibung der Interviewsituation	Transkript
Im Laufe des narrativen Interviews setzt die Forscherin einen (erneuten) Erzählstimulus. Sie regt die Befragte dazu an, Ausführungen über ihre allgemeine Beziehung zur Mutter zu machen	Befragte: »Schwierig. Das ist schwer zu beschreiben. Ich glaube sie liebt mich, ja!«
Diese zögert, schaut erst einmal aus dem Fenster, danach auf den Boden. Sie seufzt kurz und sagt dann: »Schwierig.« Wieder unterbricht sie die Erzählung für ein paar Sekunden. »Das ist schwer zu beschreiben. Ich glaube sie liebt mich sehr, ja!«. Usw.	

2014, S. 15 f.). Da auditives Wahrnehmen einer höheren Flüchtigkeit unterworfen ist als das visuelle Wahrnehmen (vgl. Dittmar 2014, S. 15), ist es wichtig, sich für die Datenauswertung die Möglichkeiten der Transkription zunutze zu machen.

Der Versuch, ein Gespräch von beispielsweise vierzig Minuten genau zu rekonstruieren, wird ohne Aufnahme schlicht zum Scheitern verurteilt sein. Selbst mit einer Aufzeichnung und wiederholtem Anhören des lautlich Geäußerten wäre der Versuch, »latente Sinnstrukturen«, wie es das Ziel der Objektiven Hermeneutik ist, oder Diskursstränge, wie es die Diskursanalyse anstrebt, zu Tage zu fördern, ungleich schwerer als dies eine Umschrift erlaubt. Macht man sich dagegen den visuellen Modus von Text (und Zeichen) zunutze, ist ein »Arbeiten« am und mit dem Material weitaus effektiver und tiefgründiger.

Dabei darf nicht vergessen werden, dass es auch bei der Aufzeichnung der Gesprächssituation und Interaktion sowie bei der Erstellung einer Umschrift von Audio- und/oder Videoaufzeichnungen zu einem »erheblichen Informationsverlust« (Fuß und Karbach 2014, S. 25) kommt. Je nach Forschungsfrage und methodischem Vorgehen kann dieser entweder verkraftbar sein, sodass eine weitere Analyse gut möglich ist, oder aber er ist nicht hinnehmbar (vgl. Kuckartz 2010, S. 41). Durch die Anwendung bestimmter Regeln bei der Transkription ist es das Ziel – je nach Komplexitätsgrad der Transkription – den Informationsverlust so gering wie möglich zu halten. Um diesen Verlust von Informationen bildhaft darzustellen, sei folgendes (fiktives) Beispiel angeführt (◘ Tab. 13.1): Eine junge Forscherin befasst sich mit der Beziehungsgestaltung von Mädchen zu ihren psychisch erkrankten Eltern.

Wie anhand des Beispiels deutlich wird, ist der Informationsgehalt der Situationsbeschreibung wesentlich höher. Das Transkript ohne entsprechende Notationen von beispielsweise Pausen während des Sprechens enthält hingegen deutlich weniger Informationen.

Stimmt man mit Przyborski und Wohlrab-Sahr (2014, S. 11) darin überein, dass es sich beim »Zugang zu empirischen Daten« um »methodisch kontrolliertes Fremdverstehen« handelt, ist es augenscheinlich, dass auch bei der Erstellung von Transkripten bestimmte Regeln Anwendung finden müssen, die für die Lesenden nachvollziehbar sind. Allgemeingültige und für alle Auswertungsmethoden sinnvoll anwendbare Transkriptionsstandards haben sich noch nicht etabliert (vgl. Flick 2010, S. 379). Kowal und O'Connell (2008, S. 445) werfen gar die Fragen auf, ob eine solche Standardisierung in naher Zukunft absehbar und aufgrund verschiedener Forschungsziele überhaupt sinnvoll sind. Vielmehr existieren verschiedene Regelwerke nebeneinander (z. B. die der formalen Konversationsanalyse [KA], das gesprächsanalytische Transkriptionssystem [GAT], die halb-interpretative Arbeits-Transkription [HIAT]). Einige Wissenschaftler und Wissenschaftlerinnen haben speziell für die von ihnen (weiter)entwickelten Auswertungsmethoden eigene Richtlinien für die Erstellung von Transkripten vorgelegt oder lehnen sich an bekannte Systeme an. Nachvollziehbar ist zudem, dass in der Sprach- und Kommunikationswissenschaft andere Schwerpunkte bei einer Umschrift gesetzt werden, als dies im Kontext der Sozialforschung gebräuchlich und sinnvoll ist (vgl. Dittmar 2014).

13.2 *Form follows function*: Beispiel-Transkripte

Die Form eines Transkripts und die darin zur Anwendung kommenden Notationen sollen klar der späteren Funktion dienlich sein: »Wie genau und detailliert man transkribiert, hängt vom Untersuchungszweck und den Forschungsfragen ab« (Kuckartz 2010, S. 38). Ist es für eine spätere Analyse also zum Beispiel wichtig, die Dialektfärbung, Sprechpausen, Lachen oder die Intonation zu erfassen? Nicht bei allen Untersuchungen wird diese Frage mit ja zu beantworten sein.

Anhand der unten abgedruckten Beispiel-Transkripte werden zwei unterschiedliche Transkriptionssysteme dargestellt. Zwar ist das erste (in Auszügen) vorgestellte System »TiQ«[1] bei Weitem nicht so genau, wie dies in sprachwissenschaftlichen Kontexten üblich ist, dennoch erfasst es mehr Details (z. B. Überlappungen, Lautstärke, Wortverschleifungen etc.) als die hierauf vorgestellten Vorschläge von Kuckartz. Bei den Transkripten steht »I« für »Interviewer« und »B1« für »Befragte 1« (◘ Tab. 13.2 und 13.3).

Vor der genauen Analyse eines Transkripts steht also die Frage nach der Auswertungsmethode. Soll zum Beispiel Expertenwissen erhoben und zugänglich gemacht oder sollen detailliert narrative Erzählungen »unter die Lupe« genommen werden? Um die Frage nach der Wahl des Transkriptionssystems etwas zu vereinfachen, empfiehlt sich folgendes Vorgehen: Schlagen die Urheber und Urheberinnen einer Auswertungsmethode ein eigenes oder spezifisches Transkriptionssystem vor, ist es – gerade für angehende Forschende – ratsam, sich diesem Vorschlag anzuschließen. Sind bei der gewählten Auswertungsmethode keine bestimmten Transkriptionsregeln dokumentiert, bietet sich ein modulares System wie von Fuß und Karbach (2014) vorgeschlagen an. Letzteres bietet acht »Module« (z. B. zur Sprachglättung, nicht-sprachlichen Ereignissen, Zeichensetzung) an, aus denen Forschende ein speziell auf die Forschungsfrage und Auswertungsmethode passendes System »zusammenstellen« können.

13.3 Herausforderungen meistern: Die Transkripterstellung

Bei der Erstellung von Transkripten kann es, wie bei jeder Phase eines Forschungsprozesses, zu (unerwarteten) Schwierigkeiten kommen. Auf die wesentlichen Punkte wird im Folgenden kurz eingegangen.

- **Vertrautheit mit der Transkripterstellung**
Häufig werden Bachelor- oder Master-Studierende bei der Erstellung einer empirischen (Abschluss-)Arbeit mit der Erfordernis, ein Transkript zu erstellen, konfrontiert. Dies stellt bei der erstmaligen Durchführung zunächst eine ungewohnte Aufgabe dar. Das gleichzeitige Hören und Schreiben will geübt sein. Häufig wird hierbei auch der Zeitfaktor unterschätzt. In der

---

1 TiQ steht für »*Talk in Qualitative Social Research*« und ist laut Przyborski und Wohlrab-Sahr (2014, S. 167) gerade für rekonstruktive Methoden anerkannt.

13.3 · Herausforderungen meistern: Die Transkripterstellung

Tab. 13.2 Beispiel-Transkript nach TiQ

Transkript »Forschung« (nach den Transkriptionsregeln TiQ)

1 I: Nach der Hochschule haben Sie also direkt mit der <u>Promotion</u> begonnen um (.)
2 B1:   ⌊ Ja, genau (2) um ehh dem
3 Wissenschaftsbe- also der Wissenschaft treu zu bleiben @(3)@
4 (4)
5 I: Was war letztlich also (.) der ausschlaggebende Knackpunkt?
6 B1:   ⌊ Meine heutige Doktormutter
7 fragte mich: »Ham=se nicht Lust, sich in dieses Thema so **richtig** reinzuknien?«

(.)	Absetzen während des Sprechens (unter einer Sekunde)
(2)	Anzahl der Sekunden einer Sprechpause
<u>Promotion</u>	Betonung eines Wortes
Richtig	Laut im Vergleich zur üblichen Sprechlautstärke
?	Deutliche Frageintonation
Wissenschaftsbe-	Abbruch eines Wortes, welches nicht vollständig ausgesprochen wird
Ham=se	Zwei Worte, die wie eines gesprochen werden (hier: haben Sie)
@(3)@	Lachen mit Zeitangabe in Sekunden

Legende (Notationen nach Vorschlag von Przyborski und Wohlrab-Sahr 2014, S. 168 f.)
⌊ Überlappungen beim Sprecherwechsel werden durch dieses Zeichen kenntlich gemacht
Darüber hinaus werden weitere Notationen vorgeschlagen, welche sich bspw. auf Zuhörersignale beziehen

Literatur weichen die Angaben der benötigten Zeit zur Erstellung eines Transkripts deutlich voneinander ab.

Tipp

Um einschätzen zu können, wie viel Zeit Du für die Transkription benötigen wirst, führe die folgende Übung durch: Nimm ein Aufnahmegerät und zeichne ein fünfzehnminütiges Gespräch mit einer Kommilitonin oder einem Kommilitonen auf. Wähle dabei ein möglichst offenes Thema, zu dem die Befragten aus dem Stehgreif erzählen können (bspw. kannst Du eine kleine Sequenz »Von der Schule zur Hochschule« erheben). Daraufhin gilt es, dieses kurze Interview zu transkribieren. Stoppe die Zeit, die Du benötigst, um dieses Gespräch in Textform zu übertragen.

- **Vertrautheit mit den Transkriptionsregeln**

Zwar sind Transkriptionsregeln mehr oder minder schnell zu erfassen und nachvollziehbar, jedoch sollte man sich zunächst mit den zur Anwendung kommenden Gesetzmäßigkeiten vertraut machen. Diese können – je nach Komplexität – den Schreibfluss enorm behindern.

Tab. 13.3 Beispiel Transkript nach Kuckartz (2008)

Transkript »Forschung« (nach den Transkriptionsregeln Kuckartz)

1 I: Nach der Hochschule haben Sie also direkt mit der Promotion begonnen, um

2

3 B1: Ja, genau, um dem Wissenschaftsbe- also der Wissenschaft treu zu bleiben (lacht) …

4

5 I: Was war letztlich also der ausschlaggebende Knackpunkt?

6

7 B1: Meine heutige Doktormutter fragte mich: »Haben Sie nicht Lust sich in dieses Thema

8 so **richtig** reinzuknien?«

1. Es wird wörtlich transkribiert, also nicht lautsprachlich oder zusammenfassend. Vorhandene Dialekte werden nicht mit transkribiert

2. Die Sprache und Interpunktion wird leicht geglättet, d. h. an das Schriftdeutsch angenähert. Bspw. wird aus ‚Er hatte noch so'n Buch genannt' → ‚Er hatte noch so ein Buch genannt'

3. Alle Angaben, die einen Rückschluss auf eine befragte Person erlauben, werden anonymisiert

4. Deutliche, längere Pausen werden durch Auslassungspunkte (…) markiert

5. Besonders betonte Begriffe werden durch Unterstreichungen gekennzeichnet

6. Zustimmende bzw. bestätigende Lautäußerungen der Interviewer (Mhm, Aha etc.) werden nicht mit transkribiert, sofern sie den Redefluss der befragten Person nicht unterbrechen

7. Einwürfe der jeweils anderen Person werden in Klammern gesetzt

8. Lautäußerungen der befragten Person, die die Aussage unterstützen oder verdeutlichen (etwa Lachen oder Seufzen), werden in Klammern notiert

9. Absätze der interviewende [sic!] Person werden, durch ein ‚I', die/der befragte(n) [sic!] Person(en) durch ein eindeutiges Kürzel, z. B. ‚B4', gekennzeichnet

10. Jeder Sprecherwechsel wird durch zweimaliges Drücken der Enter-Taste, also einer Leerzeile zwischen den Sprechern deutlich gemacht, »um die Lesbarkeit zu erhöhen« (Kuckartz 2008, S. 44).

Legende (Notationen nach Kuckartz)

Tipp

Drucke Dir in jedem Fall eine Legende mit einer übersichtlichen Darstellung der benötigten Zeichen, Symbole und Regeln aus. Auf diese kannst Du während der Transkription zurückgreifen und musst nicht erst in einem Fachbuch nachschlagen.

- **Leserlichkeit für die spätere Analyse**

Denke bereits während der Transkription daran, dass Du den so produzierten Text später noch genau analysieren musst. Gleich, ob Du hierfür Qualitative-Data-Analysis-Software nutzt oder nicht: Der Text soll sich Dir schnell erschließen. Zu viele unterschiedliche Zeichen und Symbole können den Lesefluss ungemein behindern und Dich von einer gezielten Auswertung ablenken. Darüber hinaus solltest Du nur Gesprächs- und Verhaltensvariablen transkribieren

13.3 · Herausforderungen meistern: Die Transkripterstellung

und kenntlich machen, welche später auch tatsächlich analysiert werden sollen (vgl. Kowal und O'Connell 2008, S. 444).

> **Tipp**
>
> Mache Dich mit dem Transkriptionssystem genauestens vertraut. Suche in Deiner Bibliothek nach Abschluss- oder Forschungsarbeiten, in welchen ähnliche oder gleiche Transkriptionsregeln angewandt wurden.

- **Genauigkeit**

Transkripte sind fehleranfällig und müssen – je nach Forschungszweck – mit möglichst hoher Genauigkeit angefertigt werden. Versprecher oder Füllwörter überhören wir für gewöhnlich leicht. Auch die genaue Erfassung von Pausen während des Sprechflusses stellt eine Herausforderung für die Transkribierenden dar.

> **Tipp**
>
> Höre und sieh Dir das Ausgangsmaterial in jedem Fall noch einmal nach der Fertigstellung des Transkriptes an und vergleiche die so entstandene Umschrift mit der Audio- oder Videodatei. In einigen Fällen empfiehlt sich die Anwendung des Vier-Augen-Prinzips, das heißt eine dritte Person vergleicht die Aufnahme mit der Umschrift (Dresing und Pehl 2013, S. 31).

- **Verwendete Software**

In den letzten Jahren haben sich spezifische Programme zur Transkripterstellung etabliert. Je nach Anbieter können diese das Forschungsbudget von Studierenden jedoch stark strapazieren. Nicht alle Programme unterstützen darüber hinaus gleich gut die zur Anwendung kommenden Transkriptionsregeln und -systeme (z. B. die Partiturschreibweise). Einige Programme unterstützen sogenannte Zeitmarken, welche das schnelle »Springen« zur entsprechenden Stelle im Ausgangsmaterial erlauben. Auch der Umgang mit der gewählten Software sollte im Vorfeld eingeübt werden. Es kann zwischen reinen Abspielprogrammen und einer Kombination von Abspiel- und Textverarbeitungsprogrammen unterschieden werden.

> **Tipp**
>
> Eine gute Übersicht und Beschreibung verfügbarer Transkriptions-Software findest Du auf der Internetseite ▶ www.sosciso.de/de/software/datenumwandlung/transcription/ (zuletzt abgerufen: 16.03.2015). Hier findest Du Hinweise zu unterstützten Betriebssystemen (Windows, Mac OS X, Linux etc.) des jeweiligen Programms sowie zur Lizenz (OpenSource, Commercial etc.). Informiere Dich an Deiner Hochschule/Universität, ob diese spezielle Lizenzen für Transkriptions-Software vorhält. Zum Teil werden hier auch Seminare zum Umgang mit eben diesen angeboten.

- **Verwendete Hardware**

Hast Du mehrere Interviews/Situationen aufgezeichnet und musst Du diese nun transkribieren, empfiehlt sich die Anschaffung eines »Fußschalters«. Dieser wird per USB mit Deinem

PC/Notebook verbunden. Je nach Funktionsumfang kannst Du so durch Ausüben von Druck auf das Pedal die abgespielte Sequenz anhalten, zurückspulen und fortsetzen.

> **Tipp**
>
> Informiere Dich im Vorfeld über die Kompatibilität des jeweiligen Produkts mit der Transkriptions-Software. Häufig eignen sich schon recht preiswerte Komponenten.

- **Darstellung des Transkripts in der Arbeit**

Das vollständige Transkript beziehungsweise die Transkripte sollten im Anhang Deiner Abschluss- oder Forschungsarbeit abgedruckt sein. Einige Betreuer und Betreuerinnen wünschen bei umfänglichen Transkripten einen gesonderten Druck dieser, andere hingegen verzichten hierauf und nehmen den Anhang auch in digitaler Form an. Empfehlenswert ist die Voranstellung eines Transkriptkopfes, welcher die wesentlichen Informationen des Interviews und der Situation enthält wie Interviewnummer, Aufnahmedatum, Ort, Zeit, Anzahl der Personen (bei Gruppeninterviews) etc. (vgl. Fuß und Karbach 2014, S. 79 ff.).

> **Tipp**
>
> Achte bei der Verwendung von Zeilennummern im Dokument in jedem Fall darauf, dass schon die kleinste Neuerung (z. B. der Schriftart und -größe) im Transkript zur Verschiebung der ursprünglichen Nummerierung führt.
>
> Absatz- oder Zeilennummerierungen, welche fortlaufend sind und zum Beispiel am linken Seitenrand des Transkripts als Ziffern (1,2,3…) im Dokument gespeichert werden, eignen sich gut, um die Darstellung zu systematisieren. Darüber hinaus kannst Du so leicht auf bestimmte Aussagen/Passagen verweisen (siehe Zitation).
>
> Viele Hochschulen und Universitäten bieten für Studierende spezielle Leitfäden zur Erstellung von Abschlussarbeiten an. Hier findest Du Hinweise zur gewünschten Vorgehensweise. Spreche die Transkription im besten Fall mit Deinem Betreuer oder Deiner Betreuerin ab. Stelle in Deiner Arbeit in jedem Fall auch die verwendeten Transkriptregeln dar. Sprich Dich auch zur Zeilen- bzw. Absatznummerierung mit ihm oder ihr ab.

- **Zitation**

In Deiner Abschluss- oder Forschungsarbeit musst Du stets genau angeben, auf welche Passage oder Aussage des Interviews beziehungsweise der Situation Du Dich beziehst. Zur Untermauerung Deiner Analyse und den sich hieraus ergebenden Erkenntnissen ist dies enorm wichtig, um das eigene Vorgehen transparent zu gestalten.

> **Tipp**
>
> Gleich welche Zitierweise Du nutzt, zwingend solltest Du das Zitat mit folgendem kenntlich machen: Transkriptionsnummer (bei mehreren Transkripten), Sprecher oder Sprecherin (z. B. Befragte A.), Zeilen- oder Absatznummer sowie Seitenzahl. Zitiere in jedem Fall einheitlich und gebe Hinweise zur Lesart. Darüber hinaus solltest Du Einschübe (z. B. durch eckige Klammern kenntlich gemacht) vermeiden. Die Gefahr besteht schlicht in der Verzerrung der Aussagen der Gesprächsteilnehmenden.

- **Anonymität**

In den meisten Fällen ist in der Sozialforschung die Anonymisierung der Transkripte notwendig. Das bedeutet, dass keine Rückschlüsse auf die Gesprächsteilnehmenden – auch nicht über Dritte – möglich sein dürfen.

> **Tipp**
>
> Transkribiere zunächst ohne den Text direkt zu verändern. Erst im Anschluss gehst Du das Dokument erneut durch und nimmst die Anonymisierung vor. Ersetze dabei zum Beispiel den Namen. Gerade bei Namensnennungen und anderen expliziten Daten (Orte, Geburtsdaten, Sozialdaten) solltest Du besondere Sensibilität an den Tag legen.

Literatur

Dittmar, N. (2009). *Transkription. Ein Leitfaden mit Aufgaben für Studenten, Forscher und Laien*. Wiesbaden: VS Verlag für Sozialwissenschaften.
Dresing, T., & Pehl, T. (2010). Transkription. In G. Mey (Hrsg.), *Handbuch Qualitative Forschung in der Psychologie* (S. 723–733). Wiesbaden: VS Verlag für Sozialwissenschaften.
Dresing, T., & Pehl, T. (2013). *Praxisbuch Transkription. Regelsysteme, Software und praktische Anleitungen für qualitative ForscherInnen*. Marburg: Eigenverlag.
Flick, U. (2010). *Qualitative Sozialforschung. Eine Einführung*. Reinbek bei Hamburg: Rowohlt.
Fuß, S., & Karbach, U. (2014). *Grundlagen der Transkription. Eine praktische Einführung*. Leverkusen: UTB.
von Kardorff, E., Steinke, I., & Flick, U. (Hrsg.). (2008). *Qualitative Forschung. Ein Handbuch*. Reinbek bei Hamburg: Rowohlt.
Kowal, S., & O'Connell, D. (2008). Zur Transkription von Gesprächen. In U. Flick, E. von Kardorff & I. Steinke (Hrsg.), *Qualitative Forschung. Ein Handbuch* (S. 437–447). Reinbek bei Hamburg: Rowohlt.
Kuckartz, U. (2008). *Qualitative evaluation. Der Einstieg in die Praxis*. Wiesbaden: VS Verlag für Sozialwissenschaften.
Kuckartz, U. (2010). *Einführung in die computergestützte Analyse qualitativer Daten*. Wiesbaden: VS Verlag für Sozialwissenschaften.
Mey, G. (Hrsg.). (2010). *Handbuch Qualitative Forschung in der Psychologie*. Wiesbaden: VS Verlag für Sozialwissenschaften.
Przyborski, A., & Wohlrab-Sahr, M. (2014). *Qualitative Sozialforschung. Ein Arbeitsbuch*. München: Oldenbourg.

Ethische Dilemmata in Forschungsprozessen

Umgang mit sensiblen Daten und Personen vulnerabler Forschungsgruppen

Melina Rutishauser und Chantal Zimmermann

14.1 Was sind sensible Daten? – 122

14.2 Migrantinnen im Sexgewerbe und Nothilfebezügler*Innen Einblick in unsere Forschungen – 123

14.3 Beziehungen in heiklen Forschungsfeldern: Ethische Dilemmata – 124

14.4 Eigene psychische und physische Integrität – 127

14.5 Anonymisieren sensibler Daten – 129

14.6 Fazit – 130

Literatur – 131

Die Autorinnen sind in alphabetischer Reihenfolge genannt.

»Das Sternchen verweist auf die Ablehnung binär gesetzter Subjektpositionen, da diese eine Folge hegemonialer Zuschreibungen sind. Es stellt damit ein Symbol für den Anspruch an eine Öffnung von Subjektpositionen dar.«

J. Wintzer (Hrsg.), *Herausforderungen in der Qualitativen Sozialforschung*,
DOI 10.1007/978-3-662-47208-8_14, © Springer-Verlag Berlin Heidelberg 2016

Ziel unseres Beitrages ist eine kritische Reflexion über den Umgang mit sensiblen Daten und den Personen, die hinter diesen Daten stehen. Wir haben in Forschungsgebieten geforscht, die politisch und moralisch aufgeladen sind und mit Diskriminierung, Stigmatisierung sowie gesellschaftlichem Ausschluss einhergehen. Eine Forschung fokussierte auf Migrantinnen im Sexgewerbe, die andere untersuchte den Alltag von abgewiesenen Asylsuchenden im Nothilferegime. In beiden Forschungsfeldern ging es um Menschen, die ihre Heimat verlassen haben, sich in der Schweiz in Grauzonen der Legalität/Illegalität bewegen und sehr stark staatlichen Regulierungsmaßnahmen unterworfen sind. Dadurch spielen sich ihre Lebenswelten meist im Verborgenen ab, so dass ihre Handlungsspielräume eingeschränkt sind. Für uns hieß das, dass wir im Rahmen unserer Forschung Menschen begegneten, die sich in prekären Lebenslagen befanden. Diese Umstände führten uns immer wieder in ethische Dilemmata, denn in unserem Forschungsprozess waren wir nie »nur« Forschende, sondern immer auch Menschen. Wir erhoben nicht »nur« Daten, sondern stellten Beziehungen zu Personen her.

14.1 Was sind sensible Daten?

Es gibt viele Forschungsfelder, die ganz spezifische Herausforderungen an die Forschenden stellen können. Diese reichen von Forschungen mit illegalen Migrant*Innen (vgl. Dahinden und Efionayi-Mäder 2009) bis hin zu Forschungen in Kriegs- oder Krisengebieten (vgl. Utas 2005). Solch politisch und moralisch herausfordernde Forschungsfelder sind sowohl in unserem nahen Umfeld wie auch in scheinbar eher weit entfernten Kontexten vorzufinden. Aber nicht jedes Feld stellt die Forschenden vor dieselben Schwierigkeiten. So können einerseits Strukturen wie zum Beispiel gesetzliche Bestimmungen für Forschende Probleme der Positionierung mit sich bringen. Andererseits können persönliche Involviertheit und Anteilnahme an den individuellen Erfahrungsberichten von Interviewten große Betroffenheit auslösen. Forschungen in sensiblen Forschungsfeldern involvieren meist vulnerable Personen, wodurch emotional belastende und riskante Daten entstehen können.

> **Definition**
>
> Sensitive Studien beinhalten Themen, die potentiell stigmatisierende und diskriminierende Informationen freigeben und dadurch bereits stigmatisierten Menschen schaden können. Sie können beispielsweise Angaben zu rechtswidrigen Handlungen oder gesundheitsschädigendem Verhalten beinhalten, die einer Gruppe von Personen aufgrund eines bestimmten Merkmals zugeschrieben werden. So wurde in der Forschung über die Nothilfebezüger deutlich, dass die Merkmale männlich und dunkelhäutig mit Drogenhandel in zusammenhang gebracht werden. Die betreffenden Personen wurden entsprechend behandelt, indem sie auf der Straße nach Drogen gefragt oder von der Polizei des Drogenhandels verdächtigt und festgenommen wurden. Stigmatisierende und diskriminierende Informationen stehen häufig im Zusammenhang mit politisch kontrovers diskutierten Themen.
> Vulnerable Forschungsgruppen betreffen Menschen, die stigmatisiert sind, einen niedrigen sozialen Status und wenig Macht oder Kontrolle über ihr Leben haben sowie in schädlichen rechtlichen, gesellschaftlichen oder institutionellen Regimes leben (Düvell et al. 2010, S. 230). Personen ohne Aufenthaltsbewilligungen verfügen beispielsweise über (fast) keine Rechte und sind der Willkür der Ordnungshüter praktisch schutzlos ausgeliefert. Für eine Vertiefung des Konzepts der Vulnerabilität, vergleiche unter anderem Brigit Obrist »Risque et vulnérabilité dans la recherche en santé urbaine« (2006).

14.2 Migrantinnen im Sexgewerbe und Nothilfebezügler*Innen
Einblick in unsere Forschungen

Bevor wir auf unsere Erfahrungen im Umgang mit sensiblen Daten und vulnerablen Personengruppen eingehen, möchten wir einen Einblick in die Forschungen geben, auf die wir uns beziehen. Die Forschungen wurden unabhängig voneinander in der Schweiz durchgeführt.

Chantal Zimmermann untersuchte in ihrer Arbeit mit dem Titel »›Wie eine Wand, hinter der man das Leben nicht sieht.‹ Nothilfe und ihre Spannungsfelder im Alltag von LangzeitbezügerInnen aus Afrika« in einem kritisch ethnographischen Vorgehen den Alltag von abgewiesenen Asylsuchenden, die in der Schweiz von der Nothilfe leben. Die Masterarbeit basiert auf einer Literaturanalyse sowie auf einer Inhaltsanalyse von Gesprächen mit Betroffenen[1]. Nothilfe ist in der schweizerischen Verfassung verankert und steht allen in der Schweiz lebenden Menschen zur Überbrückung von Notlagen zu, unabhängig von ihrem aufenthaltsrechtlichen Status. Abgewiesene Asylsuchende finden sich häufig in einer Notlage wieder, da sie aufgrund ihrer fehlenden Aufenthaltsberechtigung weder arbeiten noch eine Wohnung mieten können. Machen sie den Anspruch auf Nothilfe geltend, werden sie registriert und sind folglich den Behörden bekannt. Sie halten sich sozusagen »›offiziell illegal‹« (Achermann 2009, S. 94) in der Schweiz auf und können jederzeit aufgrund ihres unbewilligten Aufenthalts strafrechtlich belangt, in Haft genommen oder ausgeschafft werden. Sie erhalten ein Minimum an Überlebenshilfe. Der Alltag ist geprägt von Perspektivenlosigkeit, Nichtstun und Warten auf unbestimmte Zeit.

Melina Rutishauser befasste sich in ihrer Forschung mit dem Titel »Reisende Migrantinnen. Mobilität und Migration in der Sexarbeit. Eine ethnographische Analyse«[2] mit Frauen, welche im Sexgewerbe tätig sind. Das Interesse lag dabei auf den Handlungs- und Deutungsmustern der Akteurinnen selbst in Bezug auf ihre Tätigkeit. Das Sexgewerbe stellt eine gesellschaftliche Realität dar, welche sowohl die Medien wie auch das Stadtbild prägen, wobei dieses oftmals von einem moralischen Standpunkt aus betrachtet wird. In der Forschung wurde der Fokus auf die Arbeitsmigration ins Sexgewerbe gelegt. Es konnte dabei eine reguläre, eine irreguläre und eine ‚teilreguläre'[3] Arbeitsmigration festgestellt werden. Die jeweilige Aufenthaltsbewilligung ist relevant für die Handlungsmöglichkeiten und die Spielräume, die den Akteurinnen zur Verfügung stehen. In der Schweiz dürfen sich grundsätzlich ausschließlich Ausländer*Innen mit einem Ausweis C oder B prostituieren, da die Ausübung der Sexarbeit nur als selbständige Erwerbstätigkeit erlaubt ist (Hürlimann 2004, S. 152). In der Situation als illegale Migrantin oder illegal Tätige besitzen die Frauen wenig Handlungsspielräume und Handlungsmacht. Hinzu kommt, dass sie durch die Tätigkeit der Sexarbeit selbst, sowohl in der Schweiz als auch im Herkunftsland stigmatisiert werden. Aufzuzeigen, dass die Frauen dennoch nicht einfach nur Opfer sind, die Arbeitsmigration ins Sexgewerbe mit diversen Zielen verbunden ist und

---

1 Während innerhalb qualitativer Forschungsprozesse der Begriff »Betroffene« durch das Begriffspaar »Experten und Expertinnen in eigener Sache« ersetzt wird, scheint uns hier diese sprachliche Konkretisierung mit dem Ziel die Passivität der Forschungsteilnehmenden aufzuheben nicht vielversprechend, da sie die eingeschränkten und vulnerablen Lebenswirklichkeiten der abgewiesenen Asylsuchenden und der Migrantinnen im Sexgewerbe verschleiern würde.
2 Vergleiche dazu auch das Kap. 8 Schwierige Zugänge zum Feld. Migrantinnen als Akteurinnen im Sexgewerbe.
3 Von *teilregulärer Migration* wird gesprochen, wenn die Gesprächspartnerinnen legal als Touristinnen in der Schweiz sind, jedoch ohne Bewilligung der Sexarbeit nachgehen.

die Frauen unterschiedliche Strategien entwickeln, um mit der jeweiligen Lebenssituation umzugehen, war für die Forschungsarbeit von großer Bedeutung.

14.3 Beziehungen in heiklen Forschungsfeldern: Ethische Dilemmata

In allen Forschungsfeldern bedarf es eines bewussten ethischen Umgangs sowohl mit den befragten Personen, als auch mit den erhobenen Daten. Dies trifft besonders auf sensible Felder wie die Thematik des Nothilfebezugs oder des Sexgewerbes zu. Da ein ethnographischer Ansatz keinem standardisierten Vorgehen folgt, sondern eine offene Vorgehensweise hat, gibt es keine gezielten Patentlösungen für auftretende ethische Dilemmata. Diese müssen jeweils von Fall zu Fall angegangen werden (O'Reilly 2012, S. 62). Eine der größten Herausforderungen stellte in unseren Forschungsarbeiten der Umgang mit Menschen dar, die sich in einer Zone der Illegalität und Rechtslosigkeit bewegen. Dabei bemerkten wir, dass wir uns in unseren jeweiligen Forschungen in einem ständigen Wechselbad zwischen Empathie und Abgrenzung befanden. Die hohe Vulnerabilität der befragten Personen bedingte eine äußerst sorgfältige Handhabung der erhobenen Daten, zu ihrem und zu unserem Schutze.

Franck Düvell et al. (2010, S. 234) befassen sich in einem Bericht mit ethischen Themen, die sich in der Beziehung zwischen irregulären Migrant*Innen und Forschenden ergeben. Sie beschreiben diesbezüglich folgende drei Aspekte:Die Vertrauensbasis, die unausgeglichene Beziehung zwischen der Forschungsperson und der befragten Person sowie die weiterführende Beziehung nach dem Interview. Diese Themen waren auch in unseren Forschungen relevant, weshalb wir uns in den folgenden Abschnitten daran orientieren.

- **Vertrauensaufbau und Abgrenzung**

Unsere Gesprächspartner*Innen begegneten uns zunächst mit Misstrauen. Dies hatte sicher mit ihrer Zugehörigkeit zu einer gesellschaftlichen Gruppe zu tun, die täglich Diskriminierungen und Stigmatisierungen ausgesetzt ist. Erving Goffman geht in seinem Buch »Stigma. Über Techniken der Bewältigung beschädigter Identitäten« (1975) auf den Umgang mit Stigmata ein.

> **Definition**
>
> Grundsätzlich kann ein Stigma als sichtbares oder soziales Attribut einer Person bezeichnet werden, das durch die Gesellschaft als Abweichung von der Normalität angesehen wird. Das Stigma resultiert, laut Erving Goffman, aus einer Diskrepanz zwischen der virtualen sozialen Identität – diese beschreibt wie die Person aufgrund der Attribute ihrer sozialen Kategorie sein sollte – und der aktualen sozialen Identität, welche wiedergibt wie die Person tatsächlich gesehen wird (Goffman 1975, S. 10; Münch 2007, S. 302). Goffman (1975, S. 12) unterscheidet zwei Formen des Stigmas: 1) Diskreditierte sind Personen mit einem sichtbaren Merkmal 2) Diskreditierbare sind Personen deren Stigma nicht direkt bekannt ist. Die im Sexgewerbe tätigen Frauen können in Bezug auf die Sexarbeit als Diskreditierbare angesehen werden. Um nicht zu den Diskreditierten mit einem sichtbaren, beziehungsweise bekannten Stigma zu gehören, betreiben sie ein Stigma-Management. Dieses beinhaltet unterschiedliche Strategien, um sich in einer bestimmten Art darzustellen, damit das Stigma nicht erkannt oder möglichst gut kaschiert wird.

14.3 · Beziehungen in heiklen Forschungsfeldern: Ethische Dilemmata

Ein weiterer Grund für das Misstrauen war vermutlich auch die prekäre rechtliche Lage, in der sich unsere Gesprächspartner*Innen befanden. So war es umso wichtiger, einen Rahmen zu schaffen, in dem wir Vertrauen aufbauen konnten. Dieser Vertrauensaufbau – bedeutsam für jede Forschung – kann und muss stets auch an die spezifischen Umstände und die beteiligten Personen angepasst werden. So wählte Melina bei der Teilnahme und dem Mit-Herumstehen[4] mit den Frauen im Sexgewerbe ganz bewusst eine Abgrenzung durch die Kleidung. Sie achtete darauf, dass sie stets lange Hosen und T-Shirts mit Ärmeln trug. Sie verzichtete auf Schminke und Schuhe mit Absätzen, um mit den Frauen auf der Straße zwar herum zu stehen und am Alltag teilzunehmen, aber nicht als Konkurrentin wahrgenommen zu werden. Das »anders Aussehen« half ihr, nicht von den Männern angesprochen zu werden und somit den Arbeitsalltag der Frauen nicht zu stören. Dadurch fand indirekt eine Annäherung und damit einhergehend ein Vertrauensgewinn statt.

Vertrauenswürdigkeit ist somit auch eine Haltungsfrage, die sich unter anderem durch respektvolles Auftreten ausdrückt. Unser Auftreten wird jedoch sowohl durch bewusstes wie unbewusstes Verhalten beeinflusst. Daher ist es wichtig, im Vorfeld seine Einstellung gegenüber dem Forschungsthema und den Gesprächspartner*Innen zu überdenken und sich zu überlegen, mit welcher Haltung man ihnen begegnen möchte.

Neben den persönlichen Strategien erfolgte der Vertrauensaufbau in beiden Forschungsfeldern vor allem durch Vermittlungspersonen. Diese stellten für die Befragten vertrauenswürdige Personen dar und verhalfen uns dadurch zu einem ersten Kontakt mit den Gesprächspartner*Innen. Eine befragte Person stellte gegenüber Chantal explizit klar, dass sie das Einverständnis für ein Gespräch nur aus Dankbarkeit zu der Vermittlungsperson gab. Dabei ist zu bedenken, dass dieser Zustimmung eine Abhängigkeitsbeziehung zur Vermittlungsperson zu Grunde liegen könnte, die es für die befragte Person schwierig machte, die Gesprächsteilnahme abzulehnen.

> Vermittlungspersonen sind wichtig für den Vertrauensaufbau. Zudem braucht es Zeit und einen offenen und respektvollen Umgang. Weiter hat sich bewährt, den betroffenen Personen die Möglichkeit zur Mitbestimmung zu geben, zum Beispiel dadurch, dass sie wählen konnten, wo das Gespräch stattfinden soll.

- **Unausgeglichene Beziehungen**

Uns war von Anfang an bewusst, dass unsere Forschungen auf unausgeglichenen Beziehungen basierten. Sowohl die Sexarbeiterinnen als auch die Nothilfebezüger*Innen befanden sich in einer gesellschaftlichen Position, die in einem Ungleichgewicht zu der unsrigen stand. Daher war es für uns wichtig, dieses Ungleichgewicht nach Möglichkeit zu minimieren. Düvell et al. (2010) weisen auf die Gefahr einer Fehlinterpretation der Rolle der Forschenden seitens der Befragten hin, geprägt von der Hoffnung auf eine Änderung ihrer Situation. Aus diesem Grund klärten wir jeweils die befragten Personen sowohl über unsere Rolle als Forscherin auf, als auch darüber, dass sie durch das Mitmachen an der Forschung keinen direkten Profit erfahren würden. Dies war vor allem in den Gesprächen mit den Nothilfebezüger*Innen relevant, wie folgender Ausschnitt aus dem Forschungstagebuch von Chantal illustriert:

---

4   Siehe dazu das Kap. 8 Schwierige Zugänge zum Feld. Migrantinnen als Akteurinnen im Sexgewerbe.

> Ich frage sie, was sie von meinem Vorhaben wisse. Sie sagt, dass ich den Leuten helfen würde und deshalb mit ihr reden wolle. Ich erkläre ihr mein Vorhaben und sage dabei klar, dass es nicht in meiner Macht stehe, ihr zu helfen. Ich sage, das Gespräch würde ungefähr eine Stunde dauern. Sie antwortet, sie könne nur eine halbe Stunde, weil ihre Kinder Zuhause auf sie warten.

Die betreffende Person blieb schließlich über eine Stunde, was zeigt, dass sie das Gespräch trotz anfänglicher Enttäuschung schätzte.

Neben der Klärung unserer Rolle informierten wir die befragten Personen vor der Durchführung der Interviews im Sinne des Prinzips der informierten Einwilligung (Düvell et al. 2010, S. 234) über Dauer und Absicht des Gesprächs sowie über den Verwendungszweck der Daten und deren Anonymisierung. Dadurch erhielten sie die Möglichkeit zu sagen, ob sie zu einem Gespräch bereit und mit der Tonaufnahme einverstanden sind. Durch dieses Vorgehen schafften wir eine Basis, die es uns und unseren Gesprächspartner*Innen erlaubte, auf möglichst gleicher Augenhöhe und somit auch offener miteinander zu reden.

Dennoch darf nicht vergessen werden, dass eine gleichberechtigte Beteiligung in politisch und moralisch aufgeladenen Feldern nicht möglich ist. Die Beziehungen in unseren Forschungsarbeiten blieben trotz all unserer Bemühungen zu einem gewissen Maße unausgeglichen. So beeinflussten zum Beispiel der Gegensatz zwischen Ausländer*In und Schweizer*In oder der illegale Aufenthalt und die damit verbundenen eingeschränkten Handlungsspielräume die Kontakte und Gespräche. Besonders interessant war dabei, dass auch ganz gewöhnliche Alltagsaspekte diese Hierarchie prägten. Es konnte beispielsweise im Bereich der Sexarbeit festgestellt werden, dass von vielen Frauen das durch Melina repräsentierte Beziehungsideal der monogamen Partnerschaft als Normalität und teils auch als Ideal angesehen wurde.

In diesem Zusammenhang ist wichtig zu bedenken, dass in der Gesellschaft die prostitutive Sexualität als eine Sexualität ohne Emotionen und Gefühle konzipiert wird, um dadurch jene von der Sexualität der monogamen partnerschaftlichen Beziehung abzugrenzen. Dieser Mechanismus erlaubt einem Teil der Gesellschaft die Sexarbeiter*In zu stigmatisieren und eine Differenzierung zwischen dem Konzept der Hure und der anständigen Frau zu verfestigen (Löw und Ruhne 2011, S. 84). Dass dieser Faktor eine mögliche Asymmetrie hervorrufen kann, wurde erst durch die Gespräche explizit.

Tipp

Informiere die an deiner Forschung beteiligten Personen jeweils vor dem Interview über die Absichten der Forschung, den Verwendungszweck der Daten sowie deine Rolle als Forscherin. Dies unterstützt dein Vorhaben, ein möglichst offenes Gesprächsverhältnis zu schaffen.

Sei dir bewusst, dass durch die unterschiedlichen Positionen und Rollen die du und die Gesprächspartner*Innen in der Gesellschaft innehaben jeweils gefühlte und tatsächliche Asymmetrien entstehen können, welche die Gesprächssituation und die Forschung beeinflussen.

Reflektiere vor und während der Forschung jeweils deine eigenen Ansichten, Ideale, Ängste und Vorurteile in Bezug auf Aspekte des Forschungsthemas sowie auf die Forschungsteilnehmenden selbst.

- **Beziehungen nach dem Interview**

Die Frage, ob nach dem Interview der Kontakt zur befragten Person weiterbestehen soll, kreierte vor allem im Bereich der Nothilfe ein ethisches Dilemma. Im Sexgewerbe besteht eine hohe Mobilität, so dass kein enger und intensiver Kontakt aufrechterhalten werden konnte. Personen, die Nothilfe beziehen sind dagegen in ihrer Bewegungsfreiheit massiv eingeschränkt und erleben ihr passives Dasein sowie die perspektivenlose Warterei als Qual. Gerade angesichts der desolaten Lage, in der sich die befragten Personen befanden, war es schwierig, keine Versprechungen zu machen, die nicht eingehalten werden konnten. Dieser Aspekt wird bei Forschungen oft unterschätzt. So kam während der Gespräche das Bedürfnis auf, den interviewten Nothilfebezüger*Innen zu helfen. Dieser Wunsch führte dazu, Anlaufstellen für Sans-Papiers mit finanziellen Spenden zu unterstützen. Nur mit einer der befragten Personen erfolgten weitere Treffen. Sie stellte nach 15 Jahren ohne Aufenthaltsbewilligung ein Härtefallgesuch und brauchte dafür Empfehlungsschreiben von Schweizer Staatsbürger*Innen. Hier entstand eine Chance, etwas zurückzugeben und sich als Forscherin dankbar für das Gespräch zu zeigen[5]. Das bedeutet aber auch, dass man die Rolle als Forscherin verlässt und durch aktives Handeln Einfluss auf den weiteren Lebensweg von Forschungsteilnehmenden ausübt. Das Gesuch wurde bewilligt, die Person hat eine Aufenthaltsbewilligung erhalten. Solche Beispiele zeigen, dass Forschung auch immer etwas mit den Forschenden macht, Forschung geht nicht spurlos an einem vorbei.

> Der Aspekt der weiterführenden Beziehung nach dem Interview war einer, der mehr Beachtung verdient hätte. Nach Abschluss der Masterarbeit bestand noch lange ein schlechtes Gefühl, weil die guten Absichten in Bezug auf weiterführende Unterstützung der befragten Personen nicht umgesetzt wurden. Rückblickend würden wir empfehlen, dieses Thema im Vorfeld mit einer Fachperson zu besprechen und eine klare Haltung einzunehmen, um diese den befragten Personen – und im Falle von auftretenden Zweifeln auch sich selber – entsprechend kommunizieren zu können.

14.4 Eigene psychische und physische Integrität

Forschungen in schwierigen Forschungsfeldern benötigen nicht nur einen bewussten Umgang mit den erhobenen Daten und den beteiligten Personen, sondern auch mit einem selbst. Erfahrenes kann emotional belastend wirken und gewisse Situationen können kritisch sein. Daher gilt es auch, die eigene Sicherheit und das eigene Wohlbefinden zu beachten. In diesem Zusammenhang möchten wir hier auf zwei Aspekte eingehen, die wir in Bezug auf unsere Forschungen als relevant erachten.

- **Umgang mit emotional belastenden Themen**

Der Umgang mit den befragten Menschen brachte die Herausforderung mit sich, ein Gleichgewicht zwischen Nähe und Distanz zum Erzählten und Wahrgenommenen zu finden. Die Gesprächsführung stellte entsprechend eine Gratwanderung dar. Einerseits war es wichtig, in

---

5 Das Bedürfnis den Gesprächspartner*Innen etwas zurückzugeben prägte unsere beiden Forschungen. Wir musste aber feststellen, dass dies oftmals nicht einfach umzusetzen war. Da dieser Punkt jedoch für die Forschungsbeziehung relevant ist und das eigene Beziehungsempfinden beeinflusst, sollten die Möglichkeiten zur Reziprozität bereits im Vorfeld überlegt und allenfalls mit der Betreuungsperson/Fachperson besprochen werden.

den Gesprächen mit großem Einfühlungsvermögen auf die Personen einzugehen, damit sie überhaupt über ihre Situation und Erlebnisse berichteten. Andererseits barg dieses Einfühlungsvermögen, die Aufforderung zum Erzählen und die Bereitschaft zuzuhören die Gefahr, bei den Gesprächspartner*Innen gewisse Themen wie beispielsweise traumatische Erlebnisse ans Tageslicht zu bringen. Dadurch konnten psychische Reaktionen ausgelöst werden, die schwierig aufzufangen waren. So entstanden immer wieder Rollenkonflikte. Eine Forscherin sollte beobachten, erfassen und zu verstehen suchen, was sich abspielt. Doch wie sollen wir uns verhalten, wenn wir uns mit Menschen konfrontiert sehen, die sich in prekären Lebenslagen befinden, kein Geld, keine Perspektive und keine Zukunft haben? Können wir einfach dastehen und zusehen?

Folgende zwei Ausschnitte aus Chantals Forschungstagebuch illustrieren solche emotional belastende Situationen:

> » Er erscheint überpünktlich, wir begrüßen uns, er riecht nach Alkohol, wirkt aber nicht betrunken. (...) Er schlägt den Ort vor, wir sind alleine. Ich bestelle Kaffee, er einen halben Liter Bier. Er wirkt nervös, fahrig, seine Hände zittern leicht. Er raucht viel. Es gehen sehr viel Hoffnungslosigkeit und Verzweiflung von ihm aus. (...) Er hat etwas von einem in die Enge getriebenen Tier, das nicht weiß, wie es da rauskommt.

> » Sie spricht ihre Situation vor dem Aufenthalt in der Schweiz an und ich frage absichtlich nicht nach, einerseits, weil ich nichts ins Rollen bringen möchte, was ich nicht auffangen kann, und andererseits aus Selbstschutz, weil ich merke, dass mich das Schicksal dieser Frau sehr berührt. Zeitweise fühle ich mich hilflos während des Gesprächs, weiss nicht, was ich noch sagen oder fragen soll angesichts ihrer Situation.

Der zweite Ausschnitt macht deutlich wie sich die Hilflosigkeit der befragten Person auf die Forschende übertrug. Zeitweise wurde bei der Forschung mit den Nothilfebezüger*Innen deren Situation als dermaßen unerträglich empfunden, dass die schweizerische Rechtsstaatlichkeit angezweifelt wurde. Zudem sah sich Chantal im Verlauf der Interviews mit Menschen konfrontiert, die während ihrer Erzählungen in Tränen ausbrachen, plötzlich lauthals loslachten wo es nichts zu lachen gab oder ihr nach dem Interview eine Liebeserklärung machten.

Tipp

Führe in emotional anspruchsvollen Kontexten niemals zu viele Gespräche innerhalb eines kurzen Zeitraums, um dein psychisches Gleichgewicht nicht zu gefährden. Je nach Situation können bereits zwei Gespräche pro Woche für dich ausreichend sein.
Kontaktiere allenfalls schon vor der Forschung eine Vertrauensperson, mit der du deine Gedanken, Emotionen und auch Ängste um die befragten Personen selbst offen austauschen kannst. Das kann eine Person aus dem näheren Umfeld sein oder eine, die sich im untersuchten Gebiet auskennt und weiß, wovon du sprichst. Achte dabei darauf, die volle Anonymität der jeweiligen Gesprächspartner*In zu gewähren.
Zögere nicht, bei derjenigen Person Rat zu holen, die deine Forschungsarbeit betreut.
Tausche dich mit anderen Student*Innen aus, die sich in einer ähnlichen Forschungssituation befinden.

Führe ein Forschungstagebuch, wo du Beobachtungen, aber auch deine Gefühle beschreibst. Mit dem Niederschreiben findet eine erste Verarbeitung des Gesprächs statt, das hilft, die Eindrücke und erlebten Unsicherheiten zu ordnen und später – bei der Interpretation – die Daten in den richtigen Kontext zu stellen.

- **Eigene Sicherheit und Bewahrung vor Stigmatisierung**

Nicht nur Maßnahmen zum Schutz der eigenen Psyche sind relevant. Auch die eigene Sicherheit muss je nach Forschungsfeld berücksichtigt werden. Was sich bewährt hat, ist das verwenden einer separaten Sim-Karte für den Kontakt mit den Gesprächspartner*Innen. Im Bereich der Nothilfe gab es zudem eine Situation, in der eine befragte Person Chantal bat, in ihrem Namen Geld zu überweisen, da sie dies ohne Aufenthaltsbewilligung nicht selber tun könne. Die Anfrage führte zu einem Dilemma, denn es war klar, dass das Geld nicht auf legalem Weg verdient worden war. Gleichzeitig stellte sich die Frage, ob diese Person nur aufgrund einer fehlenden Aufenthaltsbewilligung nicht das Recht haben sollte, Geld an ihre Familie zu überweisen. Für solche Situationen gibt es kein Rezept, da muss man seine eigene Moral befragen und eine Entscheidung treffen. Da jedoch solche Entscheidungen in gewissen Situationen die erhobenen Daten beeinflussen können, gilt es dies in der Darstellung zu erwähnen.

Ein weiterer Aspekt, der einen bewussten Umgang bedingt, ist die Möglichkeit der eigenen Stigmatisierung aufgrund des Aufenthaltes in einem durch die Gesellschaft stigmatisierten Feld. Wie Pranee Liamputtong (2007, S. 81) schreibt: »*Being vulnerable to social stigma may also occur with researchers who undertake sensitive research. This has been referred to as ‚stigma contagion‘ (…); that is, researchers become stigmatised like those whom they carry out their research with*«. Dies war insbesondere im Bereich der Sexarbeit relevant. Bei der Teilnahme und der Beobachtung im öffentlich zugänglichen Raum des Straßenstrichs konnte nachempfunden werden, was es heißt: »den Blicken standzuhalten«, wie dies eine Sexarbeiterin in einem informellen Gespräch in Bezug auf das anfänglich Schwierigste im Gewerbe formulierte.

14.5 Anonymisieren sensibler Daten

Vertraulichkeit und Anonymität spielen in der Darstellung der Forschung eine zentrale Rolle, umso mehr, wenn es um eine sensitive Problematik und eine vulnerable Personengruppe geht. »Zu diesem Zweck sind eine konsequente Anonymisierung der Daten und ein sparsamer Umgang mit Kontextinformation notwendig« (Flick 2011, S. 66). Die Informationen müssen sicher aufbewahrt werden und eine genügende Anonymisierung durchlaufen, um Rückschlüsse auf die Person zu verhindern. Qualitative Forschung produziert und verwendet im Allgemeinen Daten mit einer hohen Dichte an Kontextinformationen. Da die Anzahl der befragten Personen in beiden Forschungen gering und das Forschungsfeld klar begrenzt waren, konnte aus den Kontextinformationen einfach auf die realen Personen geschlossen werden. Deshalb war eine sorgfältige Anonymisierung der Daten und Kontextinformationen wichtig.

Bei der Arbeit in sensitiven Forschungsfeldern ist es zudem möglich, dass riskante Daten erhoben werden. Gerade im Bereich der irregulären Migration kann das Erfassen bestimmter widerrechtlicher Aktivitäten die Gesprächspartner*In einem gewissen Risiko aussetzen (Düvell et al. 2010, S. 230). Bei einer der befragten Personen entstand der Eindruck, dass sie gewisse Informationen bewusst verschwieg. Das muss respektiert werden. Im Anschluss an das offizielle Interview bestätigte sich die Annahme. Die befragte Person gab nach dem Ausschalten des Aufnahmegerätes weiterführende Informationen preis. In dieser Situation stand sowohl die Sicherheit der befragten Person als auch unsere eigene vor dem Forschungsinteresse. Riskante Informationen wurden daher nicht im Forschungsbericht aufgenommen. Abgesehen von diesem einen Fall war dieser Aspekt in unseren beiden Forschungen jedoch nicht vordergründig. Trotzdem stellt dies ein Thema dar, dass je nach Forschungsfeld sehr zentral sein kann. Gerade wenn im Bereich von Kriminalität geforscht wird, sollte im Vorfeld überlegt werden, wie mit Informationen umgegangen wird, die strafbare Handlungen beinhalten. Zudem sollte man sich diesbezüglich rechtlich absichern, denn wir unterstehen als Forschende nicht einem gesetzlich geregelten Berufsgeheimnis und könnten daher von den Behörden in die Pflicht genommen werden, Informationen über widerrechtliche Handlungen von Drittpersonen Preis zu geben.

> **Tipp**
>
> Anonymisiere sämtliche orts- und personenbezogene Angaben, inklusive Angaben zu Vermittlungspersonen[6].
> Verzichte aus Datenschutzgründen auf Fotografien zur Illustrierung des Materials.
> Zitiere Auszüge fremdsprachiger Interviews ausschließlich in einer Sprache, z.B. in Deutsch, damit nicht an Hand der Sprache auf die Herkunft einer Person geschlossen werden kann.
> Verwende für alle befragten Personen Pseudonyme, nicht kodierte Kürzel. So kannst du einer Depersonalisierung der untersuchten Personen vorbeugen (Hacking 2006).
> Überlege dir, ob du die Interviewtranskripte in die Arbeit aufnimmst. Wir schlagen vor, sie in einem separaten Dokument, mit dem Hinweis der Vertraulichkeit einzureichen.
> Bilde in der Darstellung der Daten Kategorien, wie beispielsweise Alters- und Länderkategorien. So kannst du relevante Informationen präsentieren, ohne direkte Rückschlüsse auf einzelne Personen zu ermöglichen.
> Verzichte auf die Darstellung von riskanten Informationen und reflektiere dies entsprechend.
> Bewahre die erhobenen Daten an einem sicheren Ort auf und lösche sie nach Abschluss deiner Arbeit.
>
> ---
>
> 6   Damit die Anonymisierung auch tatsächlich diese Funktion hat, wurden die Namen von Beratungsstellen verschwiegen, sowie in der Danksagung auch die konkreten Namen der Mitarbeiterinnen und Vermittlungspersonen nicht persönlich aufgelistet. Dies fiel uns anfänglich schwer, doch entschieden wir uns dafür um die Gesprächspartner*Innen bestmöglich zu schützen.

14.6 Fazit

Ethnographische Forschungen folgen größtenteils einem offenen Vorgehen. Für auftretende ethische Dilemmata gibt es somit keine Patentlösungen. Jeder Fall und jede Forschung muss separat betrachtet und angegangen werden. Daher ist es unseres Erachtens nützlich und sinnvoll, sich im Vorfeld zu überlegen, welche ethischen Konflikte im Verlauf der Forschung auftreten könnten. Dies erlaubt der Forschungsperson, sich mögliche Verhaltensstrategien zu überlegen, gegebenenfalls Vorsichtsmaßnahmen zur eigenen Sicherheit zu treffen oder bei einer Fach-/Vertrauensperson im Vorfeld Rat zu holen.

Des Weiteren scheint uns wichtig, sich im Vorfeld zu überlegen, aus welchen Gründen wir eine Forschung durchführen und wie wir uns gegenüber den Menschen verhalten wollen, denen wir im Verlauf der Forschung begegnen. Welchen Nutzen bringt die Forschung und weshalb interessiert uns diese Thematik? Sich diese Fragen zu stellen ist von Bedeutung, um bewusst mit den Daten und den Gesprächspartner*Innen umzugehen und sich in schwierigen Situationen an die Relevanz der Forschung erinnern zu können.

Vor lauter Vorbereitungen in Bezug auf den Umgang mit den befragten Personen und den erhobenen Daten sollte eines nicht vergessen werden, nämlich die eigene Person. Wollen wir eine Forschung in einem schwierigen Umfeld durchführen, sollten wir uns auch für uns selbst gewisse Strategien überlegen. Wie gehen wir zum Beispiel mit belastenden Erfahrungen um? Was für Möglichkeiten haben wir, um unser inneres Gleichgewicht zu wahren? Für uns beide war in diesem Zusammenhang das Führen eines Forschungstagebuches und der Austausch mit anderen Masterstudent*Innen, den Betreuenden sowie Vertrauenspersonen sehr bedeutend. Die eigenen Gefühle wahrzunehmen und sie in Worte zu fassen hilft nicht nur bei der Verarbeitung belastender Gespräche oder Erlebnisse, sondern stellt zugleich ein Mittel dar, um bei einem nächsten Mal eher »Herr« bzw.»Dame« der Lage zu sein.

Literatur

Achermann, C. (2009). Offiziell Illegal? *Terra Cognita, 14,* 94–97.
Dahinden, J., & Efionayi-Mäder, D. (2009). Challenges and strategies in empirical fieldwork with asylum seekers and migrant sex workers. In I. Van Liempt & V. Bilger (Hrsg.), *The ethics of migration research methodology. Dealing with vulnerable immigrants* (S. 98–117). Eastbourne: Sussex Academic Press.
Düvell, F., Triandafyllidou, A., & Vollmer, B. (2010). Ethical issues in irregular migration research in Europe. *Population, Space and Place, 16,* 227–239.
Flick, U. (2011). *Qualitative Sozialforschung. Eine Einführung.* Reinbek bei Hamburg: Rowohlt.
Goffman, E. (1975). *Stigma. Über Techniken der Bewältigung beschädigter Identität.* Frankfurt a. M.: Suhrkamp.
Hacking, I. (2006). Making up people. In London review of books (LRB) 28, 16. ▶ http://www.wwild.org/Victims%20of%20Crime/Downloads/Research/Disability%20Theory/Hacking%20n.d.pdf. Zugegriffen: 24. Juni 2013.
Hürlimann, B. (2004). *Prostitution- Ihre Regelung im Schweizerischen Recht und die Frage der Sittenwidrigkeit.* Zürich: Schulthess.
Liamputtong, P. (2007). *Researching the vulnerable. A guide to sensitive research methods.* London: Sage.
Löw, M., & Ruhne, R. (2011). *Prostitution. Herstellungsweisen einer anderen Welt.* Berlin: Suhrkamp.
Münch, R. (2007). *Soziologische Theorie.* Frankfurt a. M.: Campus-Verlag.
O'Reilly, K. (2012). *Ethnographic methods.* London: Routledge.
Obrist, B. (2006). Risque et vulnérabilité dans la recherche en santé urbaine. VertigO – la revue électronique en sciences de l'environnement, Hors-série 3. ▶ http://vertigo.revues.org/1483. Zugegriffen: 20. Okt. 2012.
Utas, M. (2005). Victimcy, girlfriending, soldiering. Tactic agency in a young woman's social navigation of the liberian war zone. *Anthropological Quarterly, 78*(2), 403–430. George Washington University Institute for Ethnographic Research.

Soziale Wirklichkeit und Lebenswelten erforschen

Ansprüche an eine Partizipative Forschung

Svenja Weitzig

15.1 Grundlagen Partizipativer Forschung – 134

15.2 Partizipativ Forschen – 134

15.3 Vom Allgemeinen zum Konkreten: von der Idee zum Forschungsvorhaben – 136

15.4 Partizipativ Forschen mit Photovoice – 137

15.5 Leitfadengestützte Interviews in Verbindung mit Photovoice – 139

Literatur – 140

15.1 Grundlagen Partizipativer Forschung

Das Wesentliche an der Partizipativen Forschung ist ihre eigene Vielfältigkeit. Weltweit gibt es viele verschiedene Ansätze und Anwendungsgebiete Partizipativer Forschung (◘ Abb. 15.1). Es handelt sich weniger um eine Methode, als vielmehr um einen Forschungsstil, denn »Partizipative Forschung ist ein Oberbegriff für Forschungsansätze, die soziale Wirklichkeit partnerschaftlich erforschen und beeinflussen« (von Unger 2014, S. 1). Das Ziel Partizipativer Forschung ist es zum einen, soziale Wirklichkeit durch die Einbeziehung unterschiedlicher Personengruppen in den Forschungsprozess zu verstehen. Zum anderen ist es das Ziel Partizipativer Forschung, Einfluss auf soziale Wirklichkeiten zu nehmen und diese zu verändern. Der besondere Focus liegt daher auf den gemeinsamen Erkenntnisprozessen aller beteiligten Forschenden und auf der Auseinandersetzung mit ihrer Lebenssituation (vgl. Bergold und Thomas 2010, S. 5).

Die Art und Weise der Einbeziehung in den Forschungsprozess kann sehr unterschiedlich gestaltet werden. Die zentrale Frage ist daher, wer innerhalb des Forschungsprozesses woran partizipiert. Neben der regulären Beteiligung am Forschungsprozess durch die Teilnahme an Untersuchungen gibt es verschiedene Möglichkeiten der Partizipation. So können gezielt beratende Personen aus der Community hinzugezogen werden, die sich einmalig oder über einen längeren Zeitraum am Forschungsprozess beteiligen können.

In Stufenmodellen der Partizipation (vgl. Arnstein 1969; Wright 2010) wird allgemein in drei Bereiche der Partizipation unterschieden (◘ Abb. 15.2). Erstens die Nicht-Partizipation im Sinne von Anweisungen und Instrumentalisierungen. Zweitens die Vorstufen der Partizipation, die auf die Information, Anhörung oder Einbeziehung von Personen zielt. Hierbei handelt es sich um eine starke Einbindung in Entscheidungsprozesse, ohne die Möglichkeit der direkten Einflussnahme. Drittens die Mitbestimmung, partielle Entscheidungskompetenz bis hin zur Entscheidungsmacht am Forschungsprozess. Eine weitere Stufe ist die Selbstorganisation eines Forschungsprozess, die bereits über die Partizipation hinausgeht (vgl. Unger 2014; Bergold und Thomas 2012).

> » Partizipation baut in diesem Modell auf den Vorstufen der Partizipation (Information, Anhörung und Einbeziehung) auf, aber sie beginnt erst da, wo Community-Partner mit Entscheidungsmacht beteiligt werden (von Unger 2014, S. 40).

Tipp

Weiterführenden Informationen:
► http://www.partizipative-qualitaetsentwicklung.de/partizipation/stufen-der-partizipation.html

15.2 Partizipativ Forschen

Die Stufe der Partizipation beinhaltet die Einbeziehung aller Forschungspartner und -partnerinnen in die Gestaltung des Forschungsprozesses. Die Planung, Durchführung und Auswertung der Forschungstätigkeit wird gemeinsam vorgenommen. In kleinem Rahmen ist es möglich die Partizipation zu begrenzen und beispielsweise nur teilweise Entscheidungskompetenz zu

15.2 · Partizipativ Forschen

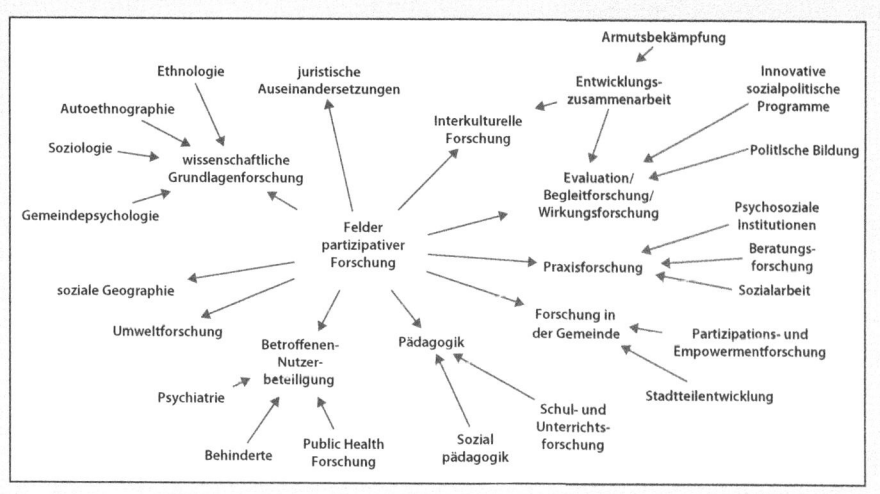

☐ **Abb. 15.1** Anwendungsbereiche Partizipativer Forschung (Bergold und Thomas 2010, S. 336)

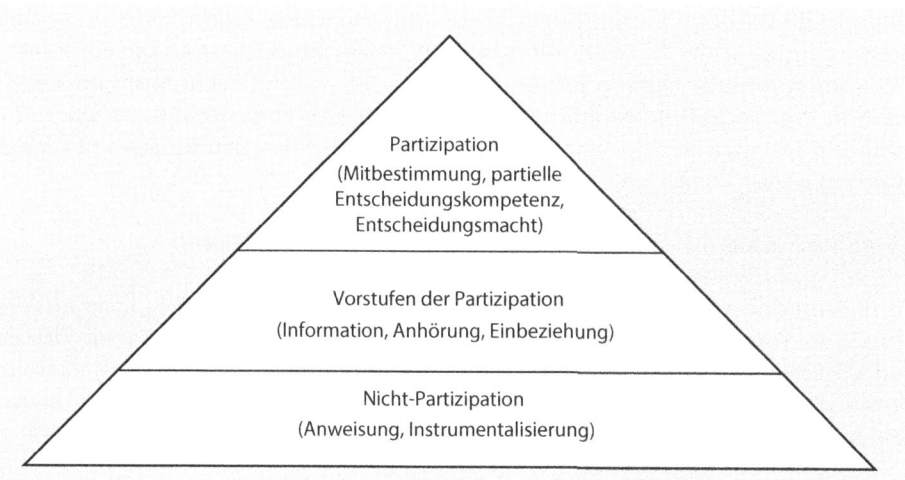

☐ **Abb. 15.2** Stufen zur Partizipation (eigene Darstellung in Anlehnung an Wright 2010)

vergeben. Frühzeitig müssen Rollen sowie Zuständigkeiten vereinbart und die Forschungspartner adäquat geschult und somit auf ihre Aufgabe vorbereitet werden.

Für Qualifikationsarbeiten ist es wichtig, den gesetzten Rahmen einzuhalten und in die Planung einzubeziehen. Insbesondere der zeitliche Rahmen und formale Vorgaben sollten bei der Planung Beachtung finden. Dabei muss beachtet werden, dass der eigene Einfluss auf den Verlauf des Forschungsprojektes sinkt, umso höher der Grad der Partizipation anderer Personen ist. Im Voraus muss daher abgewogen werden, inwieweit Partizipative Forschung im Rahmen einer Qualifikationsarbeit möglich und sinnvoll ist.

> **Tipp**
>
> Wähle für eine Qualifikationsarbeit eine geringere Stufe der Partizipation, um die Steuerung des Forschungsprozesses zu behalten!

- **Vorbereitung**

Am Anfang eines jeden partizipativen Forschungsvorhabens stellt sich die Frage, welche Personen einbezogen werden sollen oder müssen. Dies hängt zum einen von der Forschungsfrage und zum anderen von den äußeren Rahmenbedingungen ab. Gibt es ausreichend finanzielle Mittel, um alle Forschungspartner und -partnerinnen zu bezahlen oder um die notwendigen Unterstützungsleistungen zur Verfügung stellen zu können (z. B. Dolmetscher, Mobilitätshilfe, Software)? Sind die politischen Rahmenbedingungen geeignet, um ein partizipatorisches Projekt durchführen zu können? Was benötigen die zu beteiligenden Personen, um in adäquater Weise partizipieren zu können?

▶ **Welche Personen/-gruppen möchtest Du in Deine Forschung einbeziehen?**

Wenn geklärt ist, welche Personen/-gruppe beteiligt sein soll/en, ist über Art und Umfang der Partizipation zu entscheiden. An dieser Stelle ist auch zu bedenken, welche Stufe der Partizipation die Personen/-gruppe leisten können/kann und welche Art der Vorbereitung oder Schulung hierzu notwendig ist. So war es in der Psychiatrieforschung lange Zeit üblich, über Psychiatrieinsassen zu forschen und zu publizieren. Inzwischen fordern beispielsweise sogenannte Psychiatrieüberlebende in England eine eigene Forschungsrichtung, um alternative Modelle psychischer Probleme und den Umgang damit erforschen und aufzeigen zu können (vgl. Bergold und Thomas 2012, S. 8).

▶ **An welchen Aktivitäten möchtest Du die Personen/-gruppen beteiligen?**

Im Rahmen einer Qualifikationsarbeit können Teilaspekte Partizipativer Forschung aus dem Bereich der Vorstufen der Partizipation eingebunden werden. Auch hier gibt es eine Vielzahl von Möglichkeiten und Methoden. Beispielhaft zu nennen sind hier die Methode Photovoice oder das Community Mapping (von Unger 2014, S. 69–84). Im Folgenden möchte ich am Beispiel meiner eigenen Qualifikationsarbeit eine Möglichkeit partizipativen Forschens vorstellen.

15.3 Vom Allgemeinen zum Konkreten: von der Idee zum Forschungsvorhaben

Als Sozialpädagogin im Ambulant Betreuten Wohnen nach § 53 SGB XII erlebte und begleitete ich Menschen mit Behinderungen in verschiedenen Problemlagen, während andernorts die Konvention der Vereinten Nationen über die Rechte der Menschen mit Behinderungen verabschiedet und von vielen Ländern ratifiziert wurde – so auch von Deutschland. Im Jahr 2014 erschien der erste Teilhabebericht der Bundesregierung mit dem Ergebnis, dass es aufgrund der schlechten Datenlage nicht möglich sei, zuverlässige Aussagen über die Lebenssituation von Menschen mit Behinderung treffen zu können. In der praktischen Sozialen Arbeit im betreuten Wohnen begegneten mir weiterhin Menschen mit Behinderung in existenzbedrohlichen

Situationen: Eine 21 jährige Frau mit geistiger Behinderung, die die fristlose Kündigung ihrer ersten eigenen Wohnung erhalten hatte, weil sie die Post nicht lesen konnte. Ein 67-jähriger Mann, ebenfalls mit geistiger Behinderung, der sich im Winter in Linienbussen aufhielt, weil er den Strom für seine Wohnung nicht bezahlen und daher diese nicht heizen konnte. Daher wollte ich herausfinden, ob die Armutsgefährdung dieser Personengruppe durch Bildungsangebote verringert werden kann. So entschied ich mich dafür, meine Dissertation zu Ökonomischer Bildung im Rahmen sozialpädagogischer Betreuung von Menschen mit geistiger Behinderung zu schreiben.

Einblicke in die Lebenswelt von Menschen können mit qualitativen Methoden erfasst werden. Diese ermöglichen einen »sinnverstehenden Zugang zu psychischen, sozialen und kulturellen Wirklichkeiten« (Mruck und Mey 2014, S. 10). Uwe Flick hebt in seinem Lehrbuch zur Qualitativen Sozialforschung die Gegenstandsangemessenheit in Bezug auf Theorie und Methoden sowie die Berücksichtigung verschiedener Perspektiven als wesentliche Kennzeichen der Qualitativen Forschung hervor (vgl. Flick 2007, S. 26). Die besonderen Merkmale und Ansprüche des von mir gewählten Forschungsfeldes bedingen eine angemessene methodische Vorgehensweise, um vielversprechende Daten zur Beantwortung der Forschungsfrage erheben zu können. Die Lebenslage von Menschen mit geistiger Behinderung lässt sich bisher nur aus allgemeinen Daten, gesetzlichen Regelungen und Leistungsabrechnungen ableiten. Ich wollte jedoch keine allgemeinen, sondern konkret individuelle Aussagen über diese Personengruppe, deren Lebenslage, Lebenswelt und ihre Bildungsbedarfe treffen. Daher entschied ich mich im Rahmen der qualitativen Sozialforschung für eine partiziative Vorgehensweise.

15.4 Partizipativ Forschen mit Photovoice

Um die Angemessenheit des Gegenstandes zu gewährleisten und Eindrücke in die Lebenswelt der Zielgruppe abbilden zu können, wollte ich die Zielgruppe in die Forschungsarbeit einbeziehen. Es war mir wichtig, die Steuerung des Forschungsvorhabens für diese Qualifikationsarbeit zu behalten und gleichzeitig Personen aktiv in das Forschungsvorhaben einbinden und an der Datenerhebung beteiligen zu können. Daher wählte ich eine Vorstufe der Partizipation (Einbeziehung).

Die Methode »Photovoice« soll den Co-Forschenden die Möglichkeit bieten, die Stärken und Belange ihres sozialen Umfeldes zu benennen und zu reflektieren. Photovoice soll zudem den kritischen Dialog über entsprechende Fragestellungen fördern und gegebenenfalls politische Entscheidungsträger und -trägerinnen erreichen. Der ursprüngliche Gedanke ist es, visuelle Eindrücke in Form von Fotos mit Erzählungen zu verbinden (vgl. Wang und Burris 1997).

> **Definition**
>
> »Photovoice is a process by which people can identify, represent and enhance their community through a specific photographic technique.« (Wang und Burris 1997, S. 369)

Inzwischen wir die Methode auf vielfältige Art und Weise in unterschiedlichen Forschungsbereichen genutzt. Das Vorgehen lässt sich in Anlehnung an Unger (2014, S. 69 ff) in sieben Schritte gliedern:

1. Planung und Vorbereitung
2. Schulung der beteiligten Personen
3. Datenerhebung
4. Vorstellung der Fotos und Diskussion innerhalb der Gruppe
5. Auswertung
6. Veröffentlichung und Nutzung der Ergebnisse
7. Evaluation des Photovoice-Projekts

Aufgrund der Bedürfnisse der Co-Forschenden ergänzte ich diesen Ablauf um Interviews, die ich im Anschluss an die Datenerhebung mit den einzelnen Co-Forschenden durchführte. Auf Wunsch konnten von den zu interviewenden Personen unterstützend Vertrauenspersonen oder Betreuer unterstützend eingeladen werden. Innerhalb dieses vertrauten Umfeldes konnten die einzelnen Personen die Hintergründe zu ihren Fotos berichten. Nur so konnte es gelingen, spannende Eindrücke in den Lebenslauf, die aktuelle Lebenssituation und in das private Umfeld zu erhalten.

- **Planung und Durchführung der Methode »Photovoice«**

Für das Forschungsvorhaben sollten Informationen aus der Lebenswelt und die Bildungsbedürfnisse von Menschen mit geistiger Behinderung erfasst werden, die in einer eigenen Wohnung betreut werden. Ein weiteres Kriterium für die Teilnahme an dem Projekt war, dass die Personen im erwerbsfähigen Alter sind. Menschen mit geistiger Behinderung sollten mit der Methode »Photovoice« Einblicke in ihre Lebenswelt geben und im Leitfadengestützten Interview hiervon berichten.

Für das Sampling wurde eine Großstadt ausgewählt, in der es mehrere Anbieter für ambulante und stationäre Unterstützungsleistungen für Menschen mit geistiger Behinderung gibt. Einige Anbieter erklärten sich bereit, an dem Forschungsvorhaben teilzunehmen und stellten nach Rücksprache mit den entsprechenden Gremien (Bereichsleitung, Klientenrat o. ä.) den Kontakt zu der zuständigen Ansprechperson für das Ambulant Betreute Wohnen her. Von ihr wurden alle interessierten Personen zu einem Informationstermin eingeladen, der parallel zu der offenen Sprechstunde zu der gewohnten Zeit an dem gewohnten Ort stattfinden konnte. Aufgrund der spezifischen Bedürfnisse dieser Zielgruppe war es besonders wichtig, diesen Termin zu der gewohnten Zeit an einem vertrauten Ort stattfinden zu lassen. So konnte man das Vertrauen und das Interesse möglichst vieler Personen wecken. Die Teilnehmerzahl an diesen Informationsterminen schwankte je nach Einrichtung zwischen 10 bis 20 Personen. Hier wurde das Forschungsprojekt vorgestellt und diskutiert. Ein wichtiger Informationsaspekt und Diskussionspunkt stellte die Sicherheit, Nutzung und Veröffentlichung der Daten dar. Als thematische Einführung fand anschließend eine offene Diskussion zu Vor- und Nachteilen von stationären und ambulant betreuten Wohnformen statt. Hier entstanden bereits einige Ideen für die Phase der Fotografie.

Die interessierten Personen erhielten eine Informationsmappe über das Projekt. Diese Mappe enthielt die Informationen zu dem Projekt, die Einverständniserklärung zur Nutzung der Daten sowie die Kontaktdaten für Rückfragen. So konnten die interessierten Personen ihre Teilnahme mit den entsprechenden Vertrauenspersonen besprechen und ggf. die Einverständniserklärung der gesetzlichen Betreuungsperson eingeholt. Zur Koordination der weiteren Vorgehensweise wurden die Stammdaten dieser Personen erhoben und Termine für das anschließende Interview zu der Fotografie-Phase vereinbart. Viele Teilnehmende bevorzugten es, die Fotos mit der eigenen, vertrauten Kamera oder dem Handy zu machen. Manche Personen erhielten eine Kamera und wurden im Umgang damit geschult. In einem Fall musste die

Kamera am nächsten Tag ausgetauscht werden. Allen Beteiligten Personen wurde freigestellt unterstützend Personen hinzuzuziehen (z. B. Betreuer, Nachbarn, Familienangehörige).

Durch die Wahl der Methode konnten auch Menschen mit eingeschränkten Sprachkompetenzen in das Forschungsprojekt eingebunden werden, z. B. Personen, die nur über einen Sprachcomputer kommunizieren oder aufgrund einer Körperbehinderung wie z. B. eine Spastik nicht verständlich reden können. Je nach Unterstützungsbedarf und Wunsch der Co-Forschenden kann eine Person als Übersetzer zu dem Interview hinzugezogen werden.

> **Tipp**
>
> Zu einem möglichst frühen Zeitpunkt muss die Anrede der Person abgeklärt werden. Die Personen dieses Forschungsvorhaben empfanden es als sehr befremdlich gesiezt zu werden und wollten geduzt werden. Dies kann jedoch je nach Zielgruppe sehr unterschiedlich sein.
>
> Viele Menschen verschenken gerne ihre alten Kameras. Diese sind von der Qualität oftmals besser als Einwegkameras. Am einfachsten ist die Arbeit mit digitalen Kameras, da die Fotos direkt vor dem Interview zur gemeinsamen Betrachtung auf einen Laptop kopiert werden können. Gleichzeitig werden Kosten für eine Einwegkamera, einen Film und die Entwicklung der Fotos eingespart.
>
> Die Informationsmappe enthielt neben den Informationen zu dem Projekt und den Kontaktdaten für Rückfragen, die Einverständniserklärung für die Nutzung der Daten und der gemachten Fotos.
>
> Die Teilnehmenden an der Photovoice-Aktion konnten hier wählen, ob die Fotos für die Veröffentlichung der Arbeit gar nicht, teilweise oder vollständig anonymisiert werden. Diese Möglichkeit nahmen viele Personen in Anspruch.
>
> Für die Fotoaktion erhielten die Personen ein Arbeitsblatt mit drei konkreten Fragen, anhand derer sie die Fotos machen sollten. Hierzu sollten sie 10 bis maximal 20 Fotos aufnehmen. Sobald die Teilnehmenden hiermit fertig waren, wurde ein Termin für das abschließende Interview vereinbart.

15.5 Leitfadengestützte Interviews in Verbindung mit Photovoice

Weitere Informationen zur Lebenslage, Lebenswelt und Bildungsbedarf erhielt ich im Rahmen der leitfadengestützten Interviews mit den Personen, die sich zuvor an der Methode »Photovoice« beteiligt hatten. Im Rahmen der Methode »Photovoice« sind leitfadengestützte Interviews nicht vorgesehen. Diese zusätzliche Methode integrierte ich in das Forschungsvorhaben, um den Bedürfnissen der einzelnen Teilnehmenden gerecht zu werden und einen geschützten Rahmen für Aussagen zu privaten Aspekten in Bezug auf die Fotos zu treffen. Durch dieses Vorgehen konnte ich sehr interessante und tiefgehende Informationen über die Lebenswelt der beteiligten Personen gewinnen.

Eine solche Abweichung ist dann sinnvoll, wenn sie dazu dient, dem Gegenstand der Forschungsarbeit angemessen zu begegnen und den spezifischen Anforderungen des einzelnen Co-Forschenden gerecht zu werden. Um Partizipation zu ermöglichen, kann eine solche Form der Flexibilität in Abhängigkeit von den Kompetenzen und Bedürfnissen der Co-Forschenden notwendig sein.

Durch den Interviewleitfaden und die zu besprechenden Fotos hatte das Interview einen festgelegten Rahmen. Der Termin begann mit der Reflexion der Fotoaktion und der Besprechung der Einverständniserklärungen. Anschließend wurde der Laptop hochgefahren, die Fotos kopiert und angeschaut. Anhand der Fotos wurde das Interview strukturiert. Während der Bildbetrachtung wurde auf eine Steuerung des Gesprächsverlaufes möglichst weitgehend verzichtet. Der Erzählfluss wurde durch erzählgenerierende Aussagen unterstützt. Viele Themen wurden so bereits thematisiert. Wenn Fragen aus dem Leitfaden offen blieben, wurden diese im Anschluss an die Bildbetrachtung thematisiert. Danach konnten offene Fragen der interviewten Person thematisiert werden. Abschließend wurden die Einverständniserklärungen besprochen und unterschrieben. Die Daten aus diesem Interview wurden transkribiert und anhand der qualitativen Inhaltsanalyse nach Kuckartz ausgewertet (vgl. Kuckartz 2014).

Erst nach Abschluss aller Interviews wurde ein freiwilliger Gruppentermin zu Vorstellung und Besprechung der Fotos, Reflexion der Fotografie-Phase und zur Nutzung der Fotos vereinbart. Die Teilnehmenden konnten frei entscheiden, ob ihre Fotos hier gezeigt und besprochen werden. Die meißten waren jedoch so stolz auf ihre Fotos und die Teilnahme an dem Projekt, dass sie sich gerne auch hier beteiligten. Inhalt dieser Termine waren Vor- und Nachteile an stationären bzw. ambulanten Wohnformen und die damit verbundene Eigenständigkeit sowie Unabhängigkeit der Co-Forschenden. Im Anschluss an die offene Diskussion hierzu wurden Wünsche der teilnehmenden Personen gesammelt und deren weitere Verwendung diskutiert.

> **Tipp**
>
> Zur Auswertung der Daten ist die Software MAXQDA gut geeignet. Oftmals gibt es eine Lizenz für MAXQDA von der Universität für deren Studierende oder Mitarbeitende. Für die Auswertung kleinerer Datenmengen ist die Software F4analyse zu empfehlen. Unbedingt sollte man genügend Zeit für die Transkription der Daten einplanen.

Literatur

Arnstein, S. R. (1969). A ladder of citizen participation. *Journal of the American Planning Association, 35*(4), 216–224.

Bergold, J., & Thomas, S. (2010). Partizipative Forschung. In G. Mey & K. Mruck (Hrsg.), *Handbuch Qualitative Forschung in der Psychologie*. (S. 333–344). Wiesbaden: Verlag für Sozialwissenschaften.

Bergold, J., & Thomas, S. (2012). Partizipative Forschungsmethoden: Ein methodischer Ansatz in Bewegung. *Forum Qualitative Sozialforschung/Forum Qualitative Social Research, 13*, 1. ▶ http://nbn-resolving.de/urn:nbn:de:0114-fqs1201302. Zugegriffen: 20. März. 2015.

Flick, U. (2007). *Qualitative Sozialforschung. Eine Einführung*. Reinbeck bei Hamburg: Rowohlt.

Kuckartz, U. (2014). *Qualitative Inhaltsanalyse. Methoden, Praxis, Computerunterstützung*. Weinheim: Beltz Juventa.

Mruck, K., & Mey, G. (2014). *Qualitative Forschung. Analysen und Diskussionen – 10 Jahre Berliner Methodentreffen*. Wiesbaden: Springer.

Unger von, H. (2014). *Partizipative Forschung. Einführung in die Forschungspraxis*. Wiesbaden: Springer.

Wang, C., & Burris, M. A. (1997). Photovoice: Concept, methodology, and use for participatory needs assessment. *Health Education and Behavior, 24*(3), 369–387.

Wright, M. T. (2010). *Partizipative Qualitätsentwicklung in der Gesundheitsförderung und Prävention*. Bern: Huber.

Struktur gibt innere Ruhe

Forschungsprozesse mit umfangreichem Datenkorpus

Doreen Herinek

16.1 Erste Schritte und Gedanken strukturieren: Ausgangslage – 142

16.2 Die methodische Vielfalt erkennen, die korrekte Wahl treffen und dann geht's los – 143

16.3 Fazit und Strukturgeber – 146

Literatur – 149

16.1 Erste Schritte und Gedanken strukturieren: Ausgangslage

Bei wissenschaftlichen Arbeiten und insbesondere im Rahmen von Qualifikationsarbeiten, bei denen sich Studierende unter besonderem Leistungsdruck sehen, ist es vonnöten, sich vorab ein konkretes Konzept und eine klare Struktur zu überlegen. Leichter gesagt als getan. In den bisherigen Kapiteln wurden bereits Strategien erläutert, wie es zum Beispiel am besten gelingt, eine konkrete Forschungsfrage zu formulieren oder wie mit sensiblen Daten umgegangen wird.

Was aber tun, wenn der Weg zum Ziel noch unbekannt und die Strategie noch völlig unklar ist? Wenn der Überblick verloren zu gehen droht? Oder die Menge an bevorstehender Arbeit nicht mehr zu bewältigen erscheint? Ein Weg vom ersten Gedanken bis zum endgültigen Druck einer Arbeit soll hier exemplarisch an meiner Forschungsarbeit beschrieben werden. Dabei wird besonders Wert darauf gelegt, wie Ordnung ins Chaos von Forschungsprozessen gebracht werden kann.

Ich habe Gesundheitswissenschaften studiert und interessierte mich für den Themenbereich der regional differenzierten Gesundheitsversorgung. Dies ist ein Anwendungsbereich der Gesundheitswissenschaften, der zum Ziel hat, die Gesundheitsversorgung auf kleinräumiger Ebene – eben in bestimmten Regionen – zu untersuchen. Damit hatte ich eine erste grobe Richtung für meine Forschungsarbeit. Nun stellte sich die Frage, nach was genau ich eigentlich »regional forschen« wollte. Es waren nur drei Monate für das Erstellen der Arbeit vom ersten Gedanken bis hin zum fertigen Druck Zeit, wodurch das Vorhaben und meine Ziele möglichst genau begrenzt sein sollten.

Ich begab mich zunächst auf eine längere Reise durch die wissenschaftliche Literatur zu ausgewählten Themen, immer mit offenen Augen, eine »Forschungslücke« zu entdecken, und tatsächlich fand ich diese schließlich. Sie bestand darin, dass zwar einige Landkarten zu Leistungserbringern existierten, die Auskunft über Standorte von zum Beispiel Ärzten und Ärztinnen gaben. Jedoch gab es keine Informationen und deren Visualisierung, die auf ein spezielles Krankheitsbild zugeschnitten waren. So fand ich zum Beispiel keinerlei Hinweise auf Angebote, die nur eine bestimmte Patientengruppe erreichen sollte. Somit hatte ich die Vision: die Erstellung einer eigenen Versorgungslandkarte. Aus ihr sollte hervorgehen, wie Leistungsanbieter und -anbieterinnen für ein von mir festgelegtes Krankheitsbild geographisch in einer bestimmten Region verteilt sind und welche für dieses Krankheitsbild relevanten Leistungen von ihnen angeboten werden. Zudem stellte ich mich der Herausforderung, diese Versorgungslandkarte auch als interaktive Karte sowohl für die Anbieter und Anbieterinnen als auch für die Patienten- und Patientinnenseite zur Verfügung zu stellen und leicht nutzbar zu machen.

Der Zeitfaktor meiner Arbeit bedurfte einer weiteren Einschränkung, sodass ich mein Vorhaben auf den Landkreis Teltow-Fläming (südlich an Berlin angrenzend und damit im Bundesland Brandenburg gelegen) und auf die Indikation der »Koronaren Herzkrankheit« – einer epidemiologisch[1] äußerst relevanten Erkrankung (vgl. Statistisches Bundesamt 2003, 2012; RKI 2006) – beschränkte. Es ergaben sich folglich für meine Forschung drei Fragestellungen: 1). Wie stellt sich die Versorgungssituation für KHK-Patienten und Patientinnen im Landkreis Teltow-Fläming hinsichtlich der geographischen Verteilung von Versorgungsanbietern dar? 2). Welche Leistungen werden dort von ambulanten und stationären Leistungserbringern angeboten? 3). Wie kann die regionale Versorgungssituation von KHK-Patienten und Patientinnen

---

1 Epidemiologie: Wissenschaft, die sich vor allem mit der Verbreitung und Verteilung von Krankheiten, ihren Ursachen und ihren Folgen in der Bevölkerung befasst (GBE 2015).

in diesem Landkreis auf Basis der ermittelten Daten und vor dem Hintergrund der Literatur bewertet werden? So weit so gut. Die Ideen standen bis dahin – doch wie sollte ich diese nun am besten umsetzen, damit ich auch den zeitlichen Rahmen nicht überschritt?

16.2 Die methodische Vielfalt erkennen, die korrekte Wahl treffen und dann geht's los

Die richtige Methode zu finden, ist oftmals eine der schwierigsten Entscheidungen. Das kann ich aus eigener Erfahrung sagen. Ein Blick in die Methodenbücher zeigt die Bandbreite der vielfältigen Möglichkeiten: Qualitative Methoden, quantitative Erhebungen, Literaturarbeiten. Jede dieser Optionen bietet zahlreiche Unterformen und Möglichkeiten. Ich schaute mir immer und immer wieder meine Forschungsfragen an, versuchte sie einer dieser vorgeschlagenen Methoden zuzuordnen und kam zu dem Ergebnis, dass sich mein Vorhaben nur schwer mit einer der eben genannten »typischen« Methoden bewerkstelligen lassen würde. Ich suchte nach Mitteln, die es mir erlaubten, meine Ideen beizubehalten. Schlussendlich entschied ich mich für ein Vorgehen entlang meiner dreiteiligen Fragestellung. Die erste Forschungsfrage sollte mithilfe einer Sekundärdatenanalyse beantwortet werden. Dabei handelt es sich um ein Vorgehen, bei dem auf bereits existierende – also nicht selber erhobene – Daten zurückgegriffen wird, welche dann Gegenstand der Analyse sind. Die zweite Frage sollte mittels einer quantitativen Erhebung durch einen Kurzfragebogen beantwortet werden. Und die dritte Forschungsfrage durch eine freie Literaturrecherche. Wichtig bei der Suche nach der »korrekten« Methode ist es, das Ziel im Auge zu behalten: Was genau will ich wissen und wie kann das am besten erreicht werden? Auch hier ist es sehr von Bedeutung, über alle Möglichkeiten nachzudenken und sich schließlich für jene zu entscheiden, die eine plausible Begründung ihrer Verwendung in Hinblick auf Eure Forschungsfrage zulässt.

> **Tipp**
>
> Wenn Du einen Überblick über die Methoden der Sozialforschung gewonnen hast, ist es wichtig, sich mit Blick auf die Forschungsfragen für eine Methode zu entscheiden.

- **Rein in die Materie**

Ich war glücklicherweise nun an dem Punkt angekommen, an dem es so richtig »losgehen« konnte, schließlich hatte ich die Literatur zu meinem theoretischen Hintergrund, meine Ziele, meine Fragen und nun ja auch meine Methode. Um nicht den Überblick zu verlieren, notierte ich diese »Meilensteine« auf einem gesonderten Blatt Papier. Zudem schrieb ich aufkommende Fragen und noch zu Erledigendes umgehend auf. So konnte ich immer sicher sein, nichts zu vergessen und den Überblick zu behalten.

Trotzdem fragte ich mich: Wie gehe ich nun am besten logisch vor? Frage für Frage nacheinander beantworten war in diesem Fall nicht sinnvoll. Erneut in die Literatur vertieft, suchte ich nach Anhaltspunkten, die mir helfen sollten zunächst meinen Fragebogen zur Beantwortung der zweiten Forschungsfrage zu strukturieren. Es gelang mir, elementare für die Versorgung dieser Patientengruppe nötige Leistungen zu identifizieren sowie fünf Kategorien daraus zu bilden, die dem Bogen eine Struktur verliehen. Am Ende dieser Entwicklungsphase stand

Basisdiagnostik	Leistung wird angeboten
Anamnese	
Feststellung der Art der Beschwerden	
Einschätzung der körperlichen Belastungsfähigkeit	
Körperliche Untersuchung	
Herzauskultation	
Gefäßstatus, Haut	
Größe/Gewicht/BMI	
Puls	
Zeichen von Herzinsuffizienz prüfen	
Technische Untersuchung	
Blutdruckmessung	
12-Kanal-EKG	
Diagnostische Verfahren	
Laboruntersuchungen	
Kardiologisch relevante Laboruntersuchungen	
Nicht-invasive Verfahren	
Belastungs-EKG	
Langzeit-EKG	

Abb. 16.1 Ausschnitt aus dem Fragebogen

ein quantitativer Fragebogen, mit 44 dichotomen Antwortoptionen (ein Kreuz setzen für »ja diese Leistung bieten wir an« oder das Feld frei lassen für »diese Leistung bieten wir nicht an«). Oberkategorien zu bilden, erwies sich spätestens in der Auswertung als sehr sinnvoll, weshalb ich es an dieser Stelle schon einmal empfehlen möchte (Abb. 16.1).

Jetzt konnte die Recherche der Sekundärdaten beginnen, die sowohl für die Beantwortung von Frage 1 wichtig als auch für das Versenden der Fragbögen notwendig war. Meine Strategie bestand darin, ausgewählte Portale aufzusuchen und Daten wie Namen, Adresse, Telefonnummer, Öffnungszeiten und Koordinaten zu eruieren. Diese Daten empfiehlt es sich gleich nach Institutionen getrennt (Ärzte und Ärztinnen, Krankenhäuser, Apotheken etc.) in Excel-Tabellen einzupflegen. Für die Übersichtlichkeit habe ich pro Institution eine gesonderte Tabelle angelegt, jedes erhobene Item (Name, Adresse, etc.) in eine extra Spalte abgelegt und zusätzlich eine Tabelle mit allen Daten erstellt. Dieser Prozess nahm insgesamt zwei volle Wochen in Anspruch, bis schließlich ein erster Datensatz von 330 Zeilen und 16 Spalten bestand. Ganz schön viele Daten…! Und mit zunehmendem Zeitdruck wuchs auch meine Angst, das Ganze nicht mehr bewältigen zu können oder den Überblick zu verlieren. Verhindert wurde dies mitunter dadurch, dass ich vieles notierte und die Daten unmittelbar – und in Kategorien eingeteilt – in die Datenbank einpflegte. Schließlich hatte ich alle nötigen Daten derart sortiert, dass ich den ausgewählten Leistungsanbietern und -anbieterinnen postalisch den Fragebogen zusenden konnte (in meinem Fall befragte ich 91 Ärzte und Ärztinnen). Diese hatten zwei Wochen Zeit für die Beantwortung und das Zurücksenden des Bogens.

- **Alles gleichzeitig und dennoch alles Schritt für Schritt bearbeiten**

Doch nun stellte sich die Frage: Wie mache ich weiter? Es waren schließlich drei »Baustellen« zeitgleich offen: Literatur zum Formulieren des Hintergrunds beziehungsweise des Problems in Hinblick auf die Relevanz der ausgewählten Erkrankung und des Landkreises lag vor, der erste Datensatz war vollständig, die Fragenbögen waren unterwegs. Zunächst ist wohl wieder das Wichtigste von Bedeutung: Ruhig bleiben…, Gedanken strukturieren…, Gedanken aufschreiben,… Prioritäten setzen. Ich entschloss mich schon mit dem Schreiben der Bachelorthesis zu beginnen. Schon allein deshalb, weil es sich gut anfühlte, nach vier Wochen Arbeitszeit etwas Schriftliches vor sich zu sehen. Zur Bearbeitung der vorliegenden Literatur nutzte ich keine Verwaltungsprogramme, sondern las entsprechende Texte und schrieb mir wichtig Erscheinendes heraus. Aber ich möchte gern darauf hinweisen, dass es geeignete Literaturverwaltungsprogramme gibt, die die Arbeit sehr erleichtern können (Empfehlung: Citavi und EndNote).

In dieser Arbeitsphase kamen erste Briefe zurück und ich schaute jeden Tag mit großer Spannung in den Briefkasten. Schließlich hätte es genauso gut sein können, dass mir niemand antwortet, was auch eine Befürchtung meinerseits darstellte. Ich wartete weiter und nutzte, nachdem ich mit dem Formulieren des Hintergrunds, des Ziels, der Fragstellung und Methode fertig war, die Zeit, um die Daten aus der Excel-Tabelle in das Kartenerstellungsprogramm einzupflegen und die Landkarte optisch aufzubereiten. Schließlich erhielt ich nach zwei Wochen insgesamt 39 Fragebögen zurück, was einem Rücklauf von 45 % entspricht. Das war ein sehr gutes Ergebnis, welches mich innerlich erleichterte. Diese Daten galt es nun aufzubereiten. Abermals nahm ich meine Excel-Tabelle zur Hand und trug die fünf Kategorien mit ihren Unterfragen in die Tabelle ein. Ich codierte die Antworten, wobei ein mit Kreuz versehenes Feld die Zahl 1 zugeordnet bekam und ein frei gelassenes Feld die Zahl 2. Die Codierung erleichtert die Auswertung in Excel insofern, als dass sich Grafiken später einfacher erstellen lassen. Dieser Arbeitsschritt war wohl mit Abstand der aufwendigste, weil die Fehlergefahr sehr hoch war. Schlussendlich hatte die Excel-Tabelle immer noch ihre 330 Zeilen, aber aus den einst 16 sind nun 60 Spalten entstanden und die endgültige Auswertung konnte beginnen.

- **Daten vollständig: wie geht's weiter?**

Die Auswertung der Daten erfolgte zum einen mithilfe des Kartenerstellungsprogramms, das nun durch die bereits eingepflegten Informationen die geographischen Lagen der Leistungserbringer abbildete. Ebenfalls wurden dann die Leistungen derer, die geantwortet hatten, aus der

Excel-Tabelle in jenes Programm importiert. Zudem erfolgte die Auswertung der Fragebogenergebnisse für die Bachelorthesis rein deskriptiv mittels Microsoft Excel. Ich entschied mich für eine übersichtliche Darstellung in Form von gleichartigen Balkendiagrammen, getrennt nach den fünf Kategorien. Nun lagen alle Ergebnisse vor. Was fehlte, war noch immer die Bewertung der Feststellungen durch vorhandene Literatur und damit die Antwort auf die letzte und dritte Forschungsfrage. Hierfür sah ich mir die Ergebnisse an und bildete aus ihnen zwei größere Themenfelder – sozusagen wieder Oberkategorien. Wieder galt es, zu diesen Themenkomplexen neu zu recherchieren, alles Wichtige herauszuschreiben und zu markieren, in Bezug zu den Ergebnissen zu bringen und schließlich im nächsten Schritt zu verschriftlichen.

- **Und am Ende steht der Stolz**

So weit so gut. Es konnte in die letzten Arbeitsschritte eingetaucht werden: das Ausformulieren der bisherigen gewonnenen Erkenntnisse, das Schreiben des Diskussionsteils sowie des Fazits. All dies nimmt noch einmal viel Zeit in Anspruch, da es in diesen Teilen nicht mehr nur um eine Wiedergabe geht, sondern vielmehr um analytisches Herangehen, das heißt, die Erkenntnisse kritisch zu hinterfragen und in Relation zu anderen Kontexten zu betrachten. Dies stellt in meinen Augen den schwierigsten Teil einer solchen Arbeit dar. Daher lohnt es sich, hierfür Zeit einzuplanen.

Die Systematik der Darstellungen ergab sich wieder anhand meiner Fragestellungen: Zunächst die geographische Lage beurteilen, dann die angebotenen Leistungen einschätzen und schließlich mit dem »status quo« der Literatur vergleichen. Ein wichtiger Teil, der oft in Vergessenheit gerät, ist die Methodenkritik, das heißt die Reflexion des eigenen methodischen Vorgehens. Dieser Teil gehört in der Regel zur Diskussion und kann durchaus ein eigenes Unterkapitel bilden. Abgerundet wurde meine Arbeit durch einen Ausblick, der Aspekte enthielt, die auf eine mögliche Weiterverwendung der Daten zielte.

Schlussendlich sah ich ein Werk vor mir, das gut mit Zeilen, Grafiken und Tabellen gefüllt war. Dennoch war die Arbeit hier leider noch immer nicht zu Ende. Schließlich musste nun noch alles formatiert werden. Begonnen mit dem Erstellen sämtlicher Verzeichnisse, den Seitenzahlen, der Beschriftung der Grafiken und Tabellen bis hin zur Quellenverwaltung. Diese Arbeitsphase sollte nicht unterschätzt werden. Es kostet viel Konzentration und Ruhe. Nachdem dieser Prozess abgeschlossen war, folgte eine mehrwöchige Korrekturphase bis ich am Ende ganz stolz ein Druckexemplar meiner eigenen ersten Forschungsarbeit in den Händen hielt und ich sage Euch: Es ist ein großartiges Gefühl, das Ihr alle auch erleben werdet!

16.3 Fazit und Strukturgeber

Das war ein Einblick in meinen Forschungsprozess, der zweifelsohne mit einigen Ecken und Kanten sowie Ängsten einherging. Aber das gehört dazu! Und es ist nicht schlimm, kurzzeitig den Überblick zu verlieren oder sich »am Rande der Verzweiflung« zu befinden. Dann heißt es durchatmen, sortieren, nächste Schritte planen und diese nach und nach abarbeiten. Ich fasse es noch einmal zusammen:

> **Tipp**
>
> Lest möglichst viel über Euer Thema. Verschafft Euch einen ersten groben Überblick. Nutzt dazu unterschiedliche Quellen! Es werden sich dadurch Horizonte eröffnen, die euch zu neuen Ideen bringen.

16.3 · Fazit und Strukturgeber

Notiert Eure Ergebnisse, Eure Gedanken, Eure Ideen – und mögen sie noch so unrealistisch erscheinen – auf einem Zettel! Damit verhindert Ihr, dass Eure wertvollen Gedanken verlorengehen, die Ihr vielleicht später noch einmal gebrauchen könnt.

Konkretisiert Euer Thema durch weitere Auseinandersetzung mit der Literatur, grenzt es auf ein realistisches Vorhaben für die Euch vorgegebene Zeit ein! Besprecht Euch dafür auch mit Eurem Betreuer oder Eurer Betreuerin!

Habt Ihr Euer Thema eingegrenzt und alle Notizen gesammelt, so könnt Ihr Euch dem Generieren der Forschungsfrage nähern. Auch hier gilt: Schreibt alles auf, was Euch in den Sinn kommt, was Euch helfen könnte, Eure Idee(n) umzusetzen!

Habt ihr Eure Frage gefunden, überlegt Euch, wie Ihr sie am besten beantworten könntet! Zieht alle methodischen Möglichkeiten in Betracht! Kann die Frage eher mit Interviews (qualitativ) oder eher mit einem Fragebogen (qualitativ und quantitativ) beantwortet werden? Oder kann sie vielleicht nur durch beides – durch ein sogenanntes Mixed-Methods-Design – beantwortet werden? Kommt vielleicht eine (systematische) Literaturarbeit in Betracht oder muss zu ganz anderen Methoden gegriffen werden?

Wenn Ihr Euch entschieden habt, fangt an Euch einen Zeitplan aufzustellen! Schaut genau, wie viel Zeit Ihr noch habt und teilt Euch die Wochen ein.

Aus meiner Erfahrung heraus bietet es sich an, den Zeitplan gemäß den verschiedenen Forschungsphasen zu erstellen, das heißt, es könnten folgende Kategorien dabei dienlich sein:
1. Recherche und Ausformulierung des Problemhintergrunds sowie Herleitung von Ziel und Fragestellung
2. Methodenauswahl
3. Entwerfen von Fragebogen/Leitfaden/Recherchestrategie (je nach Methode)
4. Durchführen eines Pretests
5. Datenerhebung
6. Datenaufbereitung
7. Datenauswertung
8. Ergebnisdarstellung
9. Ausformulieren des Diskussionsteils
10. Ausformulierung von Schlussfolgerungen/Fazit/Ausblick
11. Formatierung/Grafiken/Tabellen/Erstellen der Verzeichnisse
12. Korrektur
13. Druck eines Probeexemplars
14. Erneute Korrektur
15. Druck der Finalversion

Wie genau Ihr die einzelnen Schritte bearbeitet, hängt natürlich von Eurer individuellen Forschung ab.

Den Schreibprozess solltet Ihr auch als einen solchen verstehen. Es wird nicht oft so sein, dass Ihr Abschnitte formuliert, die Ihr nicht noch einmal überarbeiten müsst. Es entstehen immer wieder neue Gedanken, und Ihr lest Euch immer mehr neues Wissen an. Es ist ganz selbstverständlich, dass Ihr Teile verwerfen und/oder neu formulieren müsst. Seht es nicht als Schwäche Eurer selbst, sondern als Lern- und Optimierungsprozess an.

Oft habe ich von anderen Studierenden gehört, dass komplett fertige Arbeiten auf einmal wie vom Erdboden verschluckt waren. Daher habe ich eine Speicherstrategie genutzt, die das Speichern des Dokuments an mehreren Orten vorsieht (z. B. Festplatte und Drop-box) sowie mit jedem Speicherprozess einen neuen Namen erhält (z. B. BA1, BA2, BA3 und mit aktuellem Datum versehen ist).

> **Tipp**
>
> Wenn Ihr viele Daten erhoben habt, sorgt dafür, dass Ihr sie gut speichert! Habt Ihr beispielsweise Daten zu unterschiedlichen Kategorien gesammelt (wie ich zu den verschiedenen Leistungserbringern und den Kategorien im Fragebogen), so legt die Daten am besten in getrennten Ordnern ab und erstellt zusätzlich einen Ordner mit allen Daten.

Eine ganz besondere Herausforderung stellt häufig der Umgang mit genutzten Quellen dar. Oft herrscht Unsicherheit darüber, wie viele Quellen verwendet werden sollen, wie zitiert werden soll usw. Dazu sollte es in der Regel Vorgaben von der Hochschule geben. Falls nicht, scheut Euch nicht, Eure Betreuer zu fragen.

> **Tipp**
>
> Im Text bietet es sich an, Quellen mit einer Farbe zu markieren, damit am Ende ein Abgleich mit dem erstellten Literaturverzeichnis möglich ist. So verhindert Ihr, dass Quellenangaben vergessen werden oder im Literaturverzeichnis welche auftauchen, die aufgrund von Kürzungen gar nicht mehr im Text vorhanden sind.

Am Ende des Schreibprozesses solltet Ihr die Formatierung in Angriff nehmen! Verzeichnisse erstellen, Ränder, Zeilenabstände, Absätze einstellen, Grafiken/Tabellen beschriften, Überschriften formatieren sowie Seitenzahlen einfügen. Nachdem Ihr auch das erledigt habt, könnt Ihr in die Kontrollphase gehen. Ich rate auch hierfür genügend Zeit einzuplanen. Sucht Euch, wenn möglich, mehrere Kontrollierende. Ich hatte z. B. meine Korrekteure und Korrekteurinnen eingeteilt nach verschiedenen Aufgaben: Eine/r sollte sich ausschließlich die Formatierung ansehen, ein/e andere/r sollte nur auf die Rechtschreibung fokussieren, zwei weitere waren für das inhaltliche Verständnis da.

> **Tipp**
>
> Gebt Euren Korrekturlesern und Korrekturleserinnen ausreichend Zeit!

Auch das Einarbeiten der gesammelten Korrekturen nimmt Zeit in Anspruch, aber wenn Ihr damit fertig seid, solltet Ihr einen ersten Probedruck erstellen. Seht ihn Euch ganz genau an und nur, wenn dieser fehlerfrei erscheint, lasst Euch diese Version als Abgabeexemplare ausdrucken. Wenn Ihr sie dann in den Händen haltet, seid Ihr an diesem Tag die glücklichsten Menschen der Welt und erfüllt mit Stolz nach der langen harten Arbeit!

Literatur

GBE. (2003). Gesundheitsberichterstattung des Bundes. www.gbe-bund.de. Stichwortsuche: Todesursachenstatistik. Zugegriffen: 04. Aug. 2015.

GBE. (2015). Gesundheitsberichterstattung des Bundes. www.gbe-bund.de. Stichwortsuche: Epidemiologie. Zugegriffen: 01. Aug. 2015.

Statistisches Bundesamt. (2012). Todesursachen in Deutschland. Fachserie 12 Reihe 4. URL: https://www.destatis.de/DE/Publikationen/Thematisch/Gesundheit/Todesursachen/Todesursachen2120400127004.pd. Zugegriffen: 19. März 2015.

RKI (2006) – Robert-Koch-Institut: Gesundheitsberichterstattung des Bundes. Heft 33. Koronare Herzkrankheit und akuter Myokardinfarkt. Berlin: Robert-Koch-Institut.

▶ http://endnote.com/.
▶ http://www.citavi.de/de/index.html.

Mittendrin oder nur dabei?

Probleme der Positionierung am Beispiel der Erforschung von Flucht

Carolin Sprenger

17.1 Positionierung: ein Konflikt? – 152

17.2 Motivation und Erkenntnisinteresse: Flucht neu denken – 152

17.3 Interviews als Situationen gegenseitiger Erwartungen – 154

17.4 Datenauswertung: doppelte Verpflichtungen – 156

17.5 Fazit – 157

Literatur – 158

17.1 Positionierung: ein Konflikt?

Als Sozialwissenschaftler und Sozialwissenschaftlerinnen möchten wir soziale Phänomene verstehen, um einen Beitrag zur Lösung bestehender Konflikte zu leisten. Besonders offenkundig wird diese Motivation bei Fragestellungen zu kontrovers diskutierten und politisierten Themen wie Flucht. Bei der qualitativen Arbeit mit kontrovers diskutierten Themen spielt folgende Frage eine Rolle: Wie können wir uns positionieren und gleichzeitig einen wissenschaftlichen Standpunkt wahren? Da wir bei der qualitativen Forschung eine besondere Beziehung mit den interviewten Personen eingehen und sich Flüchtlinge darüber hinaus in einer ebenfalls besonderen Situation befinden, ist es aus ethischen und methodischen Gründen notwendig, die eigene Position im Forschungsprozess kritisch zu reflektieren. Eine soziologische Untersuchung von sozialen Phänomenen wie Flucht erfordert deshalb, dass wir uns so weit wie möglich »von den eingeflossenen Bewertungen und Erwartungen, auch von den eigenen politischen Wünschen lösen und Distanz üben« (Treibel 2003, S. 16). Der nachfolgende Erfahrungsbericht stellt die wichtigsten Etappen meiner Bachelor-Arbeit dar und veranschaulicht, welche Herausforderungen und Probleme sich insbesondere mit Blick auf die Durchführung narrativer Interviews in ethisch-methodischer Hinsicht ergeben können. Der erste Abschnitt des Erfahrungsberichtes widmet sich dem Ausgangspunkt meiner Bachelor-Arbeit: der Formulierung einer Fragestellung und der Wahl einer theoretischen Perspektive. Der darauffolgende Abschnitt fasst einige Reflexionen zu den Interviews zusammen. Im dritten Teil geht es schließlich um die qualitative Auswertung des erhobenen Datenmaterials mithilfe der dokumentarischen Methode.

17.2 Motivation und Erkenntnisinteresse: Flucht neu denken

Der öffentliche Diskurs sowie die sozialwissenschaftliche Forschung begreifen Flucht häufig in Abgrenzung zur Arbeitsmigration, die als freiwillig eingeordnet wird, während Flüchtlinge aufgrund von Naturkatastrophen, Kriegen oder politischer Verfolgung gezwungen sind zu migrieren. Diese Zuordnung spiegelt eine zum Teil unreflektierte Differenzierung entlang bürokratischer und juristischer Kategorien wider, die fundamentale Gemeinsamkeiten der unterschiedlichen Migrationsformen außer Acht lässt (Faist 2007, S. 365). Durch die Gegenüberstellung von Flucht- und Arbeitsmigration entsteht ein verzerrtes und stark verkürztes Bild von Flucht. Dies ist insbesondere vor dem Hintergrund der aktuell neu aufkeimenden Diskussion um die Integration von Flüchtlingen problematisch. So berichten die öffentlichen Medien zum Beispiel von einer »Welle der Hilfsbereitschaft« in der Zivilgesellschaft für Flüchtlinge des Syrischen Bürgerkrieges und aus dem Irak.[1] Fraglich ist dabei, ob der sich andeutende Stimmungswechsel in Gesellschaft und Politik auch von einem neuen Verständnis von Flucht begleitet wird.

In meiner Bachelor-Arbeit habe ich mich darum bemüht, Flucht unterstützt durch narrative Interviews als transnationale Migration zu rekonstruieren, bei der Flüchtlinge im Rahmen der ihnen zur Verfügung stehenden Ressourcen und im Verlauf der Migration in unterschiedlichem Maße als Akteure agieren. Die Differenzierung der Flucht von anderen Formen der Migration wird hierdurch keinesfalls hinfällig. Flucht unterscheidet sich von anderen Migrationsformen

---

1 Dargestellt und diskutiert wird der angesprochene Stimmungswandel in der Radiosendung SWR2-Forum unter dem Titel »Welle der Hilfsbereitschaft. Sind Flüchtlinge nun willkommen?« (SWR2-Forum 2014).

unter anderem fundamental durch die Gewalt, die direkt durch Personen oder indirekt durch (von Menschen geschaffene) Strukturen auf Flüchtlinge einwirken (Zolberg et al. 1992). Diese Gewalt wird als Auslöser der Flucht verstanden und endet nicht mit ihr, denn Menschen auf der Flucht bleiben häufig Zielscheibe unterschiedlicher Formen von Gewalt.

Im Zentrum meiner Arbeit stand die Frage, inwiefern der Ansatz der transnationalen Migrationsforschung dabei helfen kann, ein differenzierteres Verständnis von Flucht als Migration zu entwickeln. Insbesondere sollten die lebensweltlichen Realitäten von Flüchtlingen in Europa angemessen erfasst werden. Entscheidend geprägt wurde der Ansatz durch die Arbeiten von Nina Glick Schiller, Linda Basch und Cristina Szanton Blanc (Glick Schiller et al. 1992), die Kritik an der damals vorherrschenden Vorstellung übten, dass Immigranten und Immigrantinnen durch das Verlassen ihres Herkunftslandes einen endgültigen Bruch mit ihrer früheren Existenz erfahren und sich nun mühsam in eine neue Gesellschaft, mit einer anderen Kultur und Sprache einfinden müssen. Diesem Denken liege nach Wimmer und Glick Schiller 2003 ein sogenannter methodologischer Nationalismus zugrunde, also die Annahme, Nationalstaaten seien quasi-natürliche Einheiten und Gesellschaft fände nur innerhalb nationalstaatlicher Grenzen statt. Entsprechend diesem Bild der »Entwurzelung« in einer nationalstaatlich organisierten Welt werden Flüchtlinge von Hilfsorganisationen sowie durch bürokratische Kategorisierungen häufig in eine passive, inaktive Rolle gezwängt (Malkki 1995). Was die Wissenschaftlerinnen Glick Schiller et al. entdeckt haben, sind Identitäten und (Über-)Lebensstrategien, die Menschen nicht losgelöst vom Herkunftskontext, sondern »zwischen« unterschiedlichen Nationalstaaten entwickeln. Der Ansatz des Transnationalismus nimmt Migranten demnach als Akteure wahr und betrachtet die Migration als unabgeschlossenen Prozess, bei dem die Verbindungen zu Personen und zur Sozialstruktur des Herkunftslandes bzw. der Herkunftsregion als transnationaler Sozialraum aufrechterhalten werden (Pries 1997). Inwiefern kann dieser Ansatz auch für Menschen relevant sein, die als Flüchtlinge in Deutschland leben? Im Rahmen meiner Bachelor-Arbeit ist mir insbesondere aufgefallen, dass Flüchtlinge sich in sehr unterschiedlichen Situationen befinden. Dies betrifft z. B. ihr Verhältnis zum Herkunftsland, die Bedingungen ihrer Flucht sowie ihre jeweils spezifische Einbindung in globale, nationale und lokale Systeme von Flüchtlingshilfe und Politikstrategien. All das spiegelt sich wiederum in ihren (transnationalen) Orientierungen und Strategien wider.

> Mit der Wahl einer theoretischen Perspektive bezieht man Stellung innerhalb des wissenschaftlichen Diskurses. Damit fällt gleichzeitig auch die (notwendige) Entscheidung, bestimmte Aspekte eines Themas in den Vordergrund zu stellen. Insofern ist die Wahl der theoretischen Perspektive auch eine Form der Selektion und Positionierung. Frage Dich: welche Beobachtungen – also welcher Teil der sozialen Wirklichkeit – erscheint mir besonders relevant und soll durch die Theorie repräsentiert und erfasst werden?
> Bei meinem Thema Fluchtmigration ging es mir insbesondere darum eine Theorie zu wählen, die den Akteurscharakter der Personen herausstellt, um nicht die passiven Deutungen, denen die Flüchtlinge in ihren Alltagserfahrungen begegnen, zu reproduzieren. Auf diese Weise schließt man entweder an eine Perspektive an und leuchtet z. B. die Facetten an einer Thematik weiter aus. Oder man erschließt sich die Möglichkeit – durch die Übertragung theoretischer Argumente auf eine Fragestellung, die bisher vielleicht weniger stark innerhalb des theoretischen Stranges berücksichtigt wurde – neu über ein Thema nachzudenken. Beide Wege bringen weitere notwendige Fragen und Schritte mit sich.

17.3 Interviews als Situationen gegenseitiger Erwartungen

Es gibt im deutschsprachigen Raum nur wenige Methodentexte, die sich gezielt mit der Durchführung narrativer Interviews im Kontext der Fluchtforschung beschäftigen. Sehr treffend beschreibt jedoch Marc Thielen (2009) aus seinen eigenen Forschungserfahrungen die besonderen Aushandlungsprozesse und die Bedeutung des Interviewkontextes bei Interviews mit Flüchtlingen. Bei einem Forschungsprojekt mit iranischstämmigen Migranten hat er festgestellt, dass die Gestaltung der Erzählung stark durch die Machtprozeduren im Asylverfahren beeinflusst wurde, indem Machtasymmetrien durch Deutungen und Einschätzungen seitens der Flüchtlinge im Interview reproduziert wurden. Thielen spricht in diesem Sinne von einem »totalen Raum«, in dem Flüchtlinge ohnehin viel von ihren Biografien preisgeben müssen, und betont daher die Bedeutung einer vertrauensvollen Interviewatmosphäre sowie eines sensiblen Umgangs mit gegenseitigen Rollenzuschreibungen bei der Interviewdurchführung (ebd.).

Für meine Fragestellung schienen mir narrative Interviews besonders hilfreich, da sie erzählgenerierend sind (Schütze 1983), also »auf die Artikulation von Erfahrungen und Orientierungen durch den/die Interviewten abzielen« (Nohl 2013, S. 1). Es ging mir darum, Flucht aus der Perspektive von Personen zu verstehen, die als Flüchtlinge in Deutschland leben. In diesem Sinne war es mir wichtig, dass die Interviewten möglichst frei sprechen und ihre Erzählung nach ihrem eigenen Relevanzsystem, also nach ihren eigenen Vorstellungen und Prioritäten, strukturieren können. Bei Interviews mit Flüchtlingen (und anderen Personen in schwierigen Lebenssituationen) gilt es, dabei das eigene Verhalten vor, während und nach den Interviews in besonderer Weise zu reflektieren. Hierbei geht es auch um die Frage, wie ich mich gegenüber den Befragten als Forscherin oder als Vertreterin ihrer Interessen positionieren möchte.

- **Vor dem Interview**

Bereits die erste Kontaktaufnahme zu möglichen Interviewteilnehmenden ist ein ethisch und methodisch wichtiger Moment. Wenn Interviewende und Erzählperson in Kontakt treten, »schätzen sie sich gegenseitig ein, bilden Erwartungshaltungen und verhalten sich zu diesen Erwartungen« (Helfferich 2011, S. 119). Veranschaulichen lässt sich dies an dem Begriff »Interview«. Diesem Wort kommt im Kontext der Flucht eine besondere Bedeutung zu, da im Asylverfahren die Anhörung »Interview« genannt wird. Bei der ersten Kontaktaufnahme können unter Verwendung des Begriffes »Interview« also bestimmte Assoziationen mit der Anhörung im Asylverfahren auftreten. Dies kann unter Umständen dazu führen, dass sich die angesprochenen Personen verpflichtet fühlen, an dem Interview teilzunehmen bzw. eine Teilnahme ablehnen. Ferner kann auch das Erzählverhalten während des Interviews negativ beeinflusst werden. Die meisten Personen, mit denen ich ein Interview geführt habe, kannte ich bereits durch ein Praktikum in einer Migrationsberatungsstelle. Aus diesem Grund war schon eine gewisse Vertrauensbasis gegeben, bevor ich die Personen gefragt habe, ob ich ein Interview mit ihnen führen darf. Doch auch dann stellt sich die Frage, welche Rolle man als Forschende eigentlich einnehmen möchte und wie man sich gegenüber den Befragten auch zum Thema Flucht verhält und insofern etwas von seiner Position preisgibt.

> **Tipp**
>
> Frage Dich stets, welche Rolle Du als Forschende/r einnehmen möchtest, wie Du Dich gegenüber den Befragten verhalten und ob, respektive inwiefern Du Deine Position preisgeben möchtest!

Mackenzie et al. (2007) empfehlen die Forschungsbeziehung zu Flüchtlingen so zu gestalten, dass sie einen Nutzen aus ihrer Teilnahme am Forschungsprojekt ziehen können. Eine solche Beziehung aufzubauen bedeutet zunächst, offen darüber zu sprechen, mit welchen Erwartungen eine Person an dem Interview teilnimmt und welche Interessen die Forschenden mit den Interviews verknüpfen. Solche Gespräche, die bereits bei der ersten Kontaktaufnahme oder unmittelbar vor dem Interview z. B. bei einer Tasse Tee im privaten Wohnraum der Interviewten stattgefunden haben, erfordern unter Umständen, als Forschende offen Position zu beziehen und sich solidarisch mit den Befragten zu zeigen. Dabei ist jedoch darauf zu achten, keine überhöhten Erwartungen an die Interviewenden zu bestärken (Thielen 2009). Durch meine Bachelor-Arbeit konnte ich zum Beispiel nicht den rechtlichen Status der Befragten verbessern oder ihnen einen Zugang zum Bildungssystem oder Arbeitsmarkt verschaffen. Die meisten Personen haben geäußert, dass sie es trotzdem für wichtig halten, dass sich Studenten mit ihrer Situation beschäftigen, damit der gesellschaftliche Austausch gefördert wird. Außerdem kann eine Abschlussarbeit durchaus auch als Teil eines breiteren Diskurses verstanden werden, an dem viele Forscher und Forscherinnen beteiligt sind, deren Arbeiten wiederum mittelfristig eine Wirkung erzielen können.

> Im Verlauf der Gespräche vor dem Interview erschien es mir z. B. häufig wichtig und als natürlichen Bestandteil des Gespräches, den Befragten zu erzählen, dass ich das Thema und den Austausch mit ihnen wichtig finde und warum. Folgende Dinge habe ich konkret (in gekürzter und straff formulierter Version) angesprochen: »Ich finde es wichtig, dass Sozialwissenschaftlerinnen aber auch andere Menschen direkt mit Flüchtlingen ins Gespräch kommen, da viele Menschen in unserer Gesellschaft zu wenig darüber wissen, in welcher Situation sich Flüchtlinge befinden und auch welche Konsequenzen eine restriktive Asylpolitik für die Menschen hat, was der Status als Asylbewerber bzw. als Flüchtling innerhalb ihres Lebens bedeutet.« Die Befragten hatten in diesen Gesprächen natürlich auch die Gelegenheit, sich zu meinen Äußerungen zu positionieren und zu erzählen, warum sie das Gespräch wichtig finden bzw. welche Motivation sie an der Interviewteilnahme haben.

- **Während des Interviews**

Folgende Erzählaufforderung habe ich für meine Interviews genutzt:

»In meiner Bachelor-Arbeit beschäftige ich mich mit Flucht, welche Gründe es für die Flucht gibt, wie Menschen flüchten und welche Erfahrungen sie machen. Mir geht es darum, Flucht aus der Perspektive von Betroffenen zu verstehen. Ich möchte Sie deshalb bitten, mir ausführlich über Ihre Erfahrungen zu berichten, also wie es zum Beispiel zur Flucht gekommen ist und was Sie sonst noch dazu sagen möchten. Erzählen Sie ein einfach alles, was Ihnen wichtig ist. Sie können sich ruhig Zeit dabei lassen. Ich werde zuhören, mir evtl. Notizen machen, Sie aber nicht unterbrechen und keine Zwischenfragen stellen.«

Diese Erzählaufforderung habe ich in der Formulierung und Ausführlichkeit variiert. Es ging mir bei der tatsächlichen Erzählaufforderung unmittelbar zu Beginn des Interviews darum, dass die Interviewpartner die Chance bekommen zu verstehen, wofür ich mich genau interessiere und warum sie sich eigentlich in dieser Interviewsituation befinden (insofern dies nicht bereits in Gesprächen vor dem Interview besprochen wurde). Aufgrund meiner noch geringen Erfahrung mit der Interviewführung bin ich insgesamt nachsichtig mit der Anwendung der Methodik der narrativen Interviewführung umgegangen. Die Technik des narrativen Interviews nach Schütze (Schütze 1983) habe ich genutzt, um mich in meiner Rolle als Forscherin zu orientieren. Insbesondere in der sogenannten »Hauptzählung« beschränken sich die Interviewenden dabei auf aktives Zuhören. Das Buch »Die Qualität sozialer Daten. Manual für die Durchführung qualitativer Interviews« von Yvonne Helfferich gibt hilfreiche Tipps für die Interaktion im Interview, wie z. B. dem Umgang mit Pausen (Helfferich 2011).

Bei Interviews mit Personen, deren Autonomie stark beschnitten ist und die traumatische Erfahrungen gemacht haben oder immer noch in einer für sie traumatischen Situation leben, ist es angemessen, nicht nur mit der eigenen Position als Forschende, sondern auch mit Regeln und Techniken der Interviewführung reflexiv umzugehen. Zum Beispiel wirkten manche Personen zu Anfang des Interviews verunsichert und forderten genauere Hinweise ein, wie sie ihre Erzählung beginnen sollen. Es ist auch vorgekommen, dass Interviewte mich zwischendurch direkt gefragt haben, ob es in Ordnung ist, was sie erzählen. Ich habe die Befragten dann bestärkt und gesagt, dass alles was sie mir bisher erzählt haben wichtig und sehr hilfreich für mich ist. Je nach Situation könnt es sich u. U. dann anbieten, eine immanente Nachfrage zu stellen: »Sie können/Du kannst gerne einfach genau so weitermachen. Oder vielleicht möchten Sie/möchtest Du mir erzählen, was danach dann passiert ist«.

- **Nach dem Interview**

In der Forschungspraxis hat es sich durchgesetzt, dass vor oder nach dem Interview eine schriftliche Einverständniserklärung sowie eine Erklärung zur Einhaltung des Datenschutzes von den Forschenden eingeholt werden. Auf diese Weise wird sichergestellt, dass die Daten anonymisiert werden, der oder die Interviewte tatsächlich freien Willens teilgenommen hat und das Interview für die wissenschaftliche Arbeit verwendet werden darf. Flüchtlinge müssen allerdings ohnehin sehr viele Unterschriften leisten und Einverständniserklärungen unterschreiben (z. B. in Flüchtlingsberatungsstellen). Dabei kann es vorkommen, dass sie gar nicht immer verstehen, was sie unterschreiben und verunsichert sind. Aus diesem und anderen Gründen kann es wichtig sein, weiterhin offen für eine erneute Kontaktaufnahme nach dem Interview zu sein. So haben die Interviewten die Chance, Nachfragen zu stellen oder auch sich zu melden, falls sie Dinge besprechen möchten, die nichts mit dem Interview an sich zu tun haben.

17.4 Datenauswertung: doppelte Verpflichtungen

Nachdem ich die Interviews mit den Flüchtlingen geführt hatte, erschien es mir zunächst anmaßend, etwas »über die Personen« zu schreiben und hierbei auch theoretisch relevante Punkte anzusprechen. Wären die Interviewten damit einverstanden? Würden sie diese Dinge selbst in den Mittelpunkt stellen? Auf der einen Seite fühlt man sich den Interviewten und auf der anderen Seite einer wissenschaftlichen Herangehensweise bei der Auswertung und Ergebnisdarstellung gegenüber verpflichtet. Dies muss jedoch kein Widerspruch sein. Die

Interviewanalyse nach der dokumentarischen Methode ist eines der Verfahren in der qualitativen Forschung, welches ein Hilfsmittel zur Lösung für diesen Konflikt sein kann.

Ralf Bohnsack hat die dokumentarische Methode als wissenssoziologisch fundiertes Auswertungsverfahren entwickelt (Bohnsack 2010). Dieses Auswertungsverfahren richtet den Blick der Forschenden nicht nur darauf, was erzählt wurde, sondern auch auf die Art und Weise, »wie« die Befragten über ihre Erfahrungen berichten, woran sie sich bei ihrer Erzählung orientieren. Die Art und Weise der Erzählung eröffnet einen Zugang zum Orientierungswissen und dem damit verbundenen Erfahrungsraum der Flüchtlinge. Bei der wissenssoziologischen Analyseeinstellung geht es ausdrücklich nicht darum, ob das Gesagte (faktisch) wahr oder richtig ist (Bohnsack, S. 64). Vielmehr steht das individuelle Erleben im Mittelpunkt, in dem sich ein Orientierungsrahmen dokumentiert. Im Hinblick auf meine Fragestellung ging es mir insbesondere darum zu untersuchen, inwiefern die Orientierungen der Interviewten in Zusammenhang stehen mit ihrer spezifischen Positionierung im transnationalen Raum sowie den Zuschreibungen und Grenzziehungen, die sie in diesem erfahren.

Besonders relevant in Hinblick auf die Problematik der Positionierung ist, dass die dokumentarische Methode konsequent vergleichend arbeitet (Nohl 2013). Zunächst bedeutet dies, dass wir bei den ersten Interpretationsversuchen mit impliziten Vergleichshorizonten arbeiten. Im weiteren Verlauf der Analyse werden dann weitere empirische Fälle herangezogen. Der Fallvergleich ermöglicht eine Kontrolle der Standortgebundenheit der eigenen Interpretation. Dies ist insofern zentral, als man als angehende Sozialforscherinnen und -forscher auch kritische Haltung gegenüber den eigenen Vergleichsmaßstäben entwickeln soll, um die Gefahr einer Reproduktion von Zuschreibungen zu vermeiden. So nachvollziehbar das Bedürfnis einer politischen Positionierung also sein mag, so wichtig ist die Distanzierung von den eigenen politischen Wünschen und dem mit diesen verbundenem gesellschaftlichen Standort. Nur dann kann es gelingen, mithilfe qualitativer Forschung auch ein differenzierteres Verständnis von Fluchtmigration zu entwickeln.

17.5 Fazit

Das Spannungsgefüge aus emotionaler Befangenheit, Mitgefühl und Verantwortung gegenüber den Interviewten auf der einen Seite und einer Verpflichtung gegenüber einer wissenschaftlichen Vorgehensweise auf der anderen Seite war für mich – von der Konzeption der Fragestellung über die Auswertungsphase bis zur Ergebnisdarstellung – eine große Herausforderung. Sich schon früh im Studium einem Thema wie Flucht zu widmen, ist jedoch auch eine Chance, die Möglichkeiten und Grenzen der eigenen Disziplin und von sich selbst kennenzulernen und einen Weg zu finden, konstruktiv mit diesen umzugehen. Trotz der berechtigten Bestrebung, die Situation von Flüchtlingen zu verbessern und zu einer Lösung von Konflikten beizutragen, ist es wichtig, die Grenzen einer Abschlussarbeit anzunehmen und sich darauf zu fokussieren, was mithilfe qualitativer Forschung untersucht und geleistet werden kann.

So ist es in einer Abschlussarbeit nicht möglich die Welt zu erklären und Grundlagenforschung zu betreiben oder Begriffsproblematiken zu lösen. Was jedoch möglich ist und was qualitative Methodik ausmacht, ist diese Problematiken zunächst einmal anzusprechen und sich auf die soziale Wirklichkeit neu einzulassen, um dann vielleicht als Ergebnis einer Arbeit zu präzisieren, worin die beobachtete Problematik besteht bzw. ob sich bestimmte Annahmen bestätigt haben oder durch die Interviews doch eher andere Aspekte in den Blick gerückt sind.

Auch in Hinblick auf die Interaktion mit den Interviewten gibt es rückblickend Situationen, in denen ich mich heute anders verhalten würde. Auch wenn ich in mancher Hinsicht bei meiner Bachelor-Arbeit an persönliche und disziplinäre Grenzen gestoßen bin, möchte ich die Erfahrungen und auch die gewinnbringenden Diskussionen und Reflexionen im Nachhinein nicht missen.

Literatur

Bohnsack, R. (2010). *Rekonstruktive Sozialforschung. Einführung in qualitative Methoden*. Opladen: Leske + Budrich.

Faist, T. (2007). Transnationale Migration als relative Immobilität in einer globalisierten Welt. *Berliner Journal für Soziologie, 17,* 365–385.

Glick Schiller, N., Basch, L., & Blanc-Szanton, C. (1992). *Towards a transnational perspective on migration. Race, class, ethnicity, and nationalism reconsidered*. New York: New York Academy of Sciences.

Helfferich, Y. (2011). *Die Qualität qualitativer Daten. Manual für die Durchführung qualitativer Interviews*. Wiesbaden: VS.

Mackenzie, C., McDowell, C., & Pittaway, E. (2007). Beyond »Do No Harm«: The Challenge of Constructing Ethical Relationships in Refugee Research. *Journal of Refugee Studies, 20,* 299–319.

Malkki, L. (1995). Refugees and Exile: From »Refugee Studies« to the National Order of Things. *Annual Review of Anthropology, 24,* 495–523.

Nohl, A.-M. (2013). *Interview und dokumentarische Methode. Anleitungen für die Forschungspraxis*. Wiesbaden: Verlag für Sozialwissenschaften.

Pries, L. (1997). *Transnationale Migration. Sonderband 12 Soziale Welt*. Baden-Baden: Nomos.

Schütze, F. (1983). Biographieforschung und narratives Interview. *Neue Praxis, 13,* 283–293.

Thielen, M. 2009. Freies Erzählen im totalen Raum? – Machtprozeduren des Asylverfahrens in ihrer Bedeutung für biografische Interviews mit Flüchtlingen. Forum: *Qualitative Sozialforschung*. ▶ http://www.qualitative-research.net/index.php/fqs/article/view/1223/2664. Zugegriffen: 3. Juni 2013.

Treibel, A. (2003). Migration in modernen Gesellschaften. *Soziale Folgen von Einwanderung, Gastarbeit und Flucht*. Weinheim: Juventa.

Welle der Hilfsbereitschaft. Sind die Flüchtlinge jetzt willkommen? [Radiobeitrag/Diskussion]. 2014. Sendung: SWR2-Forum. Moderation: Martin Durm. Teilnehmer: Reinhard Müller (Ressortleiter für Staat und Recht und Zeitgeschehen Frankfurter Allgemeine Zeitung), Peter Neher (Präsident des Deutschen Caritasverbandes), und Heribert Prantl (Ressortchef Innenpolitik Süddeutsche Zeitung). 12.11.2014. 17.05 Uhr. 44:09 min.
▶ http://www.swr.de/swr2/programm/sendungen/swr2-forum/swr2-forum-welle-der-hilfsbereitschaft/-/id=660214/nid=660214/did=14292704/12l5ygf/index.html. Zugegriffen: 19. Feb. 2015.

Wimmer, A., & Schiller, N. G. (2003). Methodological Nationalism, the Social Sciences, and the Study of Migration: An Essay in Historical Epistemology. *International Migration Review, 37,* 576–610.

Zolberg, A., Suhrke, A., & Aguayo, S. (1992). *Escape from violence. Conflict and the refugee crisis in the developing world*. New York: Oxford University Press.

Wenn die Daten nicht mitspielen

Strategien zur Überwindung von Schwierigkeiten

Miriam Schäfer

18.1 Polizei! Forschungsinteresse und Forschungshaltung – 160

18.2 Feldzugang zu einem abgeschlossenen Untersuchungsfeld – 161

18.3 Probleme mit dem Material: Neuorientierungen im Forschungsprozess – 162

18.4 Auswertungsmethode: Text- und thematische Feldanalysen – 163

18.5 Bedingungen polizeilichen Handelns – 164

Literatur – 166

18.1 Polizei! Forschungsinteresse und Forschungshaltung

Die Polizei ist für uns etwas sehr Alltägliches. Ständig sehen wir Polizistinnen und Polizisten auf Streife – zu Fuß in der Stadtmitte, im Auto auf der Straße. Wir kennen die Polizei auch aus Film und Fernsehen. Was wissen wir aber eigentlich tatsächlich über die Arbeit der Polizei und die alltägliche Wirklichkeit von Polizistinnen und Polizisten? Meine Perspektive auf die Polizei ist unter anderem dadurch bestimmt, dass sie mir als Teilnehmerin an Demonstrationen »gegenüber« steht. Aus diesen Erfahrungen heraus interessierte mich die Polizeiarbeit auf Demonstrationen und die Erfahrungen von Polizistinnen und Polizisten, die bei solchen sogenannten Großlagen ihren Dienst versehen. Mein Forschungsinteresse resultierte also aus meinen Alltagserfahrungen mit der Polizei und Beobachtungen polizeilicher Arbeit und damit aus einem Interesse an dieser scheinbar bekannten, aber doch fremden Lebenswelt[1]. Schon zu Beginn stellte sich die erste Herausforderung. Denn wie kann ich einen Gegenstand, über den ich bestimmte Vorannahmen habe, der mir aber auch fremd ist, adäquat erfassen? Ich hatte fest verankerte Vorstellungen von dem, was Polizeiarbeit ist.

Eine am interpretativen Paradigma orientierte Forschungslogik erweist sich in diesem Feld als sehr gewinnbringend. Sie hilft, das eigene Vorwissen einzuklammern, um so offen zu sein für die Entdeckung von Neuem oder Unerwartetem (Rosenthal 2011, S. 18). Das interpretative Paradigma beinhaltet Ansätze, die davon ausgehen, dass Individuen ihre Umwelt und die Handlungen anderer interpretieren und so in Interaktion gemeinsam die soziale Wirklichkeit erzeugen. Menschen werden dabei als handelnde und erkennende Organismen verstanden. Im Gegensatz dazu steht das normative Paradigma, in dem Menschen als auf ein gemeinsames Symbolsystem reagierend begriffen werden (Wilson 1970).

Auch wenn ich mich in wissenschaftliche Literatur zur Polizei beziehungsweise der empirischen Polizeiforschung eingelesen habe, habe ich meine Forschungsfrage nicht aus einer gegenstandsbezogenen Theorie heraus entwickelt. Ich orientierte mich dabei am Prinzip der Offenheit (Hoffman-Riem 1980), das unter anderem besagt, dass ich eine offene Forschungsfrage entwickele, die sich im Laufe des Forschungsprozesses konkretisieren oder modifizieren kann. Daher formulierte ich zu Beginn ein vages Forschungsinteresse an dem Erleben von Polizistinnen und Polizisten bei Großlagen. Die so entwickelte Forschungsfrage kann sich dann an den Relevanzsetzungen der Alltagshandelnden – hier der interviewten Polizisten[2] – orientieren. Ein solches Vorgehen war wichtig für mich, weil es kontrolliert, dass ich den Gegenstand meiner Forschung erfassen kann. Strukturiere ich meinen Forschungsprozess anhand meiner oder der in der wissenschaftlichen Literatur bestehenden Annahmen, kann ich nicht erheben, was für die Befragten selbst relevant ist.

Vielmehr standen bestimmte sozial- bzw. biografietheoretische Konzepte am Anfang der Forschung, die mein Forschungsdesign und auch meine Fragen letztendlich beeinflussten. So zum Beispiel, dass soziales Handeln auf den Deutungen der sozialen Wirklichkeit beruht. Menschen handeln auf Grundlage der Deutungen, des Sinns, den sie ihrer Umwelt zuschreiben. Diese Interpretations- und Sinnsetzungsprozesse basieren auf im Laufe des Lebens verinnerlichten, kollektiv geteilten Wissensbeständen. Die individuellen Sinnsetzungsprozesse bedienen sich jedoch nicht nur der kollektiv geteilten Wissensbestände, sondern sie werden

---

1 Diesen Begriff benutze ich in Bezug zu Alfred Schütz u. Thomas Luckmann, u. a. »Strukturen der Lebenswelt« 2003.
2 Ich habe nur männlich sozialisierte Beamte interviewt. Die Suche nach Interviewpartnern verlief polizeiintern und ich hatte auf die Auswahl keinen Einfluss.

je nach lebensgeschichtlicher Erfahrung und in Interaktion mit Anderen in konkreten Situationen verschieden ausgestaltet.[3] Wenn ich nicht nur daran interessiert bin, wie Polizisten und Polizistinnen handeln, sondern auch daran, warum sie so handeln[4], also an den lebensgeschichtlichen Erfahrungen, die zu einem bestimmten Handeln führen, dann bietet sich eine biografietheoretische Untersuchung an.

Dabei wird die ganze Biografie als soziales Konstrukt verstanden (Fischer und Kohli 1987, S. 26) und in die Analyse einbezogen. Ein zentrales Anliegen der soziologischen Biografieforschung ist es, die Wechselwirkung gesellschaftlicher Strukturen und der subjektiven Aneignung und Bearbeitung der Individuen offenzulegen (Rosenthal 1995, S. 12). Mithilfe eines biografietheoretischen Zugangs ist es also möglich, die Entstehung und Entwicklung eines Falles innerhalb seiner gesellschaftlichen und institutionellen Verschränktheit zu verstehen. Ganz praktisch bedeutet dies, dass die Lebensgeschichte einer Polizistin oder eines Polizisten in die Institution Polizei und ihrer historischen Veränderungen sowie die gesamtgesellschaftlichen Entwicklungen eingebettet untersucht wird. Methodisch leisten kann dies das Verfahren der biografischen Fallrekonstruktion (nach Rosenthal 1995), das daher zur Auswertungsmethode meiner Wahl wurde.

18.2   Feldzugang zu einem abgeschlossenen Untersuchungsfeld

Mit diesem offenen Vorgehen ergeben sich aber auch Herausforderungen. In einem bürokratischen, nach außen recht verschlossenen und »misstrauischen« Feld wie das der Polizei, kann ein solch offenes Vorgehen schwierig sein. Wenn ich nicht deutlich machen kann, was mich ganz detailliert interessiert und meine Fragen nicht direkt vor den Interviews zu prüfen sind – wie es bei strukturierten Fragebögen möglich wäre –, muss mir als Forscherin ein gewisses Vertrauen entgegengebracht werden.

Da ich mich für das Erleben von Demonstrationen interessierte, benötigte ich also Interviewpartner und -partnerinnen, die auch bei solchen Anlässen eingesetzt werden. Wie komme ich an genau diese Polizistinnen und Polizisten heran? In Deutschland ist die Bereitschaftspolizei (Bepo) zuständig für solche Großlagen. Die Möglichkeit, die Einsatzbeamten und -beamtinnen während einer Demonstration anzusprechen und nach einem Interview zu fragen, habe ich von vornherein ausgeschlossen. Und mit meinem jetzigen Wissen über die Struktur der Bepo wäre dieser Versuch auch sicherlich nicht sehr aussichtsreich gewesen. Die Bepo ist äußerst hierarchisch organisiert und die Beamten und Beamtinnen sind zunächst eher misstrauisch, wenn sie auf Demonstrationen von mir als einer scheinbaren Teilnehmerin an der Demonstration angesprochen werden.

Zudem sind die Beamtinnen und Beamten nicht namentlich zu identifizieren oder auf einer Internetseite der Polizei auszumachen. Ich entschied mich für den offiziellen Weg; ein Marsch durch die Institution. Durch eine Anfrage bei der Pressestelle hatte ich tatsächlich Erfolg und erhielt die Kontaktdaten einer Ansprechperson bei der Bereitschaftspolizei. Nach Kontakt per E-Mail wurde ich zu einem Gespräch eingeladen, bei dem die Modalitäten meiner Interviews geklärt werden sollten. Dieses Gespräch diente aber meines Erachtens vielmehr einem Kennenlernen, einem Sich-ein-Bild-von-mir-machen als einem Gespräch über genaue

---

3   Diese Annahmen gehen zurück auf Schütz (1971; Schütz u. Luckmann 2003). In seiner Nachfolge sind es Grundannahmen der sozialkonstruktivistischen Wissenssoziologie (vgl. Berger u. Luckmann 2007).
4   Also die Frage nach den »weil«-Motiven bei Schütz u. Luckmann (2003, S. 295 ff.).

Modalitäten. Einige Zeit später erhielt ich per E-Mail vier Namen von Beamten, die sich zu einem Interview bereit erklärten sowie mögliche Termine. Der zweite Interviewtermin wurde dann zweimal verschoben und es änderte sich die Ansprechperson bei der Polizei. Es vergingen acht Monate seit dem ersten Interviewtermin bis ich endlich die nächsten zwei Interviews führen konnte. Von Beginn meiner Kontaktaufnahme bis zu diesem letzten Interviewtermin verstrich ungefähr ein Jahr. Mein Sample umfasste letztendlich vier Interviews mit Polizisten, die in verschiedenen Funktionen in einer Bereitschaftspolizeihundertschaft ihren Dienst versehen.

Diese Interviews habe ich nach Fritz Schütze (1976) als narrative Interviews durchgeführt. Durch diese Interviewform können Daten generiert werden, die den Relevanzsetzungen und alltagsweltlichen Deutungsprozessen der Interviewpartner und -partnerinnen entsprechen (Rosenthal 2011, S. 151). Für die Forschungssituation bedeutet dies, dass man den Interviewten die Möglichkeit gibt, ihre Perspektive auf die Welt und auf die Forschungssituation gemäß ihren alltäglichen Kommunikationsregeln aufzuzeigen. Daher wird zu Beginn des Interviews nur eine Eingangsfrage gestellt, die darauf abzielt, dass die Befragten ihre Lebensgeschichte oder auch nur einen Lebensabschnitt erzählen; der weitere Interviewverlauf orientiert sich dann an dem, was die Befragten erzählt haben, indem man mittels der während des Interviews angefertigten Notizen einen sozusagen individuellen Interviewleitfaden erstellt. Strukturierte Interviews, wie z. B. das problemzentrierte Interview (Witzel 1982), erlauben es im Gegensatz zu dieser Interviewform kaum, die Prozesse der Entstehung, Entwicklung und Veränderung von Einstellungen, handlungsleitenden Wissensbeständen oder nicht-intendierten Folgen des Verhaltens erheben zu können. Die Erhebung mit problemzentrierten Interviews orientiert sich vielmehr an der Präsentation der Interviewten in der Gegenwart und weniger an den Erfahrungen der Polizisten und Polizistinnen in der Vergangenheit, die aber die Präsentation in der Interviewsituation mitkonstituieren (Rosenthal 1995).

Zu jedem Kontakt (telefonisch, persönlich, per E-Mail) und den Interviews habe ich Protokolle erstellt, in denen ich den Verlauf des Kontaktes bzw. des Interviews festgehalten habe. Zu Beginn waren diese Protokolle noch recht deskriptiv und kurz. Als sich dann schon nach den ersten beiden Interviews zeigte, dass mein erhobenes Material bestimmte Schwierigkeiten birgt, auf die ich noch eingehen werde, habe ich nach Besprechungen mit Kommilitoninnen und meinen Betreuerinnen die Protokolle immer ausführlicher geschrieben und auch meine Hypothesen zu dem jeweiligen Interaktionsverlauf mit aufgenommen. Dieses ethnografische Material wurde später sehr wichtig und diente aber auch zu diesem Zeitpunkt schon der Reflexion des Forschungsprozesses.

18.3 Probleme mit dem Material: Neuorientierungen im Forschungsprozess

Die Interviews habe ich auf der Dienststelle der Beamten während ihrer Arbeitszeit geführt. Dies war in mehrerer Hinsicht problematisch. Zum einen sind die Interviews zeitlich reglementiert worden. Zum anderen regt der Interviewort – die Dienststelle, teilweise in Büros von Vorgesetzten – nicht dazu an, offen zu sprechen oder Intimes zu erzählen. Auch für mich als Interviewerin war dieses Interviewsetting ein besonderes: Ich saß auf einer Polizeidienststelle vor Polizisten, die teilweise deutlich älter waren oder sogar uniformiert. So wie das Interviewsetting für die Beamten nicht auffordernd war offen zu sprechen, so war es auch für mich problematisch bestimmte Fragen zu stellen – z. B. Fragen, die vermeintlich sehr in das Privatleben der Beamten eindringen. Ich erhielt dadurch Datenmaterial, das es nicht zuließ, biografische Fallrekonstruktionen zu machen. Dies lag an dem Interviewsetting, aber auch an mir als unerfahrener und in diesem konkreten Setting eher zurückhaltenden Interviewerin. Dabei zeigte sich aber auch wieder mein Verhältnis zur Polizei bzw. meiner Konstruktion von Polizei. Auch diese Reflexionen flossen in die Protokolle des Interviewverlaufs ein und wurden damit zum Gegenstand. Wie sich aber zeigen sollte, ist Kontrolle eine strukturelle Bedingung polizeilicher Arbeit. Die Interviews, die durch den Interviewrahmen kontrolliert wurden, und auch das kontrollierte, argumentative Sprechen[5] der Beamten im Interview selbst zeigen damit auch schon eine grundlegende strukturelle Bedingung des Feldes »Polizei«. Um zu dieser Erkenntnis zu kommen, brauchte es aber einige Zeit, Frustrationstoleranz und eine Neuorientierung meiner Forschungsfrage.

Das Ziel einer biografischen Fallrekonstruktion ist es, »sowohl die biographische Bedeutung des in der Vergangenheit Erlebten als auch die Bedeutung der Selbstpräsentation in der Gegenwart zu entschlüsseln« (ebd., 2011, S. 187). Für eine solche Analyse benötigt man Daten einer bestimmten Qualität, die ich nun nicht hatte. Was also tun? Ich hatte nicht genügend Daten für die Rekonstruktion der Vergangenheitsperspektive, jedoch Material für die Analyse der Gegenwartsperspektive. Ich musste also mein Forschungsinteresse modifizieren. Eine neue, nach wie vor offene Forschungsfrage konnte sich auf die den Polizisten voran- bzw. entgegengestellte polizeiliche Alltagswelt beziehen. Wie greifen Polizisten auf diese zu? Welche subjektiven und kollektiven Wissensbestände sind für sie relevant und handlungsleitend?[6]. Mit diesen Fragen verschob sich nun mein methodologischer Rahmen, und die Wissenssoziologie im Anschluss an Alfred Schütz (2003) sowie Peter L. Berger und Thomas Luckmann (2007) wurde zum sozialtheoretischen Grundgerüst.

In diesem Kontext wurden die Protokolle, die ich zum Feldzugang und den Interviews verfasst hatte, relevanter. Denn dieses Material beinhaltete die Interaktion zwischen mir und den Polizisten. Damit zeigen diese Protokolle auch wie Polizisten mit einem nicht-polizeilichen Gegenüber interagieren, und ich konnte sie als ethnografisches Material auswerten.

18.4 Auswertungsmethode: Text- und thematische Feldanalysen

Wird im Rahmen von biografischen Fallrekonstruktionen auch die Perspektive der Befragten in der Vergangenheit rekonstruiert – und ist dies nun eben nicht möglich und mit der veränderten Fragestellung auch nicht nötig –, musste ich ein anderes Verfahren für die Auswertung finden. Klar war für mich, dass ich eine rekonstruktive Analyse machen wollte. Denn diese macht es möglich, die Logik eines Phänomens in seiner Entstehung, Entwicklung und Veränderung – hier z. B. der Interaktionsverlauf zwischen den Beamten und mir – herauszuarbeiten. Zunächst habe ich mich mit Deutungsmusteranalysen (Oevermann 2001a, b) beschäftigt, habe aber keine für mich befriedigende Antwort darauf gefunden, wie ich eine solche Analyse sinnvoll durchführen könnte. Meine Wahl fiel dann nach Beratung mit meiner Betreuerin auf Text- und thematische Feldanalysen[7]. Die Analyse konzentriert sich bei dieser Form der Aus-

---

5   Ziel eines narrativen Interviews ist es, Erzählungen, im Gegensatz zu Beschreibungen und Argumentationen, zu evozieren. Zur Unterscheidung der Textsorten siehe Kallmeyer u. Schütze (1977, zit. nach Rosenthal 2011).
6   Damit rückte nun die Frage nach den »um-zu«-Motiven (Schütz u. Luckmann 2003, S. 286 ff.) in den Vordergrund.
7   Das Verfahren der Text- und thematischen Feldanalyse ist ein Auswertungsschritt innerhalb biografischer Fallrekonstruktionen. G. Rosenthal hat das methodische Vorgehen F. Schützes mit der auf Überlegungen A. Gurwitschs basierenden, thematischen Feldanalyse W. Fischers (1982) verknüpft.

wertung auf die Fragen: »[W]eshalb [stellt] sich ein Biograph oder eine Biographin – ob nun bewusst intendiert oder latent gesteuert – so und nicht anders dar« (Rosenthal 2011, S. 196) und welche Funktion hat diese Darstellung für die interviewte Person in ihrem gegenwärtigen sozialen Kontext (ebd., S. 187)? Mithilfe der Text- und thematischen Feldanalyse können somit Aussagen über die Regeln der (berufs-)biografischen Präsentation getroffen werden: Welche Themen werden angesprochen und welche Themen werden vermieden oder sogar abgebrochen? In welcher Verbindung stehen die Themen und welche Funktion erfüllen sie bzw. die Präsentation? Welche Mechanismen wirken bei der Auswahl und Abfolge der Themen und wie werden die Themen gestaltet und miteinander verknüpft (ebd., S. 196 f.)?

Die Analyse verfährt sequenziell-abduktiv[8] und bietet gegenüber anderen textanalytischen Verfahren, wie etwa der Inhaltsanalyse nach Philipp Mayring (2010), den Vorteil, dass Prozesse des Deutens – der Herstellung sozialer Wirklichkeit – rekonstruiert werden können. Mit einem sequenziellen Vorgehen kann nämlich dem prozesshaften Charakter sozialen Handelns Rechnung getragen werden (ebd., S. 71). Ausgehend von einer dialektischen Konzeption des Individuellen und Sozialen konnte ich die Ergebnisse dann verallgemeinern. So habe ich dann die Präsentationen der Beamten in den Interviews als Re-Präsentationen polizeilicher Strukturen betrachtet.

18.5 Bedingungen polizeilichen Handelns

Meine Untersuchung zeigte, dass sich die Bedingungen polizeilichen Handelns zwischen der Notwendigkeit Solidarität untereinander herzustellen einerseits und dem Abgrenzungsbedarf der Beamten von der Institution »Polizei« andererseits aufspannen. Solidarität untereinander zu schaffen ist eine Voraussetzung, um im Dienst handlungsfähig zu sein. Gleichzeitig ist es relevant, sich auch abgrenzen zu können, um Individualität darstellen zu können. Eine weitere strukturelle Bedingung für polizeiliche Arbeit ist die Herstellung von Kontrolle, wie meine Forschung zeigte. Dieses Phänomen hat den gesamten Forschungsprozess durchzogen und zeigt sich sowohl in den Interviews wie auch in den Interaktionsprotokollen als strukturierend. Insofern können die argumentativen und narrationsarmen Interviews als gegenstandsbezogenes Zugangsproblem verstanden werden.

Trotz der strukturellen Herausforderungen in meiner Forschung wurde mir (erneut) deutlich, dass eine offene Forschungshaltung stets Wissensfortschritt zeitigt – wenn auch vielleicht nicht in der im Vorhinein gedachten Richtung. Mit der Wahl des narrativen Interviews bleibt eine Vielzahl an Auswertungsmethoden offen, die genutzt werden können. Im Nachhinein wäre es besser gewesen, die Eingangsfrage des Interviews noch offener zu gestalten und nach der gesamten Lebensgeschichte zu fragen. Das kontrollierte Sprechen der Beamten hat sich als gegenstandsspezifisches Zugangsproblem erwiesen, wahrscheinlich hätte ein konsequent biografisch-narrativ geführtes Interview dieses Problem aber auch kaum minimiert.

---

8 Davon ausgehend, dass Handlungsmöglichkeiten und die getroffenen Entscheidungen und die Entscheidungsprozesse eine Struktur bezeichnen, muss bei einem sequenziell-abduktiven Verfahren danach gefragt werden, welche Möglichkeiten sich von Sequenz zu Sequenz ergeben und welche Wahlen getroffen werden, um eben diese Struktur zu erkennen. Wichtig ist dabei, sein Wissen über den Fall einzuklammern, damit die Vielzahl an Möglichkeiten erkannt werden kann (Rosenthal 2011, S. 71 f.).

18.5 · Bedingungen polizeilichen Handelns

Exkurs

Rekonstruktive Textanalyse

Der Begriff »rekonstruktiv« verweist auf die Annahme, dass Menschen die/ihre soziale Wirklichkeit in interaktiven Prozessen konstruieren (Konstruktionen ersten Grades bei Alfred Schütz 2003). Wenn wir als Sozialforscherinnen und Sozialforscher eben jene soziale Wirklichkeit untersuchen wollen, so sollten wir diese Prozesse der Konstruktion untersuchen – sie rekonstruieren (Konstruktionen 2. Grades). Ein rekonstruktives Vorgehen bei Textanalysen bedeutet zunächst einmal, dass wir einer Entdeckungslogik und nicht einer Überprüfungslogik folgen. Dies meint auch, dass man nicht mit Hypothesen oder Kategorien, ob im Vorfeld oder am Text selbst entwickelt (wie etwa bei inhaltsanalytischen Verfahren), in die Analyse einsteigt. Ein solches Vorgehen wird von Ulrich Oevermann (2002) »subsumptionslogisch« genannt. Bei einer rekonstruktiv verfahrenden Analyse werden eben nicht einzelne Abschnitte – ob Wörter, Sätze oder Absätze – aus dem Text herausgeschnitten und anhand von oberflächlichen Merkmalen – wie gleichen Wörtern oder scheinbar ähnlichem manifesten Sinn – unter Kategorien subsumiert. Sondern jeder Text, jedes Interviewtranskript etc., wird in seiner Gesamtheit belassen und die Textteile in dieser Gesamtheit auch interpretiert. Man geht davon aus, dass einzelne Textteile in ihrer funktionalen Bedeutsamkeit nur im Zusammenhang des gesamten Textes verstanden werden können (vgl. Rosenthal 1995 in Auseinandersetzung mit der Gestalttheorie).
Forschungspraktisch ist mit dem rekonstruktiven Verfahren ein abduktives und sequenzielles Vorgehen impliziert (konsequent umgesetzt ist dies z. B. von Ulrich Oevermann et al. 1979 für die objektive Hermeneutik). Bei sequenziellen Analysen werden alle Textteile in der Abfolge ihres Auftretens, in ihrer »sequenziellen Gestalt« (Rosenthal 2011, S. 70), interpretiert. Analog zu der Annahme der prozesshaften Herstellung sozialer Wirklichkeit wird auch prozesshaft gearbeitet, um eben diesen Prozess rekonstruieren zu können. Nacheinander werden kleine Analyseeinheiten (Sequenzen) in der Abfolge der Entstehung eines Textes interpretiert. Ein Interviewtext zum Beispiel wird von Beginn an bis zum Ende interpretiert. Es werden keine Interviewteile ausgelassen und man »springt« auch nicht im Text hin und her. Wie groß eine Sequenz ist – ob ein Wort, ein Satz oder ein größerer Abschnitt – kann je nach konkret gewähltem Verfahren und Forschungsinteresse variieren (zur Sequenzierung eines Interviews bei biografischen Fallrekonstruktionen siehe Rosenthal 2011, S. 198).
Zu den einzelnen Sequenzen werden dann in einem abduktiven Verfahren Hypothesen gebildet und geprüft. Das Verfahren der abduktiven Schlussfolgerung bezieht sich auf die Überlegungen des Philosophen und Logikers Charles Sanders Peirce ([1933]1980). Meine Darstellung hier bezieht sich auf die Umsetzung durch Rosenthal (2011); es existieren aber auch andere Interpretationen von Peirces Schriften. Unterschieden werden muss zwischen der Abduktion als Schlussfolgerungsverfahren und dem abduktiven Schluss als ein Schritt in diesem Verfahren. Im Verfahren der Abduktion vollzieht man abduktive, deduktive und induktive Schlüsse als einzelne Schritte. Genauso wie man in den Schlussfolgerungsverfahren der Induktion und Deduktion auch abduktive, deduktive und induktive Schlüsse zieht, jedoch in anderer Reihenfolge. Bei dem abduktiven Schlussfolgerungsverfahren setzt die Hypothesenbildung bei dem empirischen Phänomen an. Die Hypothesen werden am Einzelfall gewonnen und auch überprüft. Zunächst werden 1) alle möglichen, erklärenden Hypothesen zu einem Phänomen aufgestellt. Die Frage lautet: Was könnte dies bedeuten? (dies ist der bzw. sind die abduktiven Schlüsse). Dann werden 2) zu allen diesen Hypothesen Folgehypothesen gebildet (deduktiver Schluss). Diese Folgehypothesen enthalten »Vorhersagen« über den weiteren Verlauf. Diese Vorhersagen können wir dann 3) an dem empirischen Material überprüfen (induktiver Schluss).
Am Beispiel: Ein Interviewpartner beginnt das Interview wie folgt: »Ja also zuerst ma ähm ich bin zur Polizei gekommen unter der Voraussetzung das es eigentlich schon immer mein Traumberuf war.« Dies ist nun mein empirisches Phänomen, zu dem ich in einem abduktiven Schluss 1) Hypothesen bilde:
1. Die Berufswahl war alternativlos, wenn der Traum in Erfüllung gehen soll.
2. Dieser argumentative Einstieg in das Interview ist als Rechtfertigung der Berufswahl zu lesen, weil
   2.1. er es gewohnt ist, sich für seine Berufswahl zu rechtfertigen
   2.2 mein Interviewpartner antizipiert, dass ich ein

> negatives Bild auf die Polizei habe
> 2.3 er sich vor sich selbst seine Berufswahl rechtfertigen/begründen möchte
>
> Diese beispielhaften Hypothesen sind nur eine Auswahl der erklärenden und zu diesem Zeitpunkt der Analyse möglichen Hypothesen. Nun müssen zu den Hypothesen in einem deduktiven Schluss 2) Folgehypothesen gebildet werden. Hier beispielhaft für 1. und 2.1.
> Zu 1.
> a) Die Berufswahl wird nicht weiter thematisiert (da sie ja alternativlos war und daher kein Thema ist).
> b) Die Berufswahl wird auch an anderer Stelle als alternativlos dargestellt.
> c) ...
>
> Zu 2.1.
> a) Er wird von Situationen erzählen, in denen er sich gegenüber anderen Personen gerechtfertigt hat.
> b) Er wird mir von Situationen erzählen, in denen deutlich wird, wie super sein Beruf ist (z. B. Menschen geholfen oder aufregende Situationen).
> c) Er wird im Interview viel in der Textsorte der Argumentation sprechen.
> d) ...
>
> Alle Hypothesen werden an dem weiteren Interviewverlauf induktiv 3) überprüft. Im Interview geht es in der nächsten Sequenz so weiter, dass der Interviewpartner sein Studium an der Polizeiakademie beschreibt. Die Berufswahl wird von dem Interviewpartner von sich aus im gesamten Interview dann auch tatsächlich nicht mehr thematisiert. Damit tritt die Folgehypothese a) ein und die Hypothese (1.) kann nicht falsifiziert werden. So ist sie wahrscheinlich zutreffend. So werden im Verlauf der Analyse alle Folgehypothesen getestet. Kann ich sie nicht falsifizieren, gelten sie als die wahrscheinlichsten. Wenn sich ein Verlauf dann ganz anders entwickelt als »prognostiziert«, dann habe ich etwas Neues entdeckt – etwas, das ich nicht vorhergesehen habe. Eine solche Entdeckung kann ich mit anderen Schlussfolgerungsverfahren (Induktion oder Deduktion) kaum machen. Durch abduktiv-sequenziell verfahrende Analysen kann ich dann nachvollziehen, welche Handlungsmöglichkeiten es gibt und welche der Möglichkeiten dann eingetreten ist. Diese Selektivität bezeichnet die rekonstruierte Struktur (zur Fallstruktur siehe Oevermann et al. 1979). In einem weiteren Analyseschritt werden diese Erkenntnisse dann als eine Typologie oder eine rekonstruierte Fallstruktur verschriftlicht und präsentiert.

Auch wenn sich dann Probleme mit dem Material ergeben, darf man sich nicht entmutigen lassen. Die Beratung mit Kommilitoninnen und den Betreuerinnen konnten bei aufkommendem »Frust« und Orientierungsproblemen helfen, einen neuen Weg zu finden. Für mich war auch das Schreiben der Protokolle wichtig. Zum einen haben sie mir dabei geholfen, meinen Forschungsprozess zu reflektieren, und zum anderen wären sie als »letzter Ausweg« eigenständiges ethnografisches Material gewesen, mit dem sich auch eine angepasste Fragestellung hätte beantworten lassen. Wichtig war bei meinem Vorhaben, es wirklich frühzeitig zu planen und genug Zeit für die Master-Arbeit im Verlauf des gesamten Studiums einzuplanen; meine Erhebung, Auswertung und das Verfassen der Arbeit hat fast zwei Jahre gedauert, wovon die meiste Zeit die Erhebungsphase war. Gerade in einem solch bürokratischen uns institutionalisiertem Feld wie dem der Polizei, muss mit langen »Wartezeiten« gerechnet werden.

Literatur

Berger, P. L., & Luckmann, T. (2007). *Die gesellschaftliche Konstruktion der Wirklichkeit* (21. Aufl.). Frankfurt a. M.: Fischer.
Fischer, W. (1982). *Time and chronic illness. A study on the social constitution of temporality*. Berkeley: Eigenverlag.
Fischer, W., & Kohli, M. (1987). Biographieforschung. In V. Wolfgang (Hrsg.), *Methoden der Biographie- und Lebenslaufforschung*. Opladen: Leske & Budrich.

Literatur

Hoffmann-Riem, C. (1980). Die Sozialforschung einer interpretativen Soziologie. *Kölner Zeitschrift für Soziologie und Sozialpsychologie, 32,* 339–372.
Mayring, P. (2010). *Qualitative Inhaltsanalyse. Grundlagen und Techniken* (11. Aufl.). Weinheim: Beltz.
Oevermann, U. (2001a). Zur Analyse der Struktur von sozialen Deutungsmustern. *sozialersinn, 1,* 3–33.
Oevermann, U. (2001b). Die Struktur sozialer Deutungsmuster – Versuch einer Aktualisierung. *sozialersinn, 1,* 35–81.
Oevermann, U. (2002). Klinische Soziologie auf der Basis der Methodologie der objektiven Hermeneutik – Manifest der objektiv hermeneutischen Sozialforschung. ► http://publikationen.ub.uni-frankfurt.de/frontdoor/index/index/docId/4958. Zugegriffen: 3. Feb. 2015.
Oevermann, U., Allert, T., Kronau, E., & Krambeck, J. (1979). Die Methodologie einer »objektiven Hermeneutik« und ihre forschungslogische Bedeutung in den Sozialwissenschaften. In S. Hans-Georg (Hrsg.), *Interpretative Verfahren in den Sozial- und Textwissenschaften* (pp. 352–434). Stuttgart: Metzler.
Peirce, C. S. (1933/1980). *Collected Papers*. Paul von Weiss und Charles Hartshorne (Hrsg.). Cambridge: Belknap.
Rosenthal, G. (1995). *Erlebte und erzählte Lebensgeschichte. Gestalt und Struktur biographischer Selbstbeschreibungen*. Frankfurt a. M.: Campus.
Rosenthal, G. (2011). *Interpretative Sozialforschung. Eine Einführung* (3. Aufl.). Weinheim: Juventa.
Schütz, A. (1971). *Gesammelte Aufsätze. Das Problem der sozialen Wirklichkeit*. Den Haag: Martinus Nijhoff.
Schütz, A., & Luckmann, T. (2003). *Strukturen der Lebenswelt*. Konstanz: UVK.
Schütze, F. (1976). Zur Hervorlockung und Analyse von Erzählungen thematisch relevanter Geschichten im Rahmen soziologischer Feldforschung. In B. S. Arbeitsgruppe (Hrsg.), *Kommunikative Sozialforschung*. München: Fink.
Wilson, T. P. (1970). Normative and Interpretative Paradigms in Sociology. In J. D. Douglas (Hrsg.), *Understanding everyday life. Toward the reconstruction of sociological knowledge*. Chicago: Aldine.
Witzel, A. (1982). *Verfahren der qualitativen Sozialforschung: Überblick und Alternativen*. Frankfurt a. M.: Campus.

Für den tiefen Überblick

Forschen mit technischem Support am Beispiel von MAXQDA

Vera A. Danielsmeier

19.1 »Omas Waschmaschine macht die schönste Musik«: Musik und Geräusche im Leben von Personen mit Willliams-Beuren-Syndrom – 170

19.2 Ein umfassenderes Bild erarbeiten: Forschungsinteresse – 170

19.3 Einen Schritt nach dem anderen: Von der Fragestellung zum fertigen Transkript – 171

19.4 Sicher durch den Dschungel von Funktionen: Einstieg in die Arbeit mit CAQDAS – 172

19.5 MAXQDA als Kontaktraum zwischen Gedanken und Material: Der Analyseprozess – 174

19.6 Zurück aufs Papier: Von MAXQDA zum Analysetext – 175

Literatur – 176

19.1 »Omas Waschmaschine macht die schönste Musik«: Musik und Geräusche im Leben von Personen mit Willliams-Beuren-Syndrom

Das Williams-Beuren-Syndrom (engl. Williams-Syndrome) (WBS) beschreibt eine genetisch bedingte Entwicklungsbeeinträchtigung, die mit einer Prävalenzrate von 1:7.500 bis 1:20.000 auftritt (Beuren et al. 1962; Williams et al. 1961; Strømme et al. 2002; Levitin und Bellugi 1998). Der typische Verlust von Genen auf dem siebten Chromosom (Ewart et al. 1993) kann mit einer Reihe von besonderen Eigenschaften in Verbindung gebracht werden. Die individuelle Ausprägung dieser Eigenschaften und der Grad der Einschränkung variieren von Person zu Person stark. Neben physiologischen Besonderheiten (typische Gesichtszüge, kleine Statur, mitunter Herzfehler) fällt die Heterogenität mentaler Funktionen auf: Massive Einschränkungen der Kognition (allgemeine Intelligenz, räumliche Wahrnehmung, Zahlenverständnis) stehen charakteristischen, relativen Stärken gegenüber (Gesichtererkennung, Komplexität des Wortschatzes, Flüssigkeit der Sprache, Interesse an bzw. Affinität für Musik) (Bellugi et al. 2000; Levitin et al. 2004; Martens et al. 2008; Pober 2010). Bezüglich des Sozialverhaltens werden Personen mit WBS als besonders mitfühlend, freundlich und zugewandt beschrieben. Überfreundliche Verhaltensweisen sowie die eingeschränkte Fähigkeit, sich abstrakt in die Perspektive einer anderen Person hineinzuversetzen, kann den Aufbau von langfristigen Beziehungen jedoch erschweren (Mervis und Klein-Tasman 2000). Personen mit WBS sind in der Regel ein Leben lang auf Unterstützung angewiesen und lernen beziehungsweise arbeiten überwiegend in Einrichtungen für Personen mit geistiger Behinderung (Howlin und Udwien 2006).

Ein Thema verbindet alle Personen mit WBS: Ihr besonderes Musik- und Geräuscherleben (MGE). Daniel J. Levitin beschreibt eine junge Frau, die mühelos zweihändig Klavier spielen kann, jedoch nicht in der Lage ist, sich die Schuhe zu binden (Film 2003). Die Mutter einer jungen Frau mit WBS erzählte mir, dass ihre Tochter als Kind stundenlang mit Freude vor der Waschmaschine der Großmutter sitzen und ihr zuhören konnte. Ihre Erklärung: »Omas Waschmaschie macht die schönste Musik« (Anonym, persönl. Mitteilung vom 20.04.2014). Für den Alltag bedeutet diese Sensibilität gegenüber akustischen Reizen jedoch ebenso »Fluch« wie »Segen«. Nahezu alle Personen mit WBS leiden in der Kindheit an aversiven auditorischen Symptomen (AAS) (Levitin et al. 2005). Alltägliche und für andere Personen harmlose Geräusche werden dabei psychologisch wie physiologisch als extrem unangenehm oder viel zu laut erlebt. Levitin et al. (2005) beschreiben ein Mädchen, das sich die Ohren zuhält und seiner Mutter unter Tränen erklärt, dass die Vögel in der Natur sie »anbrüllen« (ebd., S. 515) würden. Da nahezu alle Personen mit WBS im Kindesalter von AAS betroffen sind, was nicht selten einen hohen Leidensdruck und praktische Einschränkungen für die ganze Familie bedeuten kann, ist die Frage nach einem förderliche Umgang mit AAS für betroffene Familien von konkretem Interesse.

19.2 Ein umfassenderes Bild erarbeiten: Forschungsinteresse

Bei meiner zwei Jahre älteren Schwester wurde das WBS im Alter von zwei Jahren diagnostiziert. Ich habe immer wieder erlebt, welch zentrale Rolle die akustische Welt in ihrem Leben spielt und wie sehr ihre Emotionen und ihr Wohlbefinden von dieser abhängen. Sie scheint einen anderen Zugang zu Musik und Geräuschen zu haben. Dieser Zugang hat mich mein Leben lang fasziniert. Die Studienlage zeichnet ein punktuell detailliertes, insgesamt jedoch eher fragmentarisches Bild des Musik- und Geräuscherlebes, das nahezu ausschließlich auf quantitativen Daten basiert (Prosetzky 2014). Ich empfand es als spannende Herausforderung, die bestehenden Forschungsmethoden um eine qualitative Perspektive zu erweitern und skizzierte meine Studie: Ein offenes, qualitatives Verfahren, bei dem nicht der Phänotyp (ermittelt über mehrere Personen einer Stichprobe hinweg), sondern einzelne Personen und ihr persönlicher Lebenskontext im Zentrum stehen sollten (Dykens 2003). Subjekt- beziehungsweise Ressourcenorientierung sowie Ganzheitlichkeit waren Wegweiser bei der Gestaltung der Studie. Mein Anliegen war es, einen Beitrag zu leisten, das Wesen des besonderen Zugangs zur akustischen Welt in seiner Tiefe besser zu verstehen. Hieraus leitete ich meine Fragestellung ab: Wie gestalten sich AAS (Auslöser, subjektives Erleben, entgegenwirkende Faktoren, eigene Strategien mit AAS umzugehen, Entwicklung im Leben)? Wie wird Musik im Sinne einer Ressource bereits intuitiv genutzt (Rolle von Musik bei Kummer, Bereiche, auf die sich Musik positiv auswirkt)?

Dieses Verständnis sollte ein Ausgangspunkt sein, um Ideen für ressourcenorientierte Unterstützungsangebote zu entwickeln: Wie kann man dem »Fluch« (AAS) begegnen und dem »Segen« (Affinität zu Musik) im Sinne einer Ressource Raum geben? Mit der beschriebenen, methodologischen Ausrichtung und dem Vorhaben, auch Menschen mit WBS selbst in die Interviews mit einzubeziehen, habe ich mich auf Neuland in der WBS-Forschung begeben. Ich hatte zu dem Zeitpunkt kaum Erfahrung mit qualitativen Methoden und habe deshalb eine Betreuerin ausgesucht, die sich auf Methoden der psychologischen Forschung spezialisiert hat. Fragen zum WBS habe ich je nach Bedarf mit entsprechenden Experten und Expertinnen aus der Praxis besprochen.

19.3 Einen Schritt nach dem anderen: Von der Fragestellung zum fertigen Transkript

Ich nahm Kontakt zum deutschen medizinischen Kompetenzzentrum für das WBS auf, um die geplante Interviewgestaltung zu besprechen. Dort stellte man mir einen quantitativen Datensatz zur erstmaligen Auswertung zur Verfügung, in dem einzelne Aspekte des MGE aus 176 Elterngesprächen über knapp 30 Jahre hinweg zusammengetragen wurden. Mit meiner Betreuerin zusammen entschied ich, diese zusätzliche quantitative Perspektive über ein Explanatory Sequential Mixed Methods Design in meine Studie zu integrieren. Dabei wird zunächst eine quantitative Studie durchgeführt und ausgewertet. Ergebnisse, die in der Verteilung bestimmter Eigenschaften in der Gesamtstichprobe auffallen, können in einer weiteren Sequenz qualitativ weiter untersucht und idealerweise näher erklärt werden (Creswell 2014). Über die quantitativen Daten konnte ich außerdem eine auf bestimmten quantitativen Merkmalen basierte, gezielte Fallauswahl für die qualitative Analyse treffen. Ich wählte diejenigen ehemaligen Studienteilnehmenden aus, die relativ zur Gesamtstichprobe über alle Merkmale hinweg durchschnittliche Ausprägungen hatten. Damit beabsichtigte ich Lebensrealitäten qualitativ zu untersuchen, die für möglichst viele Familien vergleichbar sein könnten. Vier Familien in meiner räumlichen Umgebung entsprachen diesem Profil. Ich besuchte die Familien zu Hause und führte ein gemeinsames Interview mit der Person mit WBS und mindestens einem Elternteil durch. In einem Leitfaden skizzierte ich die relevanten Themenblöcke, passte deren Besprechung aber dem Verlauf des Gespräches an. Die Form des Interviews kann am ehesten als halbstrukturiertes Gruppeninterview eingeordnet werden. Insgesamt habe ich Tonmitschnitte über sieben Stunden erstellt, die ich zu 300 Seiten Transkript verarbeitete.

19.4 Sicher durch den Dschungel von Funktionen: Einstieg in die Arbeit mit CAQDAS

> **Definition**
>
> CAQDAS (Computer Assisted Qualitative Data AnalysiS) ist ein Oberbegriff für Programme, die als Hilfsmittel für die Analyse qualitativer Daten zur Verfügung stehen (Richards 2006). Alternativ wird auch die Bezeichnung QDA-Software verwendet (Kuckartz und Rädiker 2010).

Bei meinem großen Datenvolumen konnte ich mir nicht vorstellen, den Prozess des Codierens ohne technischen Support zu realisieren. Ich hatte jedoch keinerlei Erfahrung mit entsprechenden Programmen. Der nächste Schritt bestand also darin, ein Programm auszuwählen und mich mit der Anwendung vertraut zu machen. Es mag als Hürde erscheinen, sich während einer Forschungsarbeit in eine unbekannte Software einarbeiten zu müssen. Rückblickend kann ich jedoch sagen, dass die Einarbeitung schneller ging als erwartet und der Nutzen den Aufwand von Anfang an überstieg. Etwaige Berührungsängste sind nachvollziehbar, es lohnt sich aber, sich von diesen nicht abhalten zu lassen. Denn anders als bei quantitativer Analysesoftware steigt die Qualität der Analyse nicht mit der Breite und Komplexität der einzelnen angewendeten Operationen (etwa das ausführliche Prüfen von Voraussetzungen für quantitative Teststatistiken). Im Gegenteil, es kommt darauf an, die entscheidenden Funktionen zu identifizieren und zu verstehen, mit denen der eigentliche Prozess des Codings im Programm realisiert werden kann. Um diese Funktionen herauszufiltern, ist es sinnvoll, sich zu verdeutlichen, dass alle CAQDAS-Lösungen auf dem gleichen Prinzip basieren:

> Textdokumente, etwa transkribierte Interviews, aber auch Tonspuren und Videos werden in die jeweilige Software eingelesen. Die Oberfläche der Programme besteht aus mehreren Fenstern (◘ Abb. 19.1). Quelldokumente, etwa transkribierte Interviews, aber auch Tonspuren und Videos werden in die jeweilige Projektdatei eingelesen. Sie erscheinen in einem ersten Fenster als Liste. Der Inhalt der Dokumente wird in einem zweiten Fenster dargestellt. In einem dritten Fenster besteht die Möglichkeit, analytische Kategorien. Die Hauptfunktion der CAQDAS besteht nun darin, dass die Nutzer und Nutzerinnen Verknüpfungen zwischen konkreten Passagen des Datenmaterials und den selbst erstellten Codes herstellen. Das heißt: Textpassagen werden in »Schubladen« sortiert und die Zuordnung immer wieder angepasst. Die Auflistung und gegebenenfalls hierarchische Anordnung der identifizierten Codes ist das zentrale Ergebnis der Analyse und Basis für einen entsprechenden Analysetext.

Schlussendlich haben mir die in ◘ Tabelle 19.1 aufgeführten Schritte ausgereicht, um die gesamte Analyse technisch zu organisieren (◘ Tab. 19.1).

Alle weiteren Funktionen gestalten nicht den eigentlichen Prozess des Codings, sondern analysieren die bereits vergebenen Verknüpfungen. Je nach Programm kann beispielsweise ausgegeben werden: Wie oft wurde Code A jeweils bei den Interviewpersonen 1 und 2 verwendet? Welche Datenpassagen wurden gleichzeitig Code A und Code B zugeordnet? Welche Datenpassagen wurden, sortiert nach Codes, insgesamt bei Interviewperson 1 verknüpft?

Einführungstexte zur Nutzung von CAQDAS betonen immer wieder, dass die Nutzer und Nutzerinnen die eigentliche Analyse durchführen und das Programm nur eine »Unterstützungs- und Systematisierungsleistung« erbringt (Kuckartz und Rädiker 2010 S. 735). Ich habe

19.4 · Sicher durch den Dschungel von Funktionen

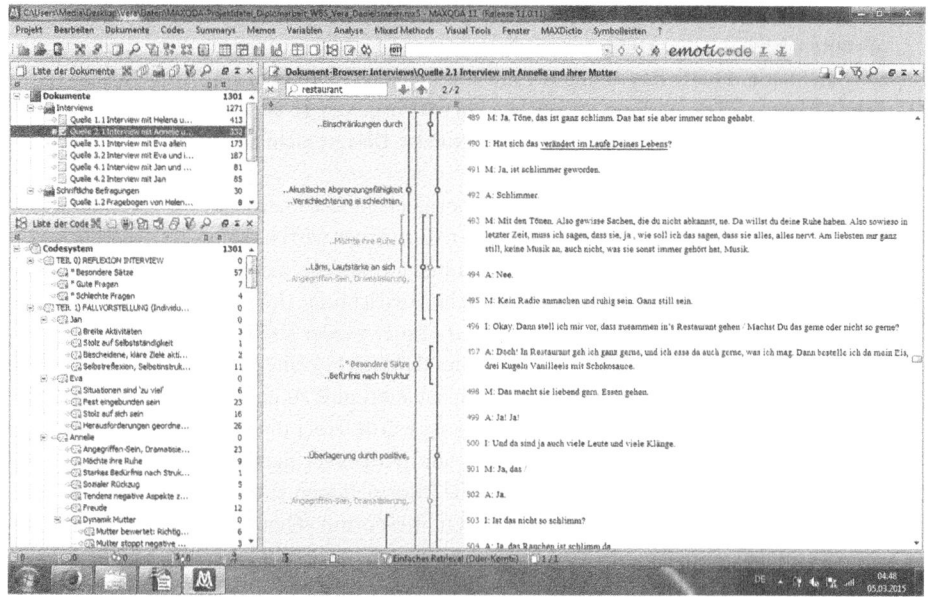

☐ **Abb. 19.1** MAXQDA-Beispiel. Oben links: Liste der Quelldokumente. Unten links: Codes. Rechts: Inhalt eines Quelldokuments.

☐ **Tab. 19.1** Basisfunktionen für das Codieren mit MAXQDA

Codes verwalten	Verknüpfungen verwalten	Ausgewählte Verknüpfungen ausgeben
– Codes (Schubladen) erstellen, umbenennen, farblich kennzeichnen, löschen – Codes hierarchisch anordnen (Codebaum) – Zugeordnete Datenpassagen von einem Code zum anderen verschieben – Kommentar zu einem Code erstellen (Memo) – Codes für das Retrieval Tool Aktivieren und Deaktivieren	Eine gespeicherte Verknüpfung zwischen Datenpassage und Code wird bei MAXQDACoding genannt. – Codings erstellen und löschen – Auswahl der Datenpassage anpassen (erweitern, verkleinern) – Codings kommentieren (Memo)	– Retrieval Tool für Codings Über diese Funktion können Codings für bestimmte ausgewählte (aktivierte) Codes oder Kombinationen von Codes selektiert werden. Sie erscheinen in einem extra Fenster und können exportiert werden (z. B In Excel oder als HTML)

mich über diese Betonung zunächst gewundert, da ich nichts anderes von einer Software zur Analyse von Worten und Bildern erwartet hatte. Textbearbeitungsprogramme unterstützen mich ja auch über verschiedene Funktionen darin, einen Text zu schreiben, sie schreiben ihn aber nicht für mich. In der Arbeit mit dem Programm kam mir eine Idee, warum diese Betonung so wichtig ist:

> Bei der Analyse von qualitativen Daten gibt es unendlich viele Möglichkeiten, Schwerpunkte zu setzen und Perspektiven einzunehmen. Da das methodische Vorgehen freier ist als das bei quantitativen Verfahren, können die Nutzer und Nutzerinnen selten einem

Schema folgen, sondern müssen den Verlauf des Analyseprozesses immer wieder selbst gestalten. Ich habe dies stellenweise als anstrengend und frustrierend erlebt. In einem solchen Moment hatte das Angebot von Funktionen im Programm eine Art verlockenden Charakter. Es suggerierte unterschwellig ein Vorgehen; so als könne man aus den Funktionen des Programms ablesen, was zu tun ist. Dies ist nicht der Fall.

Hierin liegt meiner Erfahrung nach die Schwierigkeit in der erstmaligen Verwendung von CAQDAS. Lässt man sich von der Fülle an Funktionen verwirren, kann der Überblick verlorengehen. Die Sicherheit über das Vorgehen muss aus anderer Quelle bezogen werden. Die konkrete Fragestellung und die methodologische Ausrichtung (qualitativ, subjekt- und ressourcenorientiert, ganzheitlich, offen) haben mir immer wieder als Orientierung gedient.

Bei der Auswahl einer Software sprach meine Betreuerin keine Empfehlung aus, sondern ermunterte mich, verschiedene Anbieter auszuprobieren und zu entscheiden, welches dieser »Werkzeuge« mir spontan »gut in der Hand liegen« würde. Über die Homepages der gängigen Programme (z. B. MAXQDA, ATLAS.ti, NVivo) sind Videos verfügbar, in denen alle wichtigen Funktionen anschaulich erklärt werden. Aktuelle Informationen zum Vergleich der Softwarelösungen untereinander sind beispielsweise im Online-Forum »Qual-Software« der University of Surrey verfügbar (jiscmail@jiscmail.ac.uk).

Anhand dieser Einblicke entschied ich mich relativ schnell für MAXQDA. Der Hauptgrund war die Tatsache, dass MAXQDA ein gängiges und somit ausgereiftes Programm ist, zu dem es ein umfassendes und gut strukturiertes Angebot professioneller Demonstrationen per Video gibt. Dies war ebenso der Grund, mich gegen ein kostenloses Programm zu entscheiden. Bei MAXQDA ist es leicht möglich, Codes hierarchisch anzuordnen, darüber hinaus erschien mir die Aufgliederung der Benutzeroberfläche spontan übersichtlich und schlüssig.

19.5 MAXQDA als Kontaktraum zwischen Gedanken und Material: Der Analyseprozess

Der entscheidende Vorteil in der Arbeit mit CAQDAS lag für mich darin 1) direkt zu jeder Stelle meines großen Datenvolumens navigieren und 2) Verknüpfungen zwischen Textpassagen und Codes schnell und einfach erstellen und vor allem jederzeit flexibel anpassen zu können. Diese Funktionen muten zunächst banal an. Sie haben jedoch eine Tiefe und Komplexität der Analyse ermöglicht, die ich nicht erwartet hatte und zu der ich ohne das Programm nicht hätte vorstoßen können. Ich habe die Analyse als ein Abtasten des Materials auf immer anderen Ebenen und mit Blick auf immer andere Zusammenhänge empfunden. Über die Zuordnung von Codes können die Analyseschritte unmittelbar auf das Material übertragen und dort überprüft werden. Erschien mir ein gewählter Code als nicht treffend, habe ich gedanklich nach einem anderen Konzept gesucht. Dies habe ich dann wieder angewendet und geprüft. Nur so konnte ich meine Eindrücke, meine induktiv gewonnenen Erkenntnisse nach und nach ordnen und systematisieren. Für diesen iterativen Prozess sind viele Versuche und Korrekturen nötig, die manuell nicht möglich gewesen wären. Die Software hat insofern einen unmittelbaren Austausch, Brückenfunktion zwischen meinem gedanklichen Analyseprozess und dem Material ermöglicht.

- **Umgang mit MAXQDA**

Um AAS (Dimension) zu beschreiben, habe ich fünf Themenfelder (Subdimensionen) definiert: 1) Welche Eigenschaften haben Geräusche, die zu Aversionen führen? 2) Wie werden die

Aversionen sinnlich erlebt? 3) Welche situativen Faktoren modulieren spontan die aversiven Reaktionen? 4) Wie gehen die Personen mit WBS mit AAS um? 5) Wie haben sich die aversiven Reaktionen im Laufe des Lebens verändert?

Für jede dieser Subdimensionen erstellte ich einen Code im Codebaum, dem ich aber keine Textpassagen zuordnete. Er diente lediglich als Gliederungspunkt. Für jede der Subdimensionen beziehungsweise Fragen suchte ich nacheinander im Transkript nach Hinweisen auf Antworten. Dabei stellte ich mir die Frage: Wie kann der Sinngehalt der Daten auf einem mittleren Abstraktionsniveau systematisch repräsentiert werden? Ich erstellte Codes, die die Antworten aus den Daten auf einem solch mittleren Abstraktionsniveau widerspiegelten. Die Betitelung dieser Codes erfasste direkt den Inhalt der Daten. Die Gestaltung und Auflistung dieser inhaltragenden Codes ist das Ziel eines Codierungsprozesses.

In ◘ Abb. 19.1 ist beispielhaft eine Textpassage abgebildet, die Auskunft über Frage 3 gibt. Hier beschreibt die Mutter (M), dass sich ihre Tochter mit WBS (A) generell von Geräuschen gestört fühle. Nach meiner Nachfrage wird deutlich: Beim Besuch im Restaurant verändert sich ihre Reaktion. Annelies spontaner Kommentar macht deutlich, dass der Genuss einer Speise eine Rolle dabei spielen könnte. Unter Gliederungspunkt 3) »Modulierende Faktoren, die AAS abschwächen« erstellte ich den Code »Überlagerung durch positive, sinnliche Reize«.

Im Interview mit einer anderen Person fand ich Hinweise, die ich diesem Code ebenso zuordnen konnte. Ebenso tauchten Hinweise auf, die andere Faktoren beschrieben und entsprechend mit anderen Codes beschrieben wurden. Nach und nach konnte ich über die Codes herausarbeiten, welche Faktoren bei den Interviewpersonen AAS spontan mildern. Weitere Codes waren »Einverständnis mit der sozialen Situation« oder »Verknüpfungen mit schönen Erinnerungen/Interessen«. Auf diese Weise können alle erdenklichen Fragestellungen und Ebenen der Betrachtung an das Datenmaterial herangetragen und über verschiedene Arten von Codes ausgedrückt werden. Aus einer Textpassage können ganz unterschiedliche Informationen entnommen und entsprechend codiert werden. Eine mehrdimensionale Betrachtung wird möglich. Praktisch wird dies durch überlappendes codieren realisiert, wie in ◘ Abb. 19.1 deutlich wird.

Aus der Textpassage habe ich jeweils verschiedene Aspekte für verschiedene Fragestellungen (Dimensionen) »herausgefiltert«. Dazu benötigte ich verschiedene Arten von Codes (individuell, konzeptuell, relational), die ich jeweils farblich markierte. Codes, die das Konzept der AAS abbilden, waren beispielsweise violett gekennzeichnet. Prägnante Eigenschaften der Interviewperson habe ich über orangene (individuelle) Codes herausgearbeitet, um die Fallbeschreibungen fundieren zu können. Das entsprechende Ergebnis ist im Codebaum (links) zu sehen. Die blau markierten (relationalen) Codes erfassen Informationen, die einen Vergleich zwischen den Fällen ermöglichen. Eine Übersicht über verschiedene Arten von Codes liefert beispielsweise Saldaña (2013). Über diese eigentliche Codierarbeit hinaus habe ich Codes erstellt, um Textpassagen zu sammeln, die ich mir für den Analysetext merken wollte. Etwa »Besondere Sätze«, in der Abbildung rot gekennzeichnet. (Gibbs 2008)

19.6 Zurück aufs Papier: Von MAXQDA zum Analysetext

Nach der intensiven Auseinandersetzung mit dem Material habe ich die Verschriftlichung der Analyse als überraschend leichtgängig empfunden. Zu Beginn habe ich die identifizierten Codes aufgelistet und sie dann nacheinander beschrieben und anhand ausgewählter Textpassagen illustriert. Hier wurden spätestens die Früchte der Arbeit in der QDA-Software deutlich:

Zu jedem Thema, zu jedem Code lagen Textpassagen parat, die ich entweder per Zeilennummer als Beleg oder direkt als Zitat zur Illustration verwenden konnte. Über das Retrieval Tool für Codings konnte ich, sortiert beispielsweise nach Interviewperson, all diese Textpassagen ausgeben lassen, die ich einem bestimmten Code zugeordnet hatte. Diese dichte Zusammenstellung ermöglichte gleichzeitig eine detaillierte Sicht auf und einen Überblick über das jeweils erfasste Konzept. Dies half mir dabei, auch den analytischen Blick zugleich ganzheitlich und präzise zu halten. Meine Analyse kann im Kern als inhaltlich-strukturierende Inhaltsanalyse betrachtet werden, bei der ich überwiegend induktiv codiert habe (Kuckartz 2014). Aus den aufgelisteten Codes konnte ich beispielsweise ablesen, dass psychische und soziale Faktoren in der Beschreibung von Phänomenen des MGE sehr präsent erscheinen. Wenn die soziale Situation, in der sich eine Interviewperson mit WBS befindet, stark auf ihr Erleben von Ängsten und Freuden gegenüber Klängen auswirkt, dann kann im alltäglichen Umgang damit entsprechend gezielt umgegangen werden.

> **Immer wieder Schritte ins Ungewisse**
> Als ich das Forschungsprojekt begonnen habe, hatte ich wenig praktische Erfahrungen mit qualitativer Forschung. Jeder methodische Schritt war ein erstes Mal – ein Schritt ins Ungewisse. Zu Beginn habe ich mich in verschiedene Methoden der qualitativen Forschung eingelesen, um Hinweise zu finden, wie ich die Studie aufbauen könnte. Einen Überblick über das komplexe, breite und teils abstrakte Angebot von Methoden zu gewinnen erschien mir zunächst sinnvoll. Im Rückblick hat mich das Spektrum der Möglichkeiten jedoch eher verwirrt. Ein methodisches Schema, das man unabhängig von den Bedingungen der eigenen Studie anwenden kann, gibt es so oder so nicht. Insofern traute ich mich die Auswahl, Steuerung und Anpassung bewusst anzunehmen und nach meinen Bedürfnissen zu gestalten. Ich habe mich gefragt: Was möchte ich erforschen? Welches Tool kann das?
> Drei Dinge haben mir dabei geholfen diese Freiheit auszuhalten und konstruktiv zu gestalten:1) Meine klare Fragestellung und Forschungshaltung. Hieran konnte ich die einzelnen Schritte im Prozess immer wieder ausrichten. 2) Der Austausch mit meiner Betreuerin. Neben methodischen Hinweisen bestand ihre größte Unterstützung darin mich zu ermutigen auf meine Ideen und Impulse zu vertrauen und Berührungsängste mit unbekannten Methoden abzubauen. 3) Einen Schritt nach dem anderen zu planen und zu gehen. Die Schritte:Problem, Lösung, Angehen des nächsten Schrittes, Problem, Lösung usw. haben sich immer zyklisch wiederholt und beschreiben Rückblickend am ehesten den Prozess. Diese Turbulenzen auszuhalten hat sich gelohnt:die größten Schwierigkeiten haben sich später als Initiatoren für die wichtigsten inhaltlichen AHA-Erlebnisse der Studie herausgestellt.

Literatur

Bellugi, U., Lichtenberger, L., Jones, W., Lai, Z., & George, M. St. (2000). The neurocognitive profile of Williams syndrome: A complex pattern of strengths and weaknesses. *Journal of Cognitive Neuroscience, 12* (Beih. 1), 7–29.

Beuren, A. J., Apitz, J., & Harmjanz, D. (1962). Supravalvular aortic stenosis in association with mental retardation and a certain facial appearence. *Circulatuion, 26* (6), 1235–1240.

Creswell, J. W. (2014). *Research design. Qualitative, quantitative and mixed methods approaches.* Los Angeles: Sage.

Literatur

Dykens, E. M. (2003). The Williams syndrome behavioral phenotype: The 'whole person' is missing. *Current Opinion in Psychiatry, 16* (5), 523–528.

Ewart, A. K., Morris, C. A., Atkinson, D., Jin, W., Sternes, K., Spallone, P., Stock, A. D., Leppert, M., & Keating, M. T. (1993). Hemizygosity at the elastin locus in a develpmental disoeder, Williams-syndrome. *Nature Genetics, 5* (11), 11–16.

Filmausschnitt (2003). Dr. Daniel J. Levitin talks about Williams syndrome on discovery channel. Sender: Discovery Channel; Sendung: Daily Planet; Ausstrahlung Februar 2003. ► https://www.youtube.com/watch?v=-bGM98gfzOk. Zugegriffen: 1. März. 2015.

Gibbs, G. R. (2008). *Analysing qualitative data*. London: Sage.

Howlin, P., & Udwien, O. (2006). Outcome in adult life for people with Williams syndrome—results from a survey of 239 families. *Journal of Intellectual Disability Research, 50* (2), 151–160.

Kuckartz, U. (2014). *Qualitative Inhaltsanalyse. Methoden, Praxis, Computerunterstützung*. Weinheim: Beltz Juventa.

Kuckartz, U., & Rädiker, S. (2010). Computergestützte Analyse (CAQDAS). In M. Günter & M. Katja (Hrsg.), *Handbuch qualitative Forschung in der Psychologie* (S. 734–750). Wiesbaden: VS.

Levitin, D. J., & Bellugi, U. (1998). Musical abilities in individuals with Williams syndrome. *Music Perception, 15* (4), 357–389.

Levitin, D. J., Cole, K., Chiles, M., Lai, Z., Lincoln, A., & Bellugi, U. (2004). Characterizing the musical phenotype in individuals with Williams-syndrome. *Child Psychology, 10* (4), 223–247.

Levitin, D. J., Cole, K., Lincoln, A., & Bellugi, U. (2005). Aversion, awareness and attraction: Invensigating cliams of hyperacusis in the Williams-syndrome phenotype. *Journal of Child Psychology and Psychiatry, 46* (5), 514–523.

Martens, M. A., Wilson, S. J., & Reutens, D. C. (2008). Research review: Williams syndrome: A critical review of the cognitive, behavioral and neuroanatomical phenotype. *Journal of Child Psychology and Psychatrie, 49* (6), 576–608.

Mervis, C. B., & Klein-Tasman, P. B. (2000). Williams syndrome: Cognition personality and adaptive behavior. *Mental Retardation and Developmental Disabilities Research Reviews, 6*, 148–158.

Pober, B. R. (2010). Williams-Beuren syndrome. *New England Journal of Medicine, 362* (3), 239–252.

Prosetzky, I. (2014). *Mehr als die Summe seiner Teile. Zur kulturhistorischen Neuropsychologie und Pädagogik des Williams-Beuren-Syndroms. (International cultural-historical Human Sciences* (Bd. 48). Berlin: Lehmanns.

Richards, L. (2006). CAQDAS. In V. Jupp (Hrsg.), *The SAGE dictionary of social research methods* (S. 20–21). London: Sage.

Saldaña, J. (2013). *The coding manual for qualitative researchers*. London: Sage.

Strømme, P., Bjømstad, P. G., & Ramstad, K. (2002). Prevalence estimation of Williams syndrome. *Journal of Child Psychology, 17* (4), 269–271.

Williams, J. C. P., Barratt-Boyes, B. G., & Lowe, J. B. (1961). Supravalvular aortic stenosis. *Circulation, 24* (6), 1311–1318.

Serviceteil

Stichwortverzeichnis – 180

J. Wintzer (Hrsg.), *Herausforderungen in der Qualitativen Sozialforschung*,
DOI 10.1007/978-3-662-47208-8, © Springer-Verlag Berlin Heidelberg 2016

Stichwortverzeichnis

A

abduktiv 85, 165
Auswertungsmethode 6, 79, 93, 113, 161

B

biografische Fallrekonstruktion 163
Biografisch-narratives Interview 84

C

Code 175
Codieren 74, 76, 172

D

Datenkorpus 141
Datenreichweite 106
deduktiv 103, 165
Diskursanalyse 74
dokumentarische Methode 157

E

Einverständniserklärung 38
Erhebungsmethode 6, 28, 29, 36, 71, 74, 75, 81, 84, 100
Erhebungssituation 9, 85, 166
Ethnographie 28, 44, 52, 64
Ethnographisches Interview 100
Experten- und Expertinneninterview 74

F

Forschungsalltag 55
Forschungsfeld 5
Forschungsfrage 4, 6, 20, 22f, 31, 52, 72ff, 87, 114, 143, 160
Forschungstagebuch 22, 46, 54, 56, 75, 75f, 94f, 99, 125, 129
Freewriting-Methode 23

G

Gegenstand 5
Gegenstandsbezug 6
gegenstandstheoretischen Bezüge 5
Go-along 67
Grounded Theory 65, 74, 78, 98
Gruppeninterview 171
Gütekriterien 7, 45

H

Hypothese 165

I

induktiv 103, 165
Informationsblatt 38
Inhaltsanalyse 176
Interview 36, 55
Interviewatmosphäre 92
In-vivo-Codes 76
iterativer Prozess 31

K

Kategoriensystem 76
Kategorisierung 103

L

Leitfaden 171
leitfadengestütztes Interview 37, 64, 100, 139

M

MAXQDA 76, 140
Memo 76, 103
Mind-Map 4, 24, 68, 77

N

narratives Interview 91, 162

O

Objektivität 45

P

partizipative Forschung 28, 134
Photovoice 137
Postskriptum 40

Q

qualitative Inhaltsanalyse 93, 103

R

Rekonstruktive Textanalyse 165
Reliabilität 45
Rolle im Feld 41, 66, 152

S

Sample 36, 106
Sampling, theoretical 102
selection strategy 66
sensible Daten 121
Setting 6
SMART-Formel 4
Stichprobe 171

T

teilnehmende Beobachtung 28, 55, 65
Text- und thematische Feldanalysen 163
Tools 4
Transkription 10, 76, 111, 171

V

Validität 45

Z

Zielgruppe 9
Zirkularität 22
Zugang zum Feld 47, 53, 65, 72, 83, 91, 161

The manufacturer's authorised representative in the EU is Springer Nature Customer Service Centre GmbH, Europaplatz 3, 69115 Heidelberg, Germany. If you have any concerns regarding our products, please contact ProductSafety@springernature.com

Printed and bound by CPI Group (UK) Ltd, Croydon, CR0 4YY

25/03/2026

02078181-0013